# NOTICE HISTORIQUE

SUR

# LES ANCIENNES RUES

DE MARSEILLE.

# NOTICE HISTORIQUE

SUR LES

# ANCIENNES RUES

## DE MARSEILLE

DÉMOLIES EN 1862 POUR LA CRÉATION DE LA RUE IMPÉRIALE

PAR

**AUGUSTIN FABRE,**

Conseiller Municipal, Président de la Commission d'Archéologie.

MARSEILLE

IMPRIMERIE ET LITHOGRAPHIE DE JULES BARILE,

Rue Paradis, 15.

—

1862.

# NOTICE HISTORIQUE

SUR

# LES ANCIENNES RUES

## DE MARSEILLE

DÉMOLIES EN 1862

POUR LA CRÉATION DE LA RUE IMPÉRIALE.

---

La civilisation fait partout son œuvre et précipite même ses progrès. Des embellissements de toute espèce s'accomplissent au sein de nos cités populeuses, et tout pousse à ces transformations successives et rapides. Qu'adviendra-t-il du travail des générations qui nous ont précédés dans les épreuves de la vie sociale? Il faut de larges voies pour les besoins de la circulation, du commerce et de l'industrie; il faut des lignes symétriques pour les exigences de la perspective et de l'art; il faut de l'espace et du soleil pour satisfaire aux lois de l'hygiène publique. C'est le fait de notre époque qui marche, marche sans cesse, sans regarder en arrière et au risque de s'égarer. Elle aime assez les aventures.

Il y a, il faut bien le dire, une sorte de brutalité

implacable dans ces changements matériels qui font leur chemin en renversant tout ce qui se trouve sur leur passage. Aussi bien, les choses du passé tombent pièce à pièce, et au train dont on y va il n'en restera bientôt plus rien. Si le goût moderne s'en accommode, la science historique en est désespérée, et ce qui fait les délices des maçons et des hommes d'affaires cause des déplaisirs mortels aux érudits et aux archéologues.

Je n'ai point d'objection à faire aux agrandissements qui s'opèrent sur un sol nouveau où l'esprit contemporain s'épanouit avec bonheur. Mais les embellissements faits par voie de démolition et de violence me serrent souvent le cœur. Je tiens à mon époque par toutes les facultés de mon être, et cependant le culte du passé me captive et me possède. Ce n'est pas à dire que je fraternise toujours avec les temps anciens et que j'en glorifie tous les actes. Loin de là, car le plus souvent je les aime beaucoup plus pour leurs souvenirs que pour leurs qualités, mais ils m'entraînent comme un objet d'études.

Une grande partie de la vieille Marseille va tomber sous le fer de la démolition, et le terrain sur lequel elle est assise sera lui-même abaissé. Les désirs sont pressants; l'impatience s'agite. Place donc, place à la rue impériale qui ne peut plus attendre.

Pour créer une voie convenable de communication entre les beaux quartiers et ceux des nouveaux ports était-il absolument nécessaire de détruire, à grand renfort de finances, plus de neuf cents maisons? On transforme, il est vrai, mais on déforme aussi. Quoi qu'il en soit, la cause est jugée en dernier ressort et l'arrêt mis à exécution.

Le reste de la ville du moyen âge et de la renaissance n'a qu'à se bien tenir. Les esprits prévoyants ne s'y trompent pas. L'immense trouée à travers cette vieille ville annonce l'approche de démolitions successives. L'impulsion est donnée ; rien n'y résistera ; et comme tout va vite par le temps qui court, les beaux quartiers actuels de Marseille en seront bientôt les vieux quartiers. C'est l'affaire de quelques années; c'est le lot de nos petits-fils.

Et alors la métamorphose sera si complète que la plus ancienne cité des Gaules aura l'aspect d'une ville toute nouvelle.

Qu'était-ce donc qu'une ville de l'ancien temps? Comment était-elle faite? Nul ne le saura.

On la trouve généralement bien laide et bien dégoûtante cette vieille Marseille ; on a pour elle un dédain profond. On ose à peine s'engager dans son sein, et l'on ne comprend guère que des hommes considérables, des familles comblées des dons de la fortune par les fruits d'un heureux commerce, aient pu vivre dans le dédale obscur de ces rues tortueuses qu'une foule indigente habite seule aujourd'hui.

Nous sommes bien difficiles et souvent même bien ingrats. L'excès de la civilisation gâte nos esprits superbes, et notre état social, malgré ses avantages incontestables, nous rend quelquefois de mauvais services. Les jugements fondés sur la seule comparaison entre une époque et une autre ne sont que des erreurs quand ils ne savent pas tenir compte de la différence des mœurs, des besoins, des idées et de toutes les choses de la vie morale et matérielle.

J'admets que Marseille, avant l'agrandissement opéré dans la seconde moitié du dix-septième siècle, en exécution des lettres-patentes de 1666, fut une ville fort laide, si on la juge du haut de nos magnificences actuelles. Aujourd'hui les cités franchissent librement leurs anciennes murailles d'enceinte devenues inutiles, et la population rayonne de toutes parts dans son calme et dans son aisance. Il n'en pouvait être ainsi autrefois ; il fallait ménager l'espace pour les besoins d'une bonne défense ; les rues étaient étroites et mal percées. Mais ce mal, si mal il y avait, n'était pas sans compensation de bien ; une invasion à main armée ne s'y fût pas hasardée sans péril. D'ailleurs il y avait là un abri contre les ardeurs du soleil et contre la violence du vent. Les nécessités du charroi exigent aujourd'hui des voies larges et régulières ; mais avant le milieu du dix-septième siècle un carrosse était à Marseille un objet de curiosité et les charrettes à peu près inconnues [1]. La ville, j'en conviens, était fort sale, mais les premières villes d'Europe n'avaient ni plus de propreté ni un meilleur

---

[1] En 1561, plusieurs habitants de Marseille demandèrent qu'on empêchât les charrettes de circuler dans la ville et qu'elles déchargeassent aux portes. Une

aspect. Détestable était aussi le pavé de Marseille, et ce ne fut qu'en 1639 qu'on s'occupa régulièrement de son entretien annuel[1]; mais Paris, sous ce rapport, était en arrière. Le pavage de la capitale, commencé en 1135, sous Philippe-Auguste[2], ne s'opéra qu'avec une lenteur étonnante, et sous le règne de Louis XIII la moitié des rues de Paris n'était pas encore pavée[3].

Telle était la ville de Marseille qui n'en passait pas moins pour fort agréable; elle tenait un des premiers rangs parmi les plus belles et les plus importantes cités. L'auteur d'une chronique romane, parlant de la prise de Marseille par les Aragonais, au mois de novembre 1423, fait l'éloge de cette ville[4], et le restaurateur de la poésie provençale, Louis Bellaud de la Bellaudière de Grasse, qui connaissait les principales communes de France, vint, en 1586, s'établir à Marseille,

---

délibération municipale du 22 novembre de la même année fit droit à cette demande.

Ce ne fut que vers l'année 1745 que les charrettes commencèrent à rouler librement sur le pavé de Marseille. Un sieur Jullien s'en servit le premier pour le transport des huiles des fabriques de Rive-Neuve. Les matières à l'usage des fabriques intérieures de la ville continuèrent d'être transportées à bras d'homme. Quelques années après, les charrettes furent employées au transport des sucres, dans les magasins éloignés du quai ; enfin, vers l'année 1770, les charrettes multipliées à l'infini servirent au transport de toutes les marchandises.

[1] Voyez le traité passé, le 5 novembre 1639, avec le maçon Pascal Amouret, dans le registre 44 des délibérations municipales, 1639-1640, fol. 8 verso, et 9 recto et verso, aux archives de la ville.

[2] Rigord, *Gesta, Philippi-Augusti*, dans le recueil des historiens de France, t. XVII, p. 16.

[3] Dulaure, historien de Paris, 4e édition, t. II, p. 294.

[4] Le petit Thalamus de Montpellier, publié d'après les manuscrits originaux par la société archéologique de Montpellier. 1840, p. 472.

« pour l'avoir trouvée de meilleur séjour qu'autre où
« il eût mis le pied[1]. »

Aussi, nos pères en furent fiers. Non-seulement ils purent vivre dans la vieille cité de Marseille, mais ils s'y plurent infiniment et ils en caressèrent l'image avec un amour patriotique. Leur existence s'y écoula pleine de poésie; elle y trouva des émotions que chasse loin de nous notre prosaïsme matériel tout fardé de luxe et d'élégance. Le bonheur dont nos agitations fiévreuses poursuivent le fantôme vint leur sourire bien des fois au foyer domestique, ce foyer qui alimente l'esprit de famille si fécond en vertus moralisatrices, ce noble et saint foyer dont le charme est perdu pour nos contemporains.

L'animation des affaires n'absorbait pas celle des sentiments. Qu'avons-nous fait de tant d'usages héréditaires, de tant de joies innocentes et de tant de coutumes naïves? Nos plaisirs ne sont plus que des grimaces cérémonieuses, et nos fêtes publiques, parades sans élan, démonstrations vaines et froides, comme tout ce qui est de commande officielle, ne valent pas ce qu'elles coûtent. La gaîté franche a disparu; l'indifférence coule à pleins bords et nous inonde.

Tels ne furent pas les amusements de notre ancienne Marseille. Ah! ceux-là remuèrent toutes les entrailles populaires, et il y eut des jeux pour tous les âges, des spectacles pour tous les goûts, des mou-

---

[1] Éloge de Louis Bellaud, en tête de ses *Obros et rimos prouvensalos*. Marseille, par Pierre Mascaron, 1595.

vements d'indicible réjouissance dans ces vieilles rues où respirait avec une puissance merveilleuse l'esprit municipal qui maintenant ne donne pas signe de vie. Des exercices gymnastiques fortifiaient la jeunesse. Voyez les jeux de l'arbalète et de l'arquebuse; voyez sur les places publiques, en divers jours commémoratifs, ces danses pleines d'entrain; voyez ces scènes carnavalesques; voyez ces marches processionnelles des corps d'arts et métiers, faisant flotter leurs drapeaux au vent et célébrant avec éclat leurs fêtes patronales, tantôt à la clarté du soleil, quelquefois dans la nuit à la lueur des torches. Entendez ces violons, et ces fifres, et ces tambourins, et ces joyeuses fanfares, et ces chants mis à l'unisson des cœurs.

Le tableau de ces fêtes m'entraînerait trop loin, et je me borne à décrire la plus éclatante; c'est la course du Capitaine de Saint-Victor.

Toute la noblesse de Provence y était conviée par les consuls de Marseille, et l'on accourait de toutes les villes voisines pour assister à ce spectacle d'une grandeur saisissante.

Le personnage principal de la fête était toujours choisi parmi les premiers gentilhommes de Marseille, et il devait réunir, comme le Prince d'Amour à Aix, les avantages de la fortune à ceux de la naissance, car la ville ne lui donnait qu'une faible indemnité[1], et la plus grande partie des frais restait à sa charge.

---

[1] La ville de Marseille donna d'abord au capitaine de Saint-Victor une vingtaine de florins, puis une trentaine, au commencement du seizième siècle. Le

La veille du jour du glorieux martyr, à l'entrée de la nuit, le cortége se mettait en marche, au milieu des flots populaires. Les capitaines de quartier, à la tête de leurs compagnies, tambours battant, enseignes déployées, précédaient le capitaine de Saint-Victor, armé de toutes pièces comme un chevalier du moyen âge, monté sur un cheval richement harnaché et couvert d'un caparaçon de damas blanc, semé de croix de tafetas bleu, aux armes du monastère qui étaient d'azur à quatre bâtons en sautoir pommetés d'or, et l'écu de la ville de Marseille sur le tout. Le capitaine était entouré de six pages à cheval et de douze autres cavaliers portant chacun un flambeau de cire blanche. Puis venait une brillante cavalcade de jeunes gentilhommes formés en escadrons de couleur différente, tous rivalisant d'élégance et de richesse dans leurs costumes et leurs armures. Chaque gentilhomme avait à ses côtés deux pages à ses armes et à ses couleurs, un flambeau ardent à la main. Le capitaine de Saint-Victor saluait les dames qui se pressaient sur son passage, et les applaudissements se mêlaient aux sons de mille instruments de musique.

Le lendemain, à sept heures du matin, le capitaine de Saint-Victor, escorté de ses pages, faisait une autre course dans la ville. Arrivé à la tour Saint-Jean,

florin valait alors trente sols. L'indemnité fut graduellement accrue jusqu'à douze cents livres.

    J.-B. de Podun fut le seul qui consentit, le vingt juillet 1579, à faire la course de Saint-Victor, à titre purement gratuit. Voyez le registre des délibérations municipales de 1574 à 1579, fol. 147 recto, aux archives de la ville.

il traversait, toujours à cheval, le port sur un pont de bateaux construit par le corps des patrons pêcheurs, et il se rendait à l'église de Saint-Victor pour assister à la procession qui commençait à dix heures. Toutes les magnificences religieuses venaient alors se déployer aux yeux d'un peuple avide d'émotions et de spectacles. Les reliques du Saint étaient portées sur les épaules de douze diacres, revêtus de leurs aubes et de leurs dalmatiques, couronnés de chapeaux de fleurs, et tenant tous une palme à la main, pour rappeler la gloire du martyr. Un trône s'élevait au milieu du pont tout couvert de riches étoffes. On y plaçait la châsse du Saint pendant quelques instants, en vue du port et de la pleine mer. Les prud'hommes venaient la saluer à la manière antique, avec leurs longues et larges épées. L'artillerie des remparts et celle des galères y joignaient le salut de leur voix tonnante. Les tambours, les trompettes, les cloches sonnant à toutes volées, les acclamations des équipages, tout formait un écho immense qui remuait les cœurs et montait dans les airs avec des nuages d'encens. Le capitaine de Saint-Victor marchait devant les reliques que suivaient les consuls en robe rouge, les conseillers de ville et les principaux citoyens. La procession se déroulait dans des rues couvertes d'herbes odoriférantes, décorées de tentures, de guirlandes, d'arcs de triomphe, de dômes de verdure entrelacée d'immortelles, et une pluie de fleurs tombait de toutes les fenêtres sur la châsse du Saint. Après la procession, le capitaine remettait l'étendard entre les mains de l'abbé de Saint-Victor qui lui donnait un grand festin auquel étaient invités les consuls et les principaux personnages de leur suite [1]. C'était une de ces fêtes comme on savait alors les faire, et comme nos vieilles rues, tressaillant d'enthousiasme, en furent souvent le théâtre.

A voir ces rues qui serpentent comme au hasard, il semble que chacun bâtissait à son gré dans l'intérieur de la ville, sans suivre aucun alignement, sans aucun système général de voirie. Cela n'est vrai que dans une certaine mesure. Plusieurs artères principales partagent la vieille ville en zones. La principale est formée par la Grand'Rue, la place du Palais, celle des Augustines et la rue Caisserie jusques à la place de Lenche. La seconde suit la ligne des rues Neuve-Saint-Martin, Sainte-Marthe, des Belles-Écuelles et du Panier, jusques aux Anciens-Treize-Cantons près La Major. Une troisième artère, toujours de l'Est à l'Ouest, se dessine, bien que moins complète. C'est le prolongement rectiligne de la Coutellerie, de la place Neuve, de la rue de la Loge, de

---

[1] Comme la course du cavalier de Saint-Victor était célébrée avec un éclat fort dispendieux pour le gentilhomme qui jouait le principal rôle, elle fut supprimée vers le milieu du dix-septième siècle et remplacée, en 1666, par une simple *passade* faite à cheval, la veille de Saint-Victor, au son des fifres et au bruit des tambours, par un valet de ville auquel on donna quinze livres et un accoutrement en carton peint en fer, simulant l'armure d'un chevalier du moyen âge. C'était une parodie qu'on abandonna vers la fin du même siècle. On la reprit pourtant en 1711, et on la continua chaque année, à peu près sans interruption, jusqu'en 1727, qui la vit pour la dernière fois.

la place Vivaud et de la rue Lancerie fort courte aujourd'hui, mais qui allait jusqu'au bout du quai avant son dernier élargissement. Une autre ligne droite, tracée du midi au nord, traverse toute la vieille ville ; c'est celle qui s'étend de la rue de la Loge jusques au boulevard des Dames, par la Bonneterie, la rue Négrel et celle des Grands-Carmes.

La régularité de ces percements frappa Mansard, architecte du Roi et neveu du grand artiste de ce nom, quand il vint à Marseille, au commencement de 1753. Consulté sur les moyens d'améliorer la vieille ville, il proposa d'élargir les deux principales artères : celle de la Grand'Rue et celle de la rue Neuve-Saint-Martin, chacune avec sa continuation. Il indiqua aussi divers embellissements dont l'exécution eût changé la physionomie générale des vieux quartiers[1].

Tout bien considéré, ces quartiers valent mieux que leur réputation. Leurs maisons aujourd'hui ridées, balafrées, noirâtres, abandonnées à la vétusté qui les ronge et dans lesquelles on ne fait rien

Pour réparer des ans l'irréparable outrage,

étaient autrefois, pour la plupart du moins, de mise très-convenable. La majeure partie de la bonne société marseillaise y faisait encore son séjour à la fin du dix-huitième siècle. En l'année 1779, la ville de Marseille comptait cinq cent vingt-quatre négociants, quatre banquiers et deux cent trente six ma-

---

[1] Achard, Géographie de la Provence, t. II, p. 73-74.

nufacturiers ou fabricants, en tout sept cent soixante-quatre personnes vouées à l'exercice plus ou moins important du commerce et de l'industrie. Il faut ajouter à ce nombre celui de cinquante-six courtiers royaux [1]; ce qui fait un chiffre total de huit cent vingt, et l'on va voir comment il est réparti entre la vieille ville et les nouveaux quartiers :

|  | Vieille ville. | Nouveaux quartiers. |
|---|---|---|
| Négociants | 260 | 264 |
| Banquiers | 5 | 1 |
| Manufacturiers et fabricants | 171 | 65 |
| Courtiers | 19 | 37 |
|  | 455 | 367 |

Le tableau des professions libérales fournit le résultat suivant :

|  | Vieille ville. | Nouveaux quartiers. |
|---|---|---|
| Avocats | 36 | 20 |
| Notaires | 25 | 2 |
| Procureurs | 19 | 0 |
| Médecins | 7 | 5 |
| Chirurgiens | 30 | 21 |
|  | 117 | 48 [2] |

Répartition générale par professions commerciales ou industrielles et par professions libérales :

|  |  |
|---|---|
| Vieille ville | 570 |
| Nouveaux quartiers | 415 |

---

[1] Il y avait alors à Marseille soixante courtiers de commerce, mais la demeure de quatre d'entr'eux n'est pas indiquée dans les almanachs de Grosson et le Guide de Mazet passe sous silence tous ces officiers publics.

[2] Guide marseillais par Mazet, Marseille, 1779, chez Brebion.

Lorsque la ville de Marseille acquit, en 1784, l'emplacement de l'arsenal, les habitants notables des vieux quartiers craignirent qu'on ne transportât sur les nouveaux terrains le Palais de Justice, la Bourse et l'Hôtel-de-Ville. Ils s'émurent vivement, sollicitèrent de tous les côtés, et les lettres-patentes données par le Roi en cette circonstance assurèrent à la vieille ville ces établissements[1]; stérile concession faite à l'esprit et aux intérêts de l'époque; impuissante mesure contre l'essor impatient de l'avenir.

Il y a dans les noms des rues, pour qui sait bien les lire et les comprendre, une foule de choses que le vulgaire ne voit pas : souvenirs précieux, chroniques attachantes, traits épars dont l'ensemble forme le grand tableau que burine l'histoire; c'est l'immense évocation de toutes les dépouilles de la tombe; c'est l'écho qui nous rappelle la mémoire de nos aïeux si souvent oubliée dans le bruit de nos affaires et de nos passions.

Anciennement les dénominations des voies publiques n'étaient point permanentes et n'avaient rien d'officiel, abandonnées qu'elles se voyaient à toute l'inconstance des idées populaires et au hasard des circonstances. L'administration laissait faire; aussi c'était un beau désordre qui n'était pas un effet de l'art. Que fallait-il pour l'appellation d'une rue? le cantonnement d'un métier ou d'une industrie, une

---

[1] Achard, Géographie de la Provence, t. II, p. 75.

enseigne d'auberge ou de cabaret, la demeure d'une famille en possession d'attirer les regards, le voisinage d'un édifice public, un fait de notoriété plus ou moins bruyante, même la simple impression d'un moment. On comprend que, dans cet ordre d'idées, tout devenait mobile ; il y avait sans cesse des changements, et la même rue portait souvent plusieurs noms à la fois. Qui pourrait croire aujourd'hui que la rue Baussenque, l'une des plus anciennes et des plus connues de l'ancienne Marseille, ait eu, pendant longtemps, le nom de *la Mère d'Armand*[1] ? Il faut la connaissance la plus exacte du terrain historique et l'étude la plus approfondie des détails pour ne pas se perdre dans ces ténèbres où le fil conducteur peut se rompre à chaque instant, et où la lumière vacillante est toujours sur le point de s'éteindre. On ne peut se livrer à ce travail qu'à l'aide de l'examen comparatif des actes publics et surtout avec le secours des registres des censes de nos divers établissements religieux, communaux et hospitaliers. Et encore, que de difficultés sérieuses ! que d'obstacles inattendus ! Des membres de diverses associations changeaient, d'une façon arbitraire, les noms des rues pour le service de leur corps ; ils s'entendaient parfaitement entre eux ; mais comme cette entente

---

[1] Voyez sur la maison de la mère d'Armand, située à la rue Baussenque, le registre n° **1**, contenant les titres et les affaires de la maison des pauvres filles orphelines, sous le titre de Notre-Dame-de-Bon-Secours, fondée à Marseille en **1714**. Premières pages, aux archives de l'Hôtel-Dieu.

n'existe pas pour nous, nous ne comprenons rien à leurs appellations. Cette remarque s'applique surtout au règlement pour les recteurs de la Miséricorde de Marseille, à la date de 1693, pour la distribution des aumônes[1]. On y désigne toutes les rues de la ville; mais c'est un beau chaos, je vous assure. Faites-moi donc le plaisir de me dire où est la rue de Mademoiselle-d'Antoine; obligez-moi de m'indiquer celle du Messager de Grenoble, et les rues Coquille, de la Sainte-Baume, de Villecrose, de Parasol, de Massot, de Caze, de Crozet, de Tournesi-Médecin, de Porrade, de Tison-Fournier et vingt autres[2]. Quant à moi, je m'avoue vaincu, et je jette ma langue aux chiens, pour parler comme madame de Sévigné.

La révolution française, dramatique mélange d'héroïsme et de forfaits, fut très-grande pour certaines choses, bien petite pour d'autres, et dans quelques circonstances, sa petitesse alla même jusqu'au ridicule, vice impardonnable dans la patrie de Rabelais et de Voltaire. En 1794, pendant le règne de la Terreur, la rage des transformations fut à son comble, comme si la nature humaine, dans l'état social, était une cire molle qui peut prendre toutes les formes sous des mains capricieuses. Marseille ne fut plus que

---

[1] A Marseille, chez Henri Brebion, in-12.
[2] Telles que Chiousse, Cauvin, Estienne-Jean, Michel-Gipier, Cipriani, Delveil-Teinturier, Figuière-de-Fréjus, Four-de-Beiliou, Goubaude, la Garennière, Ribas, Joseph-Fabre, de la Maison-Brûlée, etc.

la *Ville sans nom*. Dieu tout-puissant ! Dépendait-il de quelques misérables de supprimer un nom dont l'influence civilisa la Gaule, un nom que Cicéron et Tacite ne prononcèrent qu'avec respect, un nom resplendissant qui, dans le chaos féodal, s'éleva comme le symbole des libertés communales ?

Les novateurs éprouvèrent aussi le besoin de changer la dénomination de toutes nos rues en prenant les nouveaux noms dans l'histoire de la Grèce et de Rome, dans le vocabulaire des instruments d'agriculture et des produits de la terre, dans l'énonciation de quelques vertus civiles et de quelques qualités guerrières. Des mots de pure fantaisie vinrent compléter ces emprunts.

Mais parmi les héros dont les puissants du jour firent choix, on ne s'attendait guère à trouver Libertat [1] ; oui, Libertat qui replaça Marseille sous le pouvoir royal au moyen d'un assassinat commis pour de l'argent et pour des places avantageuses. Des républicains ignorants le prirent pour un ancien apôtre de la liberté démocratique, trompés qu'ils furent par son nom, et dans le monde officiel du temps personne ne se rencontra qui pût signaler cette erreur grossière. C'est incroyable à force d'être bête. Mais aussi quels magistrats la commune de Marseille avait alors à sa tête ? Nains difformes qui croyaient s'élever à la taille des athlètes du génie antique ; sin-

---

[1] Le nom de Libertat fut donné à la rue Mazade.

ges malfaisants qui marchaient comme les égaux des grands hommes de ces beaux siècles, parce qu'ils s'affublaient de leurs costumes mis tout de travers.

Le propre des fléaux est de ne pas durer longtemps, et le sens commun eut son retour. Après ce grand naufrage, les bons fruits de la révolution furent poussés sur un rivage tranquille par les flots apaisés, et les abus de l'ancien régime, toutes les choses que condamnaient les lois de la raison et du progrès véritable restèrent au fond de l'abîme. Les saines idées d'administration régnèrent à la place des utopies qui s'étaient noyées dans le sang. La ville de Marseille reprit son nom, et l'on rendit un peu plus tard à ses rues leurs dénominations précédentes.

Tout nom de rue a sa raison d'être, et tout changement officiel est presque toujours un non-sens, quand il n'est pas un contre-sens[1]. Les anciens noms forment avec l'histoire un corps indissoluble, et l'histoire n'est-elle pas inviolable? Faut-il donc la changer d'après nos convenances particulières et l'approprier à nos sentiments toujours mobiles comme une onde agitée? Les bons esprits s'accommodent des noms qui ont une saisissante harmonie avec les choses

---

[1] Un auteur de plusieurs ouvrages sur des objets relatifs à la Provence, de Haitze, s'exprime ainsi : « Il n'est rien de plus vieux dans les villes que les rues..... Comme elles sont permanentes, il semble que leur nom devrait avoir la même fixité. Le besoin le demanderait ainsi pour le repos des habitants. Cependant rien de plus changeant que les dénominations des rues; on dirait que tout le monde concourt à les rendre confuses, jusqu'à ceux qui les habitent. » Traité des rues d'Aix, de la bibliothèque provençale de M. de Haitze, manuscrits de la bibliothèque de Marseille.

qu'ils expriment. Le nom *Rompe-Cul* avait été donné à la rue la plus raide et la plus glissante de la vieille Marseille. Le mot était vrai, pittoresque, énergique, et il n'était pas plus inconvenant qu'une foule de mots analogues qu'on emploie bien des fois sans réveiller des idées déshonnêtes [1]. La pudeur municipale s'alarma pourtant de ce nom innocent et on lui substitua celui de *Beauregard* qui fait tout l'effet d'une mauvaise plaisanterie et d'un mensonge mystificateur.

Quelques habitants de Marseille, dans le dernier siècle, avaient l'habitude de se promener à la porte de la Madeleine [2] où l'on se donnait rendez-vous, et comme ceux qui en attendent d'autres ressemblent toujours à des oisifs, on les appela fainéants. Ce nom fut donné par extension à la porte et à la place. Cette promenade, ces rendez-vous, cette appellation, formaient l'un des traits de nos mœurs locales. Mais que faire aujourd'hui de pareils traits ? Bien des personnes

---

[1] N'appelle-t-on pas *cul-de-plomb*, un homme assidu au travail, *cul-de-jatte*, celui qui, n'ayant pas de jambe, se traîne sur son derrière ? Les personnes les plus réservées ne disent-elles pas *jouer à cul-lever*, *avoir toujours le cul sur la selle ?* Les mots *cul-de-basse-fosse*, *cul-de-verre*, *de tonneau*, *de bouteille*, *de chaudron*, *de panier*, *d'artichaut*, et trente autres que je passe sous silence confirment mon opinion. La langue française est formée ; l'usage en consacre les mots, l'usage, cet arbitre, ce maître, ce législateur du langage :

*Quem penes arbitrium est et jus et norma loquendi.*

[2] Dans le dernier siècle, l'enceinte murée de Marseille, représentée aujourd'hui par la ligne de nos boulevards, avait huit portes qui étaient celles-ci : 1° de la Joliette ; 2° la Royale, plus connue sous le nom de porte d'Aix ; 3° de Bernard-Dubois ; 4° de la Madeleine, généralement appelée porte des Fainéants ; 5° des Capucines ; 6° du plan Saint-Michel, plus souvent nommée de Notre-Dame-du-Mont ou d'Aubagne ; 7° de Rome ; 8° de Saint-Victor.

pensent que le peu qui en reste est encore de trop, et le mot de fainéant fut proscrit comme une personnalité injurieuse. Si au moins on avait laissé à la place son ancienne dénomination de la Madeleine; mais on la réputait trop vieille; il en fallait un autre, et le nom des Capucines, emprunté aux allées voisines, parut plus convenable. On épargnait ainsi des frais d'imagination et tout le monde ne peut pas faire cette dépense.

Une enseigne d'auberge sur laquelle deux jeunes filles étaient peintes fit donner le nom *des Pucelles* à la rue où cette auberge exista longtemps. Il n'y avait rien là que de fort naturel et de conforme à l'ancien langage. Les habitudes marseillaises avaient adopté ce nom et il fallait avoir l'esprit mal fait pour y trouver un sens ironique et malséant. Ne dit-on pas la *Pucelle* d'Orléans? Qu'y a-t-il à reprendre à l'appellation de cette héroïne, type glorieux du dévouement et du sacrifice? La rue des Pucelles est aujourd'hui la rue Magenta. C'est pour la France un beau nom de victoire, mais il est tout-à-fait étranger à l'histoire des rues de Marseille. Ah! laissez-nous nos souvenirs. Nous ne sommes pas exigeants. C'est bien assez que les derniers vestiges de nos vieilles coutumes aillent tous les jours s'effaçant davantage; que nos institutions locales aient disparu sous le niveau du pouvoir central, de la législation uniforme, et que toutes les nuances particulières se soient perdues dans la couleur générale. C'est bien assez, et si nous tenons à des mots, c'est que nos pères les eurent sur leurs lèvres et que ces mots rappellent des choses toujours chères qu'échauffe l'amour du sol natal.

On exprima de singuliers désirs en 1847. Les noms de plusieurs rues de Marseille eurent le malheur de déplaire à quelques hommes, peu Marseillais d'ailleurs, qui demandèrent un changement, et le maire, Élysée Reynard, ne put s'empêcher de former pour ce travail de révision une commission municipale qui se mit aussitôt à l'œuvre.

Puisque le nom d'un administrateur d'élite vient de se placer sous ma plume, qu'on me permette, maintenant qu'il n'est plus, de consacrer quelques lignes à sa mémoire.

A trente ans, à cet âge où la plupart des hommes cherchent encore une position, Reynard représenta Marseille à la Chambre élective. Esprit net, correct, pénétrant, un peu sceptique comme tous les penseurs, il se fortifia dans l'étude des grandes affaires et dans la science de la vie publique, parfois si agitée, mais si brillante aussi quand on peut mettre du talent et du zèle au service de son pays, sous l'empire de ces libres institutions qui donnent de l'essor aux caractères, de l'aliment aux intelligences, de l'énergie aux ambitions légitimes. Plus tard la mairie fournit à Reynard le moyen de montrer dans tout leur relief ses qualités supérieures. C'était aux jours des discussions approfondies et des luttes brillantes; elles animaient les séances de notre assemblée communale.

Reynard, sans être doué de l'éloquence de la parole et des formes qui produisent de grands effets, avait celle du jugement droit, de l'intelligence pratique et de la raison persuasive, celle qu'un esprit plein de distinction sait puiser dans la saine appréciation des choses et dans l'exacte connaissance des hommes. Il semblait bien des fois aller à l'opinion des autres, et il exerçait l'art d'amener les autres à son opinion. Cachant un cœur chaud sous des dehors froids, il fut toujours fidèle à l'amitié. Il tomba avec la monarchie de juillet, mais il sut, lui, tomber avec noblesse, et il emporta dans sa retraite, avec l'estime de la ville entière, sa foi politique qu'il conserva sans faiblesse, comme sans bruit et sans jactance. Loin des clameurs et des intrigues des partis, il cultiva les lettres qui calment le murmure de nos passions et nous consolent de l'injustice de nos semblables. Il posséda ce qui couronne le mieux une vie honorable et laborieuse, le repos et la dignité.

Reynard avait eu le tort de prendre part, en 1847, à la guerre puérile qu'on fit aux noms de nos rues. Mais il comprit du moins qu'il y avait des ardeurs à modérer et le mal eut dès-lors des limites assez étroites.

Et maintenant que la dernière heure va sonner pour vous, restes vénérables du vieux temps, asiles modestes de nos pères, recevez mon salut suprême. Encore quelques jours, et le sacrifice sera consommé, et vous aurez rejoint tout ce qui ne vit plus que dans les souvenirs, lesquels même s'effacent bientôt, si des écrits fidèles ne les transmettent d'âge en âge. Enfant obscur mais dévoué de Marseille, c'est votre histoire dont je vais essayer d'écrire quelques pages ; le patriotisme les dicte et lui seul soutient ma faiblesse dans ce difficile labeur.

# RUE FONTAINE SAINTE-ANNE.

Cette rue s'appelait, au quatorzième siècle, de la Chandellerie-du-Temple, *la Candelaria del Temple*[1], parce qu'il y avait des fabricants et des marchands de chandelles, et que la maison des Templiers était dans le voisinage. En 1684 on la nommait encore de la Chandellerie[2].

Au moyen âge, chaque industrie se cantonna dans certains quartiers; c'est ce que l'on vit à Aix[3], à Avignon[4], à Montpellier[5], dans la plupart des cités importantes. Les mêmes idées, les mêmes travaux et les mêmes besoins opérèrent, chez des hommes unis par l'esprit de corps, ce rapprochement d'habitation auquel sans doute concoururent aussi la commodité des acheteurs et les règles d'une surveillance sérieuse.

Les gens de même métier se groupèrent donc à

---

[1] Livre-Trésor de l'hôpital Saint-Jacques de Galice, 1400, fo 56 recto, aux archives de l'Hôtel-Dieu de Marseille.
[2] Registre coté X des censes et directes de l'Hôtel-Dieu, fo 87, aux archives de cet hôpital.
[3] Roux Alphéran, les rues d'Aix, t. I, p. 36 et 37.
[4] Paul Achard, Guide du Voyageur, Avignon, 1857, *passim*.
[5] Germain, Histoire de la Commune de Montpellier, t. I, p. 76 et 77.— Le Petit Thalamus de Montpellier publié par la Société archéologique de cette ville, *passim*.

Marseille dans les mêmes rues qui durent leurs dénominations à ce cantonnement d'arts mécaniques. Tels furent les noms de Blanquerie, Cuiraterie, Triperie, Bouterie, Giperie, Caisserie, Bonneterie, Cordellerie, Lanternerie, Fusterie[1], Draperie[2], Aurivellerie[3], Pélisserie[4], et bien d'autres encore que je passe sous silence.

Telle fut aussi la rue Chandellerie.

A Marseille, le mot *candelarius*, *candelier*, s'appliquait aussi bien au marchand qu'au fabricant de chandelles, et le mot chandelles, quand il n'était suivi d'aucune autre désignation, signifiait aussi bien des chandelles de cire que des chandelles de suif. Les mots cierge et bougie n'étaient pas connus.

Comme tous les apothicaires de Marseille vendaient des chandelles de cire, les marchands de ces chandelles étaient quelquefois nommés apothicaires[5], et il n'y avait pas entre ces derniers et les épiciers une

---

[1] Fustier, en provençal, signifie menuisier ou charpentier. La rue de la Fusterie était celle des Fabres d'aujourd'hui.

[2] Aujourd'hui la rue de la Loge.

[3] La rue de Batteurs-d'Or. C'était une partie de la Grand'Rue où il y eut, dans tous les temps, des orfèvres et des bijoutiers; l'aurivellerie occupait à peu près le milieu de la Grand'Rue.

[4] Deux rues portèrent le nom de Pélisserie; l'une, la plus étroite, s'appela de la Pélisserie-Étroite; l'autre, la plus large, de la Pélisserie-Large. La première est aujourd'hui la rue de la Rose; l'autre, la rue Sainte-Anne.

[5] Je pourrais citer cent exemples; un seul me suffira ici. Pierre Monnier, marchand de chandelles de cire, *candelarius cere*, à Marseille, eut, en 1408, un procès contre les héritiers de Pierre Moisson. Les actes de procédure donnent à Monnier tantôt la qualité de marchand de chandelles de cire, tantôt celle d'apothicaire. Voyez le Cartulaire du notaire Reymond Elie, greffier de Guillaume Arnaud, juge des premières appellations et des nullités à Marseille, 1408, aux archives de la ville.

ligne de démarcation bien distincte, l'épicier proprement dit s'appelant apothicaire, et l'apothicaire prenant le nom d'épicier.

Dès le treizième siècle, il y eut à Paris la corporation des marchands de chandelles de cire et celle des marchands de chandelles de suif. Chacun de ces métiers eut des statuts particuliers et marcha sous une enseigne différente[1]; mais d'après ce que je viens de dire de la fabrication et de la vente des chandelles de cire et des chandelles de suif à Marseille, il est facile d'en induire qu'il n'y eut dans cette ville qu'un seul corps composant les deux industries. En 1243, l'un de ses prieurs s'appelait Masselenis[2].

Les choses qui sont aujourd'hui à l'usage des fortunes les plus modestes n'étaient, au moyen âge, qu'au service de l'opulence. En nos jours de richesse publique, le plus petit bourgeois connaît mieux les commodités de la vie que ne les connaissait le plus riche seigneur des âges féodaux.

La cire était un objet de luxe. En l'année 1047, Pons, évêque de Marseille, fit plusieurs libéralités aux moines de Saint-Victor, à la charge par eux de donner annuellement à l'église cathédrale cinq livres de cire[3]. Les Juifs vendaient ce produit que l'on n'ap-

[1] Depping, livre des métiers d'Etienne Boileau, dans la Collection des Documents Inédits sur l'histoire de France, première série, Histoire Politique, 1837, p. 161.
[2] Charte du 20 mai 1243, aux archives de la ville, Chartier.
[3] Charte 30 du Cartulaire imprimé de l'abbaye Saint-Victor de Marseille, t. I, p. 62.— Voyez aussi les chartes 216 de l'année 1031; 423 de 1048, 1061; 441 de 1048; 530 de 1033, et autres chartes du même Cartulaire. *passim.*

prêtait en Provence qu'à l'usage des églises[1] ; encore n'y employait-on que fort peu de cierges. Il n'y en avait que quatre au maître-autel, les jours des plus grandes fêtes, et en temps ordinaire on y allumait deux lampes[2].

Au quatorzième siècle, la cire coûtait à Marseille plus de six marcs et demi d'argent le quintal[3].

Des titres du treizième siècle citent, parmi les fabricants ou marchands de chandelles[4], Pons, Rambaud, Hugues, Guillaume d'Acre[5], et le prieur du corps dont j'ai déjà parlé. On voit, dans le siècle suivant, Pons Duranti, Antoine et Guillaume Boniface, Albert, Jean Castellan, Étienne Thabace, Barbesante, Simonin, Hugues Étienne, Jean Boyer, Bertrand Burgondion, Raimond Vollan[6]. Plusieurs membres d'une famille Roberti, originaire d'Aix, exercèrent à Marseille le même métier dans le quinzième siècle[7].

---

[1] Depping, Histoire du Commerce entre le Levant et l'Europe depuis les Croisades jusqu'à la fondation des colonies d'Amérique, t. I, p. 290.

[2] Fauris de Saint-Vincent, précis d'un mémoire sur les monnaies, les mœurs, les rits, les usages du quinzième siècle en Provence. Aix, 1817, p. 46.

[3] Ruffi, Histoire de Marseille, t. II, p. 130.

[4] Quelquefois les titres distinguent les marchands de bougies des marchands de chandelles proprement dites. Les uns sont alors appelés *candelarii cere* et les autres *candelarii cepi*, ou *de cepo*.

[5] Charte 924, du 14 février 1224, dans le Cartulaire de Saint-Victor, t. 2, p. 347 ;— livre Noir, f° 75 verso, aux archives de la ville de Marseille ;— testament de Hugues de Bouc, tonnelier, du 11 des calendes de juin 1296, dans le Cartulaire de Pascal de Mayrangis, notaire à Marseille, aux mêmes archives.

[6] Chartes et titres divers aux archives de la ville et à celles de l'Hôtel-Dieu.

[7] Testament d'Honoré Roberti, du 16 juillet 1412, notaire Aventuron Rodeti à Marseille, aux archives de la ville. Chartier.— Testament de Jacques Roberti cité dans l'acte du 9 septembre 1454, notaire Pierre Blancard, aux mêmes

Tous ces industriels n'habitaient pas la rue de la Chandellerie; quelques-uns s'étaient établis dans divers quartiers de la ville. Une marchande renommée, Silète d'Aubagne, vendait ses chandelles vis-à-vis la porte de l'église inférieure des Accoules, entre les années 1370 et 1380; et, quelques années après, Philippe Colrad se fixa au même lieu. Ce fut devant les établis de Silète et de Colrad que les juges de Marseille vinrent siéger en pleine rue, *ob dominarum honestarum reverentiam*[1]. Dans le moyen âge, la justice, en règle générale, n'était pas, à Marseille, rendue publiquement. Mais quand des femmes honnêtes étaient en cause, les magistrats s'installaient sur la voie publique, et jugeaient *coràm populo*. C'est une des coutumes les plus curieuses de Marseille.

L'administration locale ne manqua pas de réglementer l'industrie des fabricants et des marchands de chandelles. On peut citer les ordonnances de police du 21 juin 1323[2] et du 11 janvier 1332[3], ainsi que le statut municipal du 13 octobre 1334[4]. Les délibérations du Conseil général de la Commune, du 25 septembre 1472, du 20 juin 1474 et du 18 novembre

---

archives, Chartier; — registre des reconnaissances des censes de l'hôpital Saint-Lazare de Marseille, de 1423 à 1508, f° 2 *recto*, aux archives de l'Hôtel-Dieu.

[1] Chartes diverses et anciens Cartulaires de notaires.

[2] Publication en langue Provençale du 21 juin 1323 dans le registre des délibérations municipales de 1322-1323, *in fine,* aux archives de la ville.

[3] Autre publication en langue provençale du 11 janvier 1332 dans le registre des délibérations municipales de 1331-1332 aux mêmes archives.

[4] Statuta civitatis Massilie, lib. VI, cap. LXXII, f° 203, recto et verso, aux archives de la ville.

1477, cherchèrent à réprimer les fraudes [1]. Le 30 novembre 1534, la ville de Marseille paya à Jean Sagnier neuf florins et neuf gros pour soixante-dix-huit livres de chandelles à l'occasion d'un bal qu'elle donna à la Loge [2].

J'ai dit qu'en 1684 la rue dont je m'occupe portait encore le nom de Chandellerie, quoiqu'il n'y eût plus de marchands de chandelles. Ce ne fut que dans le dix-huitième siècle qu'on l'appela Fontaine-Sainte-Anne. D'où lui vint le nouveau nom? Est-ce parce que la fontaine qu'on y construisit avait pour ornement l'image de la Sainte? Les preuves manquant, c'est ce qu'on peut dire de plus vraisemblable.

[1] Registre contenant des délibérations municipales de 1469 à 1485, second cahier, fol. 33, 63 et 92, aux mêmes archives.
[2] Bullète du 30 novembre 1534 dans le Bulletaire de 1526 à 1539, aux mêmes archives.

## RUE DES AUFIERS.

Les ouvriers en sparterie s'établirent à la rue des *Aufiers*[1]. Cette industrie n'était pas sans quelque importance à Marseille, dans le quinzième siècle, et le conseil de ville eut à s'en occuper. Aux élections du 20 juin 1474, il nomma deux commissaires *super facto alfe*[2]. Il ne paraît pas cependant qu'à une époque où tous les industriels, tous les artisans, je dirai même tous les habitants de la ville de Marseille étaient divisés en corporations ou confréries, les aufiers en aient formé une; je n'en ai vu du moins aucune trace.

Comme cette rue était proche l'ancienne maison des Templiers, à peu près située où se trouve aujourd'hui l'église des Augustins, on l'appela longtemps la rue du Temple. Elle portait, en 1392[3], ce nom

[1] La plante graminée dont on fait des nattes, des cordages et d'autres ouvrages utiles, s'appelait *alfa* dans la latinité du moyen-âge. Ce mot passa à peu près entier dans la langue provençale; on le prononça et on l'écrivit *aufa*. On l'appelle sparte en français. On donne le nom de sparterie aux manufactures de sparte ainsi qu'aux objets manufacturés.

[2] Registre contenant des délibérations municipales de 1469 à 1485, fol. 62 verso, aux archives de la ville.

[3] Registre A des reconnaissances et directes de l'Hôpital Saint-Jacques de Galice, p. 207, aux archives de l'Hôtel-Dieu.

sans doute beaucoup plus ancien; et plus tard on l'appelait indistinctement rue du Temple, des Templiers, de Saint-Augustin. Dans le seizième siècle, un autre nom prévalut, en concurrence toutefois avec celui des Templiers. On l'appela *d'aou Valat deis Cougourdos*. C'est qu'il y avait là un grand ruisseau ou fossé dans lequel, en temps de pluie orageuse, la violence des eaux entraînait les produits et surtout les citrouilles des jardins les plus rapprochés de la ville. Ce fossé, qui n'était probablement qu'un de ces réservoirs nommés *barquious* qu'on avait établis, dès le quatorzième siècle, à l'entrée de plusieurs rues donnant sur le port, pour empêcher l'encombrement du bassin[1], gênait la circulation et répandait une odeur infecte. En 1559, les habitants des maisons voisines présentèrent aux délégués municipaux[2] une requête « aux fins de faire couvrir et fermer le vallat « de Cogorde, attendu les escandales et inconvé- « nients que tous les jours surviennent, mesme aussi « la grande puanteur et immondice que l'on geste « dedans, et à ces fins depputer certains person- « naiges pour ce faire ». Les délégués s'occupèrent de cette affaire, dans la séance du 10 novembre, et ils la renvoyèrent à l'examen des consuls, de l'asses-

---

[1] Statutor. Civit. Mass. lib. IV, cap. II *de barquilibus faciendis in transversiis Massilie de portu*. — François d'Aix, commentateur des statuts de Marseille, parlait, en 1656, de ces *barquieux*, comme s'ils existaient encore. Voyez son ouvrage, p. 440. — Voyez aussi Théophile Lagrangé, de l'assainissement du port de Marseille, 1838, in-8º.

[2] Le conseil municipal de Marseille nommait, à cette époque, des commissaires délégués pour examiner les demandes des particuliers et statuer sur *icelles*.

seur et des intendants du port, pour qu'elle reçût une solution conforme à l'intérêt public [1]; je ne sais quelle en fut la suite.

Un propriétaire de cette rue avait chez lui un buste d'Henri IV qu'il tint caché pendant tout le temps de la Ligue; mais le 17 février 1596, au moment où la mort de Charles de Casaulx réduisit Marseille sous le pouvoir du Roi, les royalistes prirent l'écharpe blanche et se livrèrent à des transports d'enthousiasme. Le possesseur du buste du monarque l'exposa sur sa fenêtre, et les passants applaudirent aux cris de Vive le Roi! Ce propriétaire plaça ensuite au coin de sa maison le buste avec cette épigraphe au bas de la console : *Mihi et Reipublicæ*. Quelques personnes donnèrent dès-lors à la rue le nom d'Henri IV. Dans le dix-huitième siècle, comme le buste était tout-à-fait dégradé, le nouveau possesseur en fit faire un autre, vers l'année 1770, par le sculpteur Icard, de l'Académie de peinture et de sculpture de Marseille [2].

En 1682, la rue avait encore ses deux noms des Templiers et du *Valat deis Cougourdos* [3], auxquels plusieurs personnes mêlèrent aussi le nom d'Henri IV. Ce n'est qu'à la fin du dix-septième siècle que le nom

---

[1] Registre 6 des délibérations du conseil municipal de Marseille, 1559-1562, fol. 29 recto, secrétariat des notaires Sebiés et Boyer aux archives de la ville.

[2] Grosson, Almanach Historique de 1782, p. 194.

[3] Nouveau registre B, 2, des reconnaissances et directes de l'hôpital Saint-Jacques de Galice, p. 591, aux archives de l'Hôtel-Dieu.

des Aufiers fut presque généralement adopté[1], et qu'on donna celui des Templiers à la rue qui le porte aujourd'hui, et dont l'ouverture n'est pas très-ancienne. Ce n'est pas à dire que les fabricants et marchands de sparterie ne fussent établis depuis longtemps dans la première de ces rues ; mais elle conservait ses anciennes dénominations. On sait qu'il est difficile de changer les vieilles habitudes populaires, et que les noms survivent toujours aux choses qu'ils rappellent.

En 1788, on démolit une maison à la rue des Aufiers pour sa communication directe avec la Coutellerie. Cette maison appartenait à un bourgeois nommé Raimond Bovignan, qui reçut de la ville vingt mille six cents livres d'indemnité[2].

---

[1] On voit ce nom des Aufiers dans le règlement des recteurs de la Miséricorde, Marseille, 1693.— Voyez le registre E E des censes et directes de l'Hôtel-Dieu.— En 1782, quelques personnes donnaient encore à la rue des Aufiers le nom d'Henri IV. Voyez Grosson, Almanach de 1782, p. 194.

[2] Voyez les articles du 29 octobre 1788, 26 janvier 1789, 13 juillet et 18 décembre de la même année, dans le registre du contrôle des mandats de paiement de 1788 à 1792, aux archives de la ville.

# RUE COUTELLERIE.

Les couteliers occupèrent, en grand nombre, cette rue qu'on appelait *Cordurarie* en 1438; on lui voit, en 1505, le nom de *Cotelarie*[1] qu'elle portait avant cette époque, selon toutes les apparences.

En 1789, quelques couteliers travaillaient librement sur les places publiques de Marseille, tant les lois de police et de voirie étaient alors tolérantes et faciles. Le corps des maîtres couteliers de cette ville demanda, dans son cahier des doléances, qu'on ne pût travailler qu'en boutique. Ce corps avait alors pour syndic le sieur Dubois, et pour adjoint le sieur Bousquet[2].

La rue Coutellerie eut, pendant fort longtemps, une irrégularité des plus choquantes, et la ville, à diverses époques, fit des sacrifices pour améliorer cet état. Elle coupa, pour l'alignement et l'élargissement,

---

[1] Registre A des censes et directes de l'Hôpital Saint-Jacques de Galice, p. 359, aux archives de l'Hôtel-Dieu.
[2] Doléances du corps des maîtres couteliers, pour servir à la rédaction du cahier du tiers-état de Marseille, 1789, in-12.

une maison en 1738[1] et une autre maison l'année suivante[2]. Elle fit aussi divers coupements de 1773 à 1791, en achetant des maisons qui appartenaient au chevalier Marin de Caranrais, au bourgeois Louis Antelmy, au maître fondeur Barthélemy, à l'orfèvre André Sallony, et à l'ancien courtier Jacques Donnadieu[3].

La révolution arrêta le cours de cette régularisation, et le commencement de la rue Coutellerie continua de rester très-étroit et très-disgracieux. Le conseil municipal de Marseille, par délibération du 23 mars 1841, en vota l'élargissement, et les travaux commencèrent quelque temps après. Le maire, M. Consolat, les accéléra avec cet esprit de sage et prudente impulsion qui caractérisait tous ses actes. La ville y dépensa 425,000 francs.

---

[1] Article du 2 septembre 1738 dans le Bulletaire de 1738 à 1743, aux archives de la ville.
[2] Article du 3 avril 1739, dans le même Bulletaire.
[3] Registre du contrôle des mandats de paiement de 1771 à 1777. — Autre registre du contrôle des mandats de paiement de 1788 à 1792, aux archives de la ville.

# RUE DU JUGE-DU-PALAIS.

Le nom de cette rue rappelle l'ancienne organisation judiciaire de Marseille.

De toute ancienneté, cette ville eut deux juges nommés, chaque année, par le conseil municipal. Sous le régime des podestats, la nomination appartint à ces premiers magistrats de la république marseillaise; et elle revint à l'assemblée communale en vertu des chapitres de paix de 1257.

A dater de cette époque, il y eut à Marseille un troisième juge dont la charge, aussi annuelle, fut d'institution royale; on l'appela le Juge du palais. Ces trois juges ne statuaient qu'en première instance, mais celui du palais avait la préséance sur les deux juges communaux, parce qu'il était nommé directement par le comte de Provence, et qu'il avait dans sa compétence toutes les affaires civiles et criminelles, tandis que les deux autres juges ne pouvaient connaître que des causes civiles. En cas d'absence ou d'empêchement du viguier, le juge du palais portait le bâton du roi dans les conseils de ville et dans les cérémonies publiques[1].

Quelques actes officiels donnent au juge du palais de Marseille le titre de *judex major*, pour le distinguer des deux juges communaux. Ce titre signifie ici juge principal, le premier des juges[2]; mais il faut bien se garder de dire *juge mage*, car on bouleverserait par cette appellation toutes les notions historiques et judiciaires. Il n'y eut jamais qu'un seul juge mage. Ce magistrat, d'une position beaucoup plus élevée que celle de juges locaux, siégeait à Aix, et sa juridiction s'étendait sur toute la Provence; il n'avait au-dessus de lui que le grand sénéchal, véritable vice-roi qui tenait en ses mains la politique, la législation et les armes.

Le juge du palais devait être étranger à Marseille; il fallait au contraire que les deux juges communaux fussent choisis parmi les avocats en exercice dans cette ville[3]. Dès le commencement du seizième siècle, l'un de ces deux juges d'élection municipale fut appelé juge de Saint-Louis, et l'autre reçut le nom de Saint-Lazare.

Mais au-dessus des trois judicatures de première instance, il y eut, à Marseille, un tribunal supérieur. Ce fut celui du juge des premières appellations et des

---

[1] François d'Aix, Commentaire des Statuts de Marseille, p. 18.
[2] Même ouvrage, p. 23.
[3] Le règlement du sort sanctionne cet ancien statut de Marseille en exigeant que le juge de Saint-Louis et celui de Saint-Lazare soient avocats postulants, fréquentant le Palais et âgés de trente ans au moins. Marseille, 1654.

nullités[1]. Ce magistrat, d'institution royale et toujours étranger à Marseille, n'eut aussi qu'une charge annuelle ; il jugeait les appels contre les jugements rendus par les trois juges de première instance. Une sentence attaquée par la voie d'appel était considérée comme nulle, et voilà pourquoi le juge des appellations le fut aussi des nullités.

Cette judicature des appellations fut réunie à la sénéchaussée de Marseille lors de son établissement en 1535[2].

Les tribunaux de Saint-Louis et de Saint-Lazare, supprimés en 1567[3], rétablis en 1584[4], encore supprimés en 1660 et reconstitués l'année suivante[5], cessèrent d'exister au mois d'août 1701, à l'institution de la nouvelle sénéchaussée à laquelle ils furent incorporés[6].

[1] Il ne faut pas prendre dans son acception littéralement rigoureuse le mot de *premières* appellations et croire qu'il y eut, pour Marseille, une seconde voie d'appel. Le juge, dit des premières appellations, jugeait souverainement, et les Marseillais, en vertu de leur privilége *de non extrahendo*, devaient voir toutes les affaires civiles et criminelles se terminer chez eux.

[2] Copie d'un édit de 1694 relativement aux juges de Saint-Louis et de Saint-Lazare, aux archives de la ville.

[3] Registre 8 des délibérations municipales de Marseille, du 9 novembre 1566, au mois d'octobre 1570, fol. 27, recto, aux archives de la ville.

[4] Registre des élections, conseils et autres actes de la présente ville de Marseille, commençant le 8 novembre 1579 et finissant le 3 janvier 1584, fol. 74, verso et suivantes, aux mêmes archives.

[5] Registre 60 des délibérations municipales de Marseille, 1659-1660, fol. 45, ver., 46 rec. et 61 ver.; — registre 62, fol. 40 et suiv.; — arrêt du conseil d'état et lettres patentes du roi, du 15 octobre 1661, aux archives de la ville, Chartier; — arrêt du parlement de Provence, du 5 janvier 1662, aux mêmes archives, Chartier.

[6] Voyez la copie de l'édit du mois d'août 1701 aux archives de la ville de Marseille, Chartier; — *registre des copies des lettres des échevins de Marseille, de 1700 à 1702*, lettres des 13 et 18 juillet 1701; — registre de 1702 à 1706, lettre du

Quant à la charge de juge du palais, elle subit de plus grands changements[1]. Dans le seizième siècle, le roi, aliénant son droit de nomination directe, permit à la ville de Marseille de lui présenter annuellement trois candidats jurisconsultes parmi lesquels il fit son choix[2]. Cette judicature fut supprimée en 1567, comme celles de Saint-Louis et de Saint-Lazare, et réunie, comme elles, à la première sénéchaussée; rétablie en 1584, elle devint à vie, puis encore annuelle, puis érigée en titre d'office perpétuel et héréditaire moyennant six cents écus au profit du roi. Enfin les motifs qui firent prononcer en 1704 la suppression définitive des tribunaux de Saint-Louis et de Saint-Lazare, entraînèrent aussi la chute de celui du juge du palais. L'intérêt public commandait l'abolition de ces trois judicatures inférieures qui ressortissaient de la sénéchaussée de Marseille, et formaient un degré de juridiction sans caractère d'utilité.

L'office héréditaire de juge du palais de Marseille avait été créé par le roi, au commencement du dix-septième siècle, au profit de Jean-Paul de Foresta, seigneur du Castelar[3], lequel résigna cet office, en

---

18 septembre 1702; — Brillon, Dictionnaire des arrêts ou jurisprudence universelle des parlements de France, nouvelle édition, t. IV, p. 329; — Collection des documents inédits sur l'histoire de France, première série, correspondance administrative sous le règne de Louis XIV, t. I, p. 022.

[1] Livre Noir, fol. 238 et suiv., 244 verso et suiv., 267 recto et verso, aux archives de la ville.

[2] Registre cité des délibérations municipales de Marseille, du 8 novembre 1579 au 3 janvier 1584, fol. 65 recto.

[3] Robert de Briançon, t. II, p. 98.

1624, en faveur de son fils François[1]. Les consuls de Marseille s'opposèrent à l'installation du nouveau juge, attendu que l'hérédité judiciaire était une nouveauté contraire aux libertés, aux statuts et aux coutumes de la ville de Marseille. François de Foresta cita cette ville devant le conseil privé du roi, en déboutement de l'opposition, et le conseil municipal, délibérant d'y persister, chargea les consuls de donner à Leroux, député de la ville à Paris, toutes les instructions et tous les titres pour une bonne défense[2]. Le conseil du roi ne s'arrêta pas à l'opposition de la ville de Marseille, et François de Foresta, après avoir exercé sa judicature pendant plusieurs années, la transmit à son fils Jean-Paul. Tous ces Foresta furent des magistrats du plus grand mérite[3]; leur famille possédait encore la charge de juge du palais au moment de sa suppression en 1701.

Sa maison d'habitation était sur le quai du port, au coin de la rue qui fut nommée du Juge-du-Palais[4], et qui était alors plus longue qu'elle ne l'est aujourd'hui, l'élargissement du quai, en 1843, ayant nécessité la démolition de plusieurs maisons qui donnaient sur cette rue, et parmi lesquelles se trouvait celle de la famille de Foresta.

[1] Artefeuil, t. I, p. 415.
[2] Séance du 6 septembre 1624 dans le registre 33 des délibérations municipales, 1623-1625, fol. 62 verso et 63 recto, aux archives de la ville.
[3] François d'Aix, ouvrage cité p. 18.
[4] Achard, géographie de la Provence, t. II, p. 48 et 49.

## PLACE DU CHEVALIER-ROSE.

La ville fit cette petite place en 1841, lorsqu'elle élargit la rue Coutellerie; et le maire, M. Consolat, fut très-bien inspiré en lui donnant un nom cher aux amis de l'humanité et aux admirateurs du courage civil plus difficile et presque toujours plus utile que la valeur montrée sur les champs de bataille, dans un moment de bruit et d'ivresse. Rien de plus commun que les soldats intrépides; rien de plus rare que les grands citoyens.

La peste de Marseille, en 1720, fut un des évènements les plus mémorables de la première moitié du dix-huitième siècle, et c'est aussi l'un des mieux connus, car l'histoire en a multiplié les récits d'une façon prodigieuse. L'imagination et le caprice se sont, à leur tour, exercés sur ce sujet émouvant auquel la science et les arts ont payé leur tribut.

Qui n'a pas admiré la figure le rôle du chevalier Rose dans ce drame lamentable? Ils sont bien grands et bien dignes d'éloges l'évêque et les échevins de Marseille. Mais, il faut bien le dire, leur position officielle leur imposait des obligations périlleuses, et la religion du devoir les poussait dans les voies du sacrifice ; rien n'obligeait le chevalier Rose. Libre de toutes fonctions publiques, il pouvait ne penser qu'à sa sûreté personnelle, sans encourir aucun blâme, et il paya une dette qu'il ne devait pas rigoureusement ; il ne s'épargna pas, et son abnégation fut sublime. Il affronta en volontaire la mort sous ses formes les plus hideuses, et fit de l'héroïsme en amateur. Gloire à son nom ! Honneur éternel à sa mémoire !

## RUE DES QUATRE-TOURS.

A l'entrée de la rue qui porta plus tard le nom de Belsunce on voyait un grand édifice aux formes de la renaissance, isolé et formant une île. Comme il était flanqué d'une tour à chacun de ses quatre angles, on l'appela la Maison des quatre tours. C'était l'hôtel de Valbelle.

Bien peu de familles provençales pouvaient rivaliser d'illustration, d'influence et de richesse avec la maison de Valbelle au dix-septième siècle; elle comptait dans son sein de hauts personnages du parlement d'Aix, des dignitaires de l'Église, de l'armée, de la marine et de l'ordre de Malte. Elle prétendait descendre des vicomtes de Marseille, mais l'ancienneté de cette noble origine lui fut contestée[1]. Pour moi, je ne sais qu'en penser, et ma route est semée d'écueils. La jalousie et le dénigrement s'acharnent d'ordinaire sur tout ce qui s'élève au dessus de la foule, et l'on voit, d'un autre côté, ces détestables

[1] Manuscrit de Barcilon de Mauvans, au mot Valbelle.

flatteurs qui accablent de leurs adulations la fortune et la puissance. L'esprit le plus investigateur et le plus patient s'égare et se trouble au milieu de ces recherches qu'environnent tant de ténèbres. Si la philosophie de l'histoire doit commencer par un scepticisme éclairé, le doute est surtout permis quand il s'agit du berceau des races illustres, lesquelles glissent sur la pente rapide des erreurs qui les séduisent. Qui ne sait que la plupart des généalogistes sont leurs complices, et que les faux titres abondent? Voltaire ne croit pas quatre filiations d'avérées avant le treizième siècle[1], et nos vieux historiens provençaux ne marchent qu'en tremblant dans l'obscur labyrinthe où l'on place le commencement des premières familles du pays, semblables aux grands fleuves dont on ignore la source, et qu'accroissent sans cesse une foule de petits ruisseaux[2].

L'une des quatre branches de la famille de Valbelle florissait à Marseille. Barthélemy, l'un de ses membres, après avoir embrassé l'état ecclésiastique, s'en dégoûta bientôt, et se livra tout entier à l'étude des lois. Par lettres-patentes du 25 juillet 1586, Henri III le pourvut de la charge de lieutenant en l'amirauté de Marseille, vacante par la mort de Balthazar de Séguier, sieur de Piozin. Les émoluments de cet em-

---

[1] Correspondance, lettre à d'Alembert, du 29 novembre 1756.
[2] César Nostradamus, l'istoire et Chronique de Provence, p. 95; — Honoré Bouche, Histoire de Provence, t. II, p. 14, 15 et 298; — Pitton, sentiments sur les historiens de Provence, p. 49 et 50; — l'abbé de Sade, mémoires pour la vie de Pétrarque, t. III, p. 45, aux notes.

ploi étaient considérables[1]. Barthélemy de Valbelle s'en démit en faveur de son fils Antoine, sieur de Montfuron, que le roi nomma à sa place le 18 décembre 1625[2].

Antoine de Valbelle exerça une grande influence dans les affaires de Marseille, au milieu des troubles qui l'agitèrent sous le gouvernement du comte d'Alais. Ce magistrat avait des habitudes de grandeur et d'opulence qu'il savait mettre en scène avec une aisance naturelle, une délicatesse de manières, un tact exquis et un bon goût qui s'éloignaient tout à la fois de la morgue aristocratique et de la familiarité plébéienne. C'était un charme fascinateur.

Les hautes existences et les grandes renommées sont souvent menacées par des inimitiés jalouses et par des passions pleines d'audace. D'ailleurs la lutte entre le parlement d'Aix et le comte d'Alais, gouverneur de Provence, laissait encore des traces de discorde, et l'apaisement des esprits n'était pas complet. Le 27 septembre 1651, vers six heures du matin, Antoine de Valbelle était dans la chambre de sa femme, Françoise de Félix, dame de Valfère, qui venait d'accoucher, lorsqu'on lui apporta, de la part d'un patron de barque de la Ciotat, une cassette venant de Livourne, et pleine de choses précieuses du Levant,

---

[1] Il se vendit trois cent mille livres en 1712, et à cette époque le roi avait pourtant créé des tribunaux d'amirauté à Toulon, à La Ciotat, à Cassis, à Fréjus, à Arles, aux Martigues, à Saint-Tropez et à Antibes.

[2] Le R. P. Gabriel Léotard, généalogie de la maison de Valbelle. Amsterdam, 1730.

qu'un de ses amis lui envoyait, selon le dire du messager. Des rubans ornaient cette cassette qui exhalait les parfums les plus odorants. De Valbelle craignant que sa femme n'en fût incommodée, sortit de la chambre et s'empressa d'ouvrir la boîte sur un balcon donnant dans une cour intérieure. C'était une machine infernale qui éclata soudain ; mais au premier éclair, de Valbelle la jeta dans la cour où les balles firent tout leur effet ; il n'en fut que légèrement blessé à la main et au visage. Une vive émotion régna aussitôt dans la ville. Peu de temps après, le roi amnistia tous les auteurs des troubles à Marseille ; mais il fit une exception pour le crime atroce dont je viens de parler, et qui resta couvert d'un voile impénétrable [1].

L'hôtel des Quatre-Tours avait un riche ameublement, des tapisseries magnifiques, les créations diverses du luxe et des beaux-arts. Il n'était alors égalé que par celui de Mirabeau à la place de Lenche. Le lieutenant en l'amirauté reçut dans sa splendide résidence plusieurs personnages considérables qui y trouvèrent une hospitalité généreuse et brillante dont madame de Valbelle fit les honneurs avec une grâce parfaite.

C'était pour cette illustre famille une habitude héréditaire. Antoine de Valbelle mourut dans son hôtel

---

[1] Gabriel Léotard, Généalogie de la maison de Valbelle ; — Honoré Bouche, Histoire de Provence, t. II, p. 984 ; — Tallemant des Réaux, les Historiettes, seconde édition, t. II, p. 126.

des Quatre-Tours, en 1655, et fut enseveli avec pompe dans la Chartreuse de Marseille, où il avait élu sa sépulture, et où il avait fait construire une chapelle. Aux jours de sa jeunesse, ce magistrat avait perdu un œil dans un combat singulier contre un gentilhomme dont le nom ne nous est pas connu, et qui fut tué sur le coup[1].

Léon de Valbelle, marquis de Montfuron, fut pourvu, après la mort de son père, Antoine de Valbelle, de la charge de lieutenant en l'amirauté de Marseille, par lettres patentes du roi données à Paris le 20 décembre 1655.

On sait que la reine-mère et toute la cour de France accompagnèrent Louis XIV à Marseille, en 1660. La reine-mère descendit chez Léon de Valbelle[2], qui put la recevoir avec tous les honneurs dignes de son rang.

Quatre ans après, il fut aussi donné à un prince de l'église de voir, dans des circonstances remarquables, toutes les magnificences de la maison de Valbelle. Louis XIV avait exigé du pape Innocent X la réparation éclatante d'une injure faite à l'ambassadeur de France par la garde corse du pontife, qui se vit obligé d'envoyer son neveu, le cardinal Flavio Chigi, auprès du monarque; premier exemple d'un légat romain député en France pour faire des excuses. Le roi avait voulu que le cardinal fût reçu avec les

[1] Gabriel Léotard, ouvrage cité.
Papon, histoire de Provence, t. IV, p. 502.

plus grands honneurs. Flavio Chigi, débarqué à Marseille, le 14 mai 1664, dans tout l'éclat des fêtes, y fut complimenté par le duc de Mercœur, gouverneur de Provence, et vint descendre en carrosse dans l'hôtel des Quatre-Tours, où le duc avait aussi accepté le logement offert par la famille de Valbelle. Devant la porte principale s'élevait un arc de triomphe, et l'on avait de plus planté un *mai* couvert de branches de myrthe et de laurier. Le viguier de Piles, les échevins Boutassi, Calaman, Delorme, Roboly, et l'assesseur Descamps, qui avaient déjà présenté leurs hommages au légat, à son débarquement, s'empressèrent de le féliciter de nouveau, dans le grand salon de l'hôtel, où se présentèrent aussi l'évêque, le clergé, les divers magistrats et bien des personnages de distinction. Les quatre compagnies de quartier, commandées par le major de Cros, à cheval, défilèrent devant l'hôtel, au son des fifres et des tambours. Cette troupe fit plusieurs décharges de mousqueterie, les enseignes saluant avec les drapeaux, les capitaines et les lieutenants avec les piques.

Les prêtres de l'Oratoire de Marseille firent aussi leur visite au légat romain, et le supérieur lui exprima leurs sentiments dans une harangue latine. Deux élèves de leur collège, les jeunes de Porrade et Franchiscou, lui débitèrent chacun une petite pièce de vers français.

Flavio Chigi dîna en public, et fut magnifiquement traité à quatre services. Sa table était carrée et de neuf couverts. Le légat avait à sa droite le duc de Mercœur ; les autres convives étaient des prélats et des seigneurs romains de la suite du cardinal. On dressa, dans une autre salle de l'hôtel de Valbelle, une table de soixante couverts pour les autres seigneurs, gentilhommes et officiers qui accompagnaient le neveu du pape. Les gens de service inférieur furent traités en même temps dans diverses pièces de l'hôtel.

Après le dîné, on introduisit les prud'hommes des patrons pêcheurs, Étienne Chataud, Jean Chaury, Charles Fabron, Jean Beaulieu, suivis d'un grand nombre de patrons. Une compagnie de mousquetaires formée dans leur corps les avait escortés jusques à l'hôtel des Quatre-Tours. Les quatre prud'hommes en exercice avaient leur costume de cérémonie, consistant en un corset, un haut de chausse, une fraise, un manteau, des pleureuses, une toque de velours noir[1]. Ils portaient sur l'épaule une longue et large épée[2] qu'ils prenaient de temps en temps à deux mains, et faisaient divers exercices[3]. Les prud'hommes félicitèrent le légat en langue provençale, et le supplièrent en même temps de briser les fers de Claude Gautier, du quartier de Saint-Jean, forçat depuis vingt années sur la galère pontificale le *Saint-*

---

[1] Remplacée plus tard par le chapeau à la Henri IV.
[2] Diverses relations de fêtes et d'entrées de princes à Marseille.
[3] Livre Rouge, manuscrit in-folio contenant divers actes, divers titres et diverses délibérations du corps des patrons pêcheurs de Marseille, de 1530 1759, fol. 269 recto et 484 recto aux archives de la prud'hommie.

*Alexandre* qui venait d'entrer dans le port. Le cardinal ordonna qu'on allât, sur l'heure, délivrer le pauvre captif[1]. La joie et la reconnaissance des prud'hommes n'y tinrent plus, et ils se prirent à répéter : *La benedictien de Diou vous vengue* ; ils levaient les mains en disant ces mots. Flavio Chigi, se tournant vers le duc de Mercœur, lui dit : « Ces bonnes gens « m'ont donné leur bénédiction ; il est bien juste que « je leur donne la mienne » ; et c'est ce qu'il fit à l'instant.

Je n'ai maintenant qu'à laisser parler François Marchetti, l'historien naïf de ces fêtes dont il fut le témoin. « Madame la lieutenante de Valbelle[2] crut « que M. le légat logeant dans sa maison, elle estoit « obligée de ne différer pas davantage à luy faire la « révérence. Elle y fut avec madame de Valbelle, sa « belle-fille, les dames de la Salle et de Bonneval, ses « filles, et quelques autres dames ses parentes qu'elle « présenta à Son Éminence, après qu'elle eut l'hon-« neur de lui faire son compliment… M<sup>me</sup> de Valbelle, « la jeune, s'estant ensuite avancée pour saluer le lé-« gat à son tour et luy témoigner combien elle esti-« moit l'honneur que M. de Valbelle son mary et elle « recevoient de loger son éminence dans leur maison,

---

[1] Relation de tout ce qui s'est passé à Marseille depuis l'arrivée de l'éminentissime cardinal Flavio Chigi, neveu de sa Sainteté et légat en France, jusques à son départ de cette ville ; le tout extrait du chapitre des entrées du livre des Usages et Coustumes des Marseillois, de François Marchetti, prestre de Marseille, in-4º, p. 16.

[2] C'était la veuve d'Antoine de Valbelle.

« et combien aussi ils estoient faschez tous deux que
« l'appartement qu'elle leur avoit fait la grâce d'y
« prendre fust si peu digne d'elle, Son Éminence, qui
« avoit esté informée du prix de cette jeune dame,
« qui est bien moins considérable par la splendeur de
« sa naissance que par le mérite de sa vertu, reçut
« ses civilités avec les remercîments et les respects
« qui sont deus par les plus grands mesmes aux per-
« sonnes de son sexe et de sa qualité. Les autres
« dames ne luy firent que de très-profondes révé-
« rences, la bienséance ne leur permettant pas de
« parler après les dames de Valbelle. »

Cette jeune dame, mariée depuis neuf ans avec Léon de Valbelle, avait en effet la plus haute naissance, car elle était Marie de Pontevès de Buous, fille d'Ange de Pontevès, marquis de Buous, et de Marguerite d'Adhémar de Monteil de Grignan[1].

Marchetti raconte la manière avec laquelle le cardinal légat reconnut l'hospitalité qu'il avait reçue dans l'hôtel des Quatre-Tours. « Le sieur Bonacursi,
« son majordome, porta à madame la lieutenante de
« Valbelle et à madame sa belle-fille les présents que
« Son Éminence avoit commandé qu'on lui offrit de
« sa part ; ils consistoient en un chapelet d'agathe,
« en une douzaine d'autres chapelets, en quelques
« médailles d'or et d'argent, en six paires de gants
« de senteur, en des éventails à la romaine et en un
« fort beau benestier de cuivre doré, garni de feuil-

---

[1] Robert de Briançon, l'Etat de la Provence dans sa noblesse, t. III, p. 168.

« lages d'argent et orné d'une large coquille d'orfé-
« vrerie et d'une excellente peinture de saint Antoine
« de Padoue, sur un grand crans en ovale. »

Flavio Chigi partit le lendemain pour aller coucher à Salon. « La compagnie des gardes du duc de
« Mercœur marchait en ordre devant le carrosse du
« cardinal, qui fut suivi de dix-huit autres carrosses
« et d'hommes à cheval. On tapissa toutes les maisons
« du faubourg; les grandes places de tous les dehors
« de la ville se remplirent en un moment de monde,
« et tous les chemins se couvrirent si fort de peuple,
« que le cardinal eut peine à passer..... Le bruit des
« boîtes ne cessa de l'accompagner jusqu'à ce qu'il
« fût sorti de nos faubourgs; et après que nos trom-
« pettes eurent longtemps sonné, que nos eschevins,
« qui attendoient M. le légat à nos aqueducs de la
« porte d'Aix, eurent reçu la bénédiction et l'indul-
« gence qu'il leur donna pour l'heure de la mort, et
« que la citadelle l'eust salué de douze volées de
« canon, comme il passait à Aren, nous ne tardasmes
« guère de le perdre tout-à-fait de vue, pour le laisser
« voir à nos bastidanes et à nos paysans, qui s'estant
« de toutes parts répandus sur plus d'une grande
« lieue de son chemin, luy firent admirer une se-
« conde Marseille dans le terroir, et tout un peuple
« d'une nouvelle ville hors de Marseille[1]. » La maison des Quatre-Tours reviendra dans mes récits.

[1] Marchetti, ouvrage cité.

## RUE SAINT-VICTORET.

Il y eut, de toute ancienneté, dans cette rue, plusieurs auberges qui lui firent donner le nom *des Forestiers*, ou étrangers. En 1317, Pierre du Temple, y avait sa maison d'habitation[1].

L'une de ces auberges suspendit extérieurement un miroir pour enseigne. Peu de temps après, la rue fut appelée du Miroir, et plus tard des Miroirs, probablement parce qu'on en suspendit plusieurs.

Les choses en étaient là au seizième siècle, lorsque la famille Tournier, qui tirait son origine des Tournieri, du Milanais, vint demeurer dans la rue des Forestiers ou des Miroirs, car chacun l'appelait, selon son goût et ses habitudes, de l'un de ces deux noms. Le capitaine François Tournier, connu par sa bravoure, acquit, en 1574, la seigneurie de Saint-Victoret. Il en fit hommage au roi l'année suivante, et se maria, en 1576, avec Charlotte de Huc, fille de François de Huc, seigneur de la Reynarde, et de

[1] Petrus de Templo de Carreria forestariorum civitatis vicecomitalis Massilie. Acte du 6 des calendes de décembre 1317, notaire Guillaume Jean, aux archives de la ville, Chartier.

Claudine de la Cépède[1]. Son fils, Jean, seigneur de Saint-Victoret, fut élu premier consul de Marseille en 1618, et l'on commença à donner le nom de Saint-Victoret à la rue des Forestiers et des Miroirs, qui eut dès-lors un troisième nom[2].

On contesta les titres nobiliaires de la famille Tournier de Saint-Victoret; on dit qu'après avoir fait des alliances nobles, elle voulut être noble elle-même, et qu'elle est de celles qui, après avoir eu le premier consulat de Marseille, se croyaient plus nobles que si elles venaient d'un consul romain[3].

Quoi qu'il en soit de ces critiques, la famille Tournier de Saint-Victoret continua d'habiter sa maison patrimoniale. Les noms des Forestiers et des Miroirs furent peu à peu oubliés, et celui de Saint-Victoret prévalut sans concurrence.

Le dernier rejeton de cette famille, ancien officier des galères et chevalier de Saint-Louis, vivait à Marseille sans alliance, en 1759[4].

---

[1] Robert de Briançon, l'État de la Provence dans sa noblesse, t. III, p. 153-154; — Artefeuil, Histoire héroïque et universelle de la noblesse de Provence, t. II, p. 459-461.

[2] Registre A des censes et directes de l'hôpital Saint-Jacques de Galice de Marseille, p. 366; — Nouveau registre 6, 1, des censes et directes du même hôpital, p. 203; — registre R. R. des censes et directes de l'hôpital du Saint-Esprit, p. 230; — registre X des censes et directes du même hôpital du Saint-Esprit, p. 135, aux archives de l'Hôtel-Dieu.

[3] Barcilon de Mauvans, critique manuscrite du nobiliaire de Provence, au mot Tournier.

[4] Artefeuil, *Loc. cit.*

## RUE DES CONSULS.

Cette rue s'appelait des Fabres en 1426 [1]. On dit qu'un évènement produit par le hasard la fit nommer rue des Consuls, les trois consuls en exercice l'habitant en même temps [2]. En quelle année ce fait se passa-t-il? Je ne puis le dire; et ce qui me paraît seulement certain c'est que la rue était nommée des Consuls vers le milieu du dix-septième siècle [3].

A cette époque, un médecin de Marseille, nommé Peiruis, faisait creuser, à peu près au milieu de cette rue, les fondements d'une maison qu'il allait y construire. Selon le témoignage ordinairement fidèle de Ruffi, qui était contemporain, on trouva, dans les vestiges d'un ancien édifice, une statue de Jupiter et une statue de Minerve. Ruffi nous a laissé le dessin

---

[1] Registre A des censes et directes de l'hôpital Saint-Jacques de Galice, p. 378, aux archives de l'Hôtel-Dieu.

[2] Grosson, Almanach Historique de Marseille, 1782, p. 196.

[3] Nouveau registre des censes et directes de l'hôpital Saint-Jacques de Galice, c. 1, p. 232. — Un acte de 1693 dit rue des Fabres, à présent appelée rue des Consuls. Registre B B des censes de l'hôpital du Saint-Esprit, fol. 2 verso, aux archives de l'Hôtel-Dieu.

de cette dernière[1], dont les deux avant-bras furent brisés par les ouvriers employés au creusement. La statue de Minerve, telle du moins qu'elle est représentée, n'est certainement pas un chef-d'œuvre. Grosson assure qu'on découvrit dans le même terrain des colonnes et divers petits *ex-voto*[2]; il affirme en outre que là est l'emplacement du temple de Minerve, l'une des divinités protectrices de l'ancienne république de Marseille[3]. Mais la garantie de Grosson n'a qu'un poids léger; toujours superficiel, c'est dans son imagination aventureuse plutôt que dans les réalités de l'histoire et de la science qu'il fait ses découvertes archéologiques.

[1] Histoire de Marseille, t. II, p. 315.
[2] Grosson, Almanach de 1782, p. 197.
[3] Recueil des antiquités et monuments marseillois, p. 136

# RUE DE LA CROIX-D'OR.

Cette rue portait, au commencement du quatorzième siècle, le nom de *Carriera dels Botoniers*[1], parce qu'elle était habitée par des fabricants de boutons; et comme on y voyait aussi des serruriers et d'autres ouvriers livrés au travail du fer, on l'appela en même temps la rue des Fabres[2]. La rue des Fabres d'aujourd'hui était alors nommée de la Fusterie, appellation qui lui venait des menuisiers et des charpentiers qui s'y trouvaient en grand nombre[3]. Au seizième siècle, le nom des Boutoniers avait effacé celui des Fabres que portait une autre rue dont je viens de parler.

Un acte du 20 août 1639 mentionne une maison

---

[1] Acte de 1312 dans le livre Trésor, ou inventaire des titres droits, rentes et propriétés de l'hôpital Saint-Jacques de Galice, fol. 47, recto, aux archives de l'Hôtel-Dieu.

[2] Acte du 7 novembre 1332 dans l'inventaire des propriétés de l'hôpital du Saint-Esprit, 1399, fol. 26, verso, aux archives de l'Hôtel-Dieu.

[3] Acte du 12 mai 1344, dans le Cartulaire du notaire Augier Aicard, 1344, aux archives de la ville.

sise à la rue des Boutoniers, près du *Lougis de la Croix-d'Or*[1]; c'est que ce logis ou auberge, dont l'enseigne était une croix dorée, avait été fort remarqué par le peuple qui exerce une souveraineté absolue en matière de dénominations publiques. Comme l'auberge, établie dans cette rue, eut une longue existence, personne ne pensa plus aux boutoniers, et tout le monde finit par adopter le nom de la Croix-d'Or.

[1] Registre A des censes et directes de l'hôpital Saint-Jacques de Galice, p. 370 aux archives de l'Hôtel-Dieu.

# RUE DE LA SALLE.

Un acte fait à Marseille dans l'église des Accoules[1] par le notaire Guillaume Vascondus, la veille des ides de septembre 1248, mentionne une maison sise en cette ville à la rue de Bernard Gasqui[2]. C'était le nom d'un citoyen notable qui avait habité cette rue et à la famille duquel appartenait sans doute l'évêque Jean Gasqui qui occupa le siége de Marseille de 1336 à 1344. Ce prélat avait les habitudes studieuses; il ne se borna pas à composer un livre de piété, il copia lui-même divers ouvrages. Sa bibliothèque, formée selon le goût et l'esprit du temps, avait de l'importance pour ce temps où les livres étaient fort rares et fort chers. On remarquait dans cette bibliothèque la Morale d'Aristote avec un commentaire, et plusieurs livres de physique et de médecine[3].

[1] Les notaires de Marseille, qui tenaient alors boutique ouverte, faisaient leurs actes, c'est-à-dire prenaient leurs notes et recevaient la déclaration des parties partout où ils se trouvaient, dans les rues, dans les halles, dans les églises, dans les lieux publics et privés.

[2] Domum que fuit dicti Bernardi quondam que est in carreria Bernardi Guasqui; archives de la ville de Marseille, Chartier.

[3] L'Antiquité de l'église de Marseille et la Succession de ses évêques, t. II, p. 399-427.

La rue de Bernard-Gasqui fut ainsi appelée pendant plus de quatre siècles.

Mais, après cette période, vint un nom plus considérable, brillant de tout l'éclat des services publics et des honneurs consulaires.

On sait que vers le milieu du quinzième siècle, Jean de Villages, originaire de Bourges, fut, à Marseille, le principal agent du célèbre Jacques Cœur, qui lui donna sa nièce en mariage. Jean de Villages mourut, en 1477, comblé de richesses et de dignités. Pierre, son fils, fut premier consul de Marseille en l'année 1514. Son descendant Michel se vit honoré du même titre en 1585, et devint seigneur de la Salle par son mariage avec Catherine de Sériaso, dont le père possédait cette terre seigneuriale[1]. Les deux frères, Jean-Baptiste et César de Villages, furent fidèles à la cause royale durant le règne de la Ligue à Marseille, et, après la réduction de cette ville, en 1596, Jean-Baptiste fut au nombre des gentilhommes que la nouvelle administration municipale députa auprès d'Henri IV[2]. Le 3 novembre 1600, César reçut à Marseille, en qualité de premier consul, la nouvelle reine de France, Marie de Médicis, et lui présenta, à genoux, deux clés d'or de la valeur de trois cents écus que la princesse prit et donna à Lussan, capitaine de ses gardes[3]. Nous voyons Jean-

---

[1] Robert de Briançon, l'État de la Provence dans sa noblesse, t. III, p. 237.
[2] Ruffi, Histoire de Marseille, t. I, p. 432.
[3] Ruffi, ouvrage cité, t. I, p. 446.

Baptiste de Villages deux fois premier consul, en 1610 et 1619. Michel, fils aîné de César, le fut l'année suivante [1].

Gaspard de Villages, sieur de la Salle, élu deux fois premier consul de Marseille, en 1644 et 1652, se distingua dans cette magistrature par son intelligence et son patriotisme. Ce fut sur sa proposition que le conseil municipal vota la construction d'un nouvel hôtel-de-ville [2], dont ce consul posa la première pierre le 25 octobre 1653 [3].

Un autre Jean-Baptiste de Villages, troisième fils de César, porta aussi, en 1656, la toge de premier consul. Cette famille souffrit beaucoup de l'édit de 1660 qui supprima le consulat de Marseille et le remplaça par l'échevinage en faveur du commerce et contre la noblesse, laquelle venait de se compromettre dans l'affaire de Gaspard de Glandevès-Niozelles. Mais si les honneurs consulaires furent dès-lors interdits à la famille de Villages, elle soutint dignement son nom dans l'ordre de Malte [4]; puis elle reparut avec tout son éclat sur la scène municipale, lorsque Louis XV, par lettres-patentes du mois de septembre 1766, eut institué, après de longs débats,

[1] Robert de Briançon, ouv. cité, t. III, p. 237 et 238.— Artefeuil, Histoire héroïque et universelle de la noblesse de Provence, t. II, p. 498; — de Maynier, Histoire de la principale noblesse de Provence, p. 276.

[2] Registre 53 des délibérations municipales de Marseille, 1652-1653, fol. 60 verso, 61 recto, 75 recto et verso, aux archives de la ville.

[3] C'est l'Hôtel-de-Ville actuel.

[4] Voyez tous les nobiliaires de Provence.

la mairie de Marseille en faveur des gentilhommes de cette ville, qui obtinrent enfin une pleine satisfaction. Le marquis de Villages fut nommé maire aux élections du 28 octobre 1781[1] : salut suprême, dernier hommage rendu à un grand nom. Le marquis de Villages mourut subitement quelques jours après, emportant dans la tombe tout l'honneur de sa race, bien qu'il laissât un fils[2].

La famille de Villages de la Salle avait fait bâtir, pour son habitation, dans l'ancienne rue de Bernard-Gasqui, qu'on appelait alors Bernard-Gast[3] par l'effet d'une prononciation corrompue, la maison qu'on y voit encore et qui est remarquable par ses vestiges de distinction et de grandeur, par les trophées et les ornements de sculpture qui décorent sa porte d'entrée; c'était au milieu du dix-septième siècle, et le nom de la Salle resta dès-lors à cette rue où demeuraient aussi plusieurs familles distinguées.

En 1683, l'administration acheta une partie de la maison de M. Albert, qui faisait saillie, et elle la coupa pour l'alignement de la rue[4].

---

[1] Registre 182 des délibérations municipales, 1781, fol. 124 recto et verso, 138 verso, 139 recto et suiv., aux archives de la ville.

[2] Ce fils, Charles-Alphonse-Désiré, marquis de Villages, né à Marseille le 17 avril 1776, y est mort sans postérité le 20 octobre 1853.

[3] Registres ci-dessus cités des censes et directes de l'hôpital Saint-Jacques de Galice et de l'hôpital du Saint-Esprit de Marseille.

[4] Mandat du 22 septembre 1683 dans le Bulletaire de 1682 à 1690, aux archives de la ville.

## RUE DE LA MURE.

L'origine du nom de cette rue remonte à six cent cinquante ans au moins, et la famille de Mura, de Mure ou de la Mure, le lui donna. Cette famille fort riche et fort considérable au treizième siècle, se montrait avec éclat sur la scène municipale en 1219. Imbert de la Mure était alors l'un des douze recteurs de la ville vicomtale[1], qui comptait parmi ses principaux citoyens un membre de la même famille, nommé Guillaume, lequel figure dans un acte d'arrangement passé, la même année, entre cette ville d'une part, et l'évêque, les chanoines et les habitants de la ville haute, d'autre part[2]. Pierre de la Mure siégeait au conseil général de la ville basse, lorsque une transaction, à la date du 16 janvier 1229, intervint entre cette ville et plusieurs membres de l'ancienne famille vicomtale au sujet des droits seigneuriaux qu'ils prétendaient posséder encore[3].

[1] Voyez la charte citée par les auteurs de l'antiquité de l'église de Marseille, t. II. p. 85.
[2] Acte du 10 des calendes de février 1219, aux archives de la ville, Chartier.
[3] Voyez cet acte aux archives de la ville, Chartier.

La maison de la Mure se maintint dans le même crédit et la même opulence[1] ; les mandats les plus importants, les emplois les plus élevés témoignaient en faveur de son patriotisme et de ses lumières[2].

Mais, au quinzième siècle, la famille de la Mure n'existait plus ; du moins je n'en vois plus de traces dans les fastes municipaux de Marseille. En général un long avenir n'est pas destiné à la richesse, à la puissance, à la splendeur des races. Tout éclat passe vite et l'oubli fait bientôt justice de nos chimères vaniteuses. Oh ! comme vous vous éteignîtes bientôt, grandes familles marseillaises du moyen âge, Ancelme, Hugolen, Drapier, Lingris, Bonvin, Jérusalem, Vivaud, Saint-Gilles, Repelin, Ricavi, Montanée, du Temple, vous qui ne plaçâtes votre noble orgueil que dans le service de la cité et dans la défense de ses franchises.

A la fin du quatorzième siècle ou au commencement du quinzième, un fait sans importance fit donner un autre nom à la rue de la Mure. Le peuple, toujours frappé des choses matérielles offertes à sa vue, l'appela la rue des Trois-Puits, et c'est ainsi que je la vois désignée en 1423[3]. Ce nom dura fort longtemps, car en 1683 il existait encore[4].

[1] Parmi les propriétés possédées par la famille de la Mure, nous en voyons une située au Canet, *in loco qui dicitur al Canet*. Acte de vente du 8 des ides de juin 1521, notaire Barthélemi Audouard, aux archives de la ville, Chartier.

[2] Livre Noir, fol. 70 verso et 74 verso, aux archives de la ville.

[3] Registre A des censes et directes de l'hôpital Saint-Esprit de Marseille, aux archives de l'Hôtel-Dieu.

[4] C'est ce qu'on voit dans un mandat du 20 décembre 1683, aux archives de la ville. On y lit : *rue des Trois-Puits, autrement dite de la Mure*.

Cependant la concurrence d'un autre nom s'était élevée et chacun prononçait l'un ou l'autre à sa fantaisie. Dans cette rue demeurait, au seizième siècle, la famille Bourguignon recommandable par des services militaires. Claude Bourguignon devint seigneur de la Mure, du chef de sa femme Jeanne de Bussière[1]. Cette seigneurie se rattachait-elle à l'ancienne famille de la Mure de Marseille? C'est ce que je ne saurais dire. Toujours est-il que Balthazard Bourguignon, fils de Claude et sieur de la Mure, commandait trois cents hommes d'infanterie en 1562. On l'élut, en 1606, premier consul de Marseille. Son petit-fils Joseph Bourguignon de la Mure fut aussi honoré du premier consulat en 1646[2].

Le nom de rue des Trois-Puits le disputa longtemps encore à celui de la Mure; mais il céda enfin et tomba peu à peu dans un oubli complet. En 1687, une partie de maison qui faisait sur la rue une saillie des plus disgracieuses et des plus gênantes fut achetée par la ville et démolie pour l'alignement[3].

---

[1] Artefeuil, Histoire héroïque et universelle de la noblesse de Provence, t. I, p. 177.

[2] Voyez les nobiliaires de Provence.

[3] Mandat du 7 mai 1687 dans le Bulletaire de 1682 à 1689, aux archives de la ville.

## RUE DE L'AUMÔNE.

Deux chanoines de la cathédrale de Marseille, Lambert et Guillaume Ricavi, oncle et neveu, léguèrent au chapitre, vers l'année 1266, les biens qu'ils possédaient à Allauch, à la charge d'en donner les revenus aux pauvres et d'établir un aumônier pour en faire la distribution, à l'exemple de ce que le monastère de Saint-Victor pratiquait depuis longtemps.

Le chapitre accepta la libéralité et fit un règlement pour cette aumônerie. Comme les revenus ne parurent pas suffire, on ajouta aux biens de l'œuvre les dons de plusieurs bienfaiteurs qui appartenaient presque tous au clergé de la cathédrale. Guillaume Sard, chanoine; Raimond de Foyssa, prieur de Méounes; Guillaume du Temple, précenteur; Simon, ouvrier, *operarius ;* Hugues André, chanoine et prieur d'Aubagne ; Jean Reynaud, bénéficier de La Major, et Benoît d'Alignano, chevalier, vicaire de son oncle l'évêque de Marseille, s'obligèrent à fournir chacun, durant leur vie, ce qui serait nécessaire pour l'aumône d'un jour entier.

Quatre chanoines, Pierre de Malespine, Raimond des Lauriers, Laurent d'Auriol, et Jean Blanc, fils du célèbre jurisconsulte, s'engagèrent à donner, chaque année, leur vie durant, dix sous[1] chacun, le jour de l'assomption de la Sainte-Vierge.

Un bienfaiteur, qui n'est connu que sous le nom de maître Foulques, céda trois pièces de terre qu'il possédait dans le territoire d'Allauch.

Ces engagements furent pris en plein chapitre, dans la salle verte de la tour du palais épiscopal, aux écritures de Raimond de Fayssis, notaire à Marseille.

Le premier aumônier connu est Gaufridi de Servières dont la nomination paraît se rattacher à la naissance de l'œuvre elle-même[2].

---

[1] A cette époque, le sol était une pièce d'argent de la valeur intrinsèque de 83 centimes de notre monnaie actuelle. Son poids était de 77 grains, soit un peu plus de quatre grammes. Or dix sous équivalaient métalliquement à environ huit francs trente centimes de notre système décimal. Mais cette somme représente au moins cent francs de nos jours, si comme de raison, on tient compte de la progression monétaire de l'or et de l'argent.

Voulant n'émettre ici que des idées rigoureusement précises, j'ai dû consulter l'homme qui, à Marseille, est le plus compétent dans cette étude, l'honorable M. Carpentin, vice-président de la commission d'archéologie, auquel j'exprime ma reconnaissance.

[2] L'Antiquité de l'Eglise de Marseille et la succession de ses évêques, t. I p. 256-258.

Par acte du 24 février 1363, l'aumônier Guillaume de Lanihac céda par bail emphithéotique perpétuel à un habitant de Marseille appelé Julien Tassilis une maison et une tour contiguë qui appartenaient à l'aumônerie de la cathédrale. Cette maison n'était connue à Marseille que sous la dénomination de l'Aumône dont le nom fut bientôt donné à la rue où l'immeuble était situé; le nom de l'Aumône était généralement appliqué à cette maison longtemps avant l'acte du 24 février 1363 [1].

Le 20 novembre 1386, Julien Tassilis aliéna, en faveur d'un tailleur de pierre nommé Barthélemy Staque, l'ancienne maison de l'Aumône [2].

Des titres de cette époque, écrits en langue provençale, mentionnent la *Carriera de l'Amorna*. Quelquefois le nom de rue est supprimé, et on lit *l'Amorna* tout court [3], ce qui est la même chose.

Des actes du commencement du quinzième siècle appellent quelquefois cette rue de la Fontaine-de-l'Aumône : *Carreria Fontis Elemosine* en latin, et *Carreria de la Font de l'Amorna* en provençal [4].

---

[1] Archives de la ville, Chartier.

[2] Mêmes archives, Chartier.

[3] Registre A des censes et directes de l'hôpital Saint-Jacques de Galice; p. 457; — registre B des censes et directes de l'hôpital du Saint-Esprit, p. 90, — Livre Trésor de l'hôpital du Saint-Esprit, 1599, *passim*; — Livre L des recettes et dépenses de l'hôpital du Saint-Esprit, fol. 48 verso, aux archives de l'Hôtel-Dieu.

[4] Charte du 11 mars 1430 et divers titres en ma possession.

C'est qu'il y avait, comme il y a aujourd'hui encore, vers le milieu de la rue, une petite place avec une fontaine ornée d'un sarcophage antique en marbre blanc tiré des ruines d'un ancien cimetière pour décorer d'abord la salle à manger du palais des comtes de Provence, situé sur la rive neuve du port.

Une telle décoration dans ce lieu paraît singulière à première vue, mais les anciens Provençaux, loin d'éloigner les idées de la mort, aimaient au contraire à reposer leurs regards sur son image; ils tenaient des Marseillais cette coutume philosophique, bien faite pour nous rappeler notre court passage sur la terre. Aux beaux siècles de la république, les Marseillais, à la mort de leurs proches et des personnes qui leur étaient chères, ne se livraient à aucune démonstration de douleur. Le deuil finissait, le jour des funérailles, par un sacrifice domestique, suivi d'un banquet de famille [1].

L'ancien sarcophage dont je viens de parler décora plus tard la fontaine de l'Aumône et lui servit de bassin.

Ce petit monument, qui remontait au temps de la domination romaine, avait été érigé par l'amour de Tannonius et de Tita Valeriana pour leur fils Titus

---

[2] Sine lamentatione, sine planctu luctus funeris die, domestico sacrificio, adjutoque necessariorum convivio, finitur. Valerii Maximi facta dictaque memorabilia, lib. II, cap. IV.

La coutume du banquet, après les funérailles, existe encore dans quelques localités de Provence. Il est évident qu'elle a été transmise par les temps anciens.

Tannonius qui vécut cinq ans six mois et six jours, comme le témoignait l'inscription suivante[1] :

>     DULCISSIMO T. INNOCENTIS
>     FILIO TANNONIO QUI VIXIT
> D.  ANNOS V. M. VI. D. VI. TANNONIUS  M.
>     T. VALERIANA PARENTES FILIO
>     CARISSIMO ET OMNI TEMPORE
>     VITÆ SUÆ DESIDERANTISSIMO

Il y avait, de chaque côté, un génie et des guirlandes. En dernier lieu, on porta au Musée de Marseille ce sarcophage qui était dans un état de dégradation complète.

Comme la fontaine de l'Aumône, toujours fort populaire parmi les Marseillais, était brisée en 1469, le conseil général, par délibération du 14 septembre, ordonna de la réparer aux frais de la ville[2]. Au commencement de l'année 1517, la communauté y fit d'autres réparations qui lui coûtèrent quatre florins six gros[3]; et le 23 octobre 1534, elle paya dix-neuf florins huit gros pour le même objet[4].

---

[1] Grosson, Recueil des antiquités et monuments marseillois, p. 124 et suiv. et la planche XIV à la fin du volume.

[2] Cum fons helemosine sit fractus. Registre contenant des délibérations municipales de Marseille, de 1469 à 1485, cahier II. fol. 16 recto, aux archives de la ville.

[3] Bulletaire du 1er novembre 1516 au 30 octobre 1526, sans pagination chiffrée, aux archives de la ville.

[4] Bulletaire de 1526 à 1537, aux mêmes archives.

Grosson qui parle à tout hasard, sans se donner la peine de rechercher les origines dans les chartes et les vieux documents historiques, se trompe sur la rue de l'Aumône[1], comme sur tant d'autres choses. Il prétend que le religieux de Saint-Victor, qui avait la prébende d'aumônier, faisait des distributions aux pauvres sur la place qui a pris, ainsi que la rue, le nom de l'Aumône[2]. Les titres authentiques qui me servent de guides démontrent que c'est une erreur d'attribuer à l'aumônerie de Saint-Victor ce qui n'appartient qu'à celle de la cathédrale; d'ailleurs l'aumônier de l'œuvre de la Major ne distribua jamais rien aux pauvres sur la place ni dans la rue de l'Aumône, qui ne prirent leur nom que de la maison flanquée d'une tour, dont l'établissement fondé par les chanoines Lambert et Guillaume Ricavi avait la propriété.

[1] Grosson n'est pas l'auteur des articles sur quelques rues de Marseille dans ses almanachs historiques. On lit en effet dans l'avertissement de l'almanach de 1787 : « Les anecdotes sur les rues de Marseille seront continuées. Nous devons bien des remercîments à l'honnête citoyen qui nous procure ces articles et bien d'autres dont il a enrichi cet opuscule. »

L'honnête citoyen auquel Grosson exprime sa reconnaissance n'est pas très-fort en histoire et en archéologie; ses articles sont en général des plus étriqués et le peu qu'il dit de nos rues est souvent rempli d'erreurs.

[2] Almanach historique de Marseille, 1782, p. 188.

# RUE SIAM.

A l'angle de la Grand-Rue et de celle de l'Aumône est une maison à trois façades, car elle donne aussi sur la rue Siam, et les yeux des passants aiment à s'arrêter sur cet édifice remarquable qui, au milieu de toutes les habitations voisines, produit le contraste et l'effet que ferait un vieillard chargé d'ans et vêtu du costume des anciens jours au sein d'une jeune société contemporaine et soumise à l'empire des modes inconstantes. Cette maison, par son style semi-féodal, par sa couleur que le temps a noircie, accuse la date du commencement du seizième siècle [1]. C'est là que demeura la famille de Forbin.

Oh! que de grands souvenirs vous réveillez, et que de belles choses vous donnez à l'histoire, famille ancienne et illustre parmi les plus illustres et les plus

[1] On voit non loin de là, à l'angle de la rue Bonneterie et de la Grand'Rue une maison des plus curieuses et qui paraît être un peu plus ancienne que la maison Forbin.

anciennes de notre chère et poétique Provence ! On vous voit partout où les citoyens peuvent se distinguer au service de leur pays ; on vous y voit, et vous y occupez toujours les places les plus honorables.

Il y avait des Forbins à Marseille dès le quatorzième siècle[1], et tout prouve que le commerce les enrichit et les éleva. Les gentilhommes ne dérogeaient pas alors en le faisant, et Marseille ressembla à Venise, à Gênes, à Florence, à toutes les républiques italiennes du moyen-âge où les premières familles trouvaient dans les professions commerciales les éléments d'une fortune et d'une grandeur qu'elles savaient mettre au service de la patrie, et qui leur permirent de faire des choses glorieuses au profit des beaux-arts et de la politique[2].

Guillaume de Forbin était pelletier à Marseille en 1404[3], et Dragon de Forbin y exerçait la même industrie en 1436[4]. Dans la fatale invasion de Marseille par les Aragonais, en 1423, on coula à l'entrée du port, pour le fermer, un grand vaisseau appartenant à Jean de Forbin[5]. Diverses chartes du quinzième

---

[1] Voyez tous les nobiliaires de Provence et la critique par Barcilon de Mauvans ; Pithon-Curt ; l'Histoire et Chronique de Provence par César Nostradamus ; le père Anselme.

[2] Simonde de Sismondi, Histoire des républiques italiennes du moyen-âge.

[3] Registre in-4º, sans pagination chiffrée, sur le frontispice duquel on lit ces mots d'une écriture moderne : *Ibi scribuntur aventure currente anno domini MCCCC quarto*, aux archives de la ville.

[4] Il figura au nombre des témoins d'un acte du 24 janvier 1436, notaire Louis Lombard, aux archives de la ville.

[5] Ruffi, Histoire de Marseille, t. 1, p. 253.

siècle attestent que plusieurs membres de cette famille figuraient, à cette époque, au nombre des négociants marseillais [1].

Charles de Forbin se distingua, en 1524, dans la défense de la ville de Marseille contre l'armée du connétable de Bourbon [2]; sa famille avait une chapelle dans l'église des frères mineurs [3].

Les Forbins de Marseille eurent la gloire de compter seize inscriptions dans les fastes du consulat; et, pendant que cette maison jouait ainsi un beau rôle sur notre scène municipale, elle se montrait avec éclat sur le théâtre plus vaste et plus retentissant de la monarchie française.

On sait que sous Louis XIV, le comte Claude de Forbin, déjà distingué dans la marine, fut attaché à l'ambassade envoyée, en 1685, au roi de Siam, qui le nomma grand amiral et général de ses armées. Claude de Forbin, au milieu d'une cour déchirée par des factions barbares, ne posséda pas longtemps ce titre plus pompeux que réel, et il eut hâte de retourner en France sur la fin de juillet 1688 [4]. Il y devint l'un des plus grands hommes de mer, et fut l'émule de Jean-Bart. En 1710, mécontent du ministre, il

---

[1] Diverses chartes aux archives de la ville.

[2] Papon, Histoire de Provence, t. IV, p. 45.

[3] Louvet de Beauvais, additions et illustrations sur l'Histoire des Troubles de Provence, première partie, p. 27.

[4] Mémoires du comte de Forbin, chef d'escadre, Amsterdam, 1730.— Vie du comte de Forbin, par Richer, 1816.

demanda sa retraite, dans un moment d'impatience et de mauvaise humeur, après quarante ans de services. Il n'avait que cinquante-six ans, mais il souffrait de ses blessures, et il se retira dans son château de Saint-Marcel, près de Marseille, où le repos rendit à sa santé sa première vigueur. « Je passe, « dit-il dans ses mémoires, une vie douce et tran-« quille, uniquement occupé à servir Dieu et à cul-« tiver des amis dont je préfère le commerce à tout « ce que la fortune aurait pu me présenter de plus « brillant. J'emploie une partie de mon revenu au « soulagement des pauvres, et je tâche de remettre « la paix dans les familles, soit en faisant cesser les « anciennes inimitiés, soit en terminant les procès « de ceux qui veulent s'en rapporter à mon juge-« ment[1]. »

Ce fut là, dans la pratique des vertus bienfaisantes, que cet ancien chef d'escadre mourut, en 1733, à l'âge de soixante-dix-sept ans[2].

L'arrivée en France de mandarins siamois et l'envoi d'une ambassade française à Siam n'avaient été qu'une mystification pour Louis XIV, et le comte de Forbin n'avait vu qu'une déception amère dans son titre d'amiral et de général des armées du roi de Siam. Ces deux ambassades firent pourtant beaucoup de bruit en France où les esprits sont toujours émus des hommes et des choses qui viennent de loin; et à

---

[1] Mémoires du comte de Forbin, t. II, p. 343.
[2] Achard, Histoire des hommes illustres de la Provence, t. 1, p. 307.

Marseille on donna le nom de Siam à la rue qui le porte encore, et sur laquelle la maison de Forbin avait l'une de ses façades.

Cette rue ne fut jamais belle, mais les croyances superstitieuses lui firent une grande célébrité.

Les fables et les légendes coudoient les vérités dans la plupart des anciennes histoires, et tout cela paraît y faire assez bon ménage. L'intelligence de l'homme aime à s'endormir au bruit des mensonges; imagination, sentiment, facultés de l'âme et du cœur, tout nous trompe. C'est qu'il est toujours plus facile de s'amuser que de s'instruire, et toutes les tendances du peuple le portent au merveilleux.

Or, de ce côté-là, tout le monde fut peuple pendant le moyen-âge et bien longtemps après. La foi était ardente, mais aussi très-aveugle. On admettait les sortiléges et les enchantements; on croyait que les décrets du ciel et les mystères de l'avenir se dévoilaient à nous, pendant notre sommeil, par le moyen des songes; on disait que les morts avaient le privilége de sortir de la tombe et de nous visiter; qu'il était donné à l'homme d'avoir commerce avec les esprits infernaux, et que ceux-ci, quittant le noir séjour de la nuit éternelle, se mêlaient parmi nous sous divers travestissements. Enfin que ne croyait-on pas? De combien de superstitions une multitude ignorante ne fut-elle pas esclave?

Sans doute il n'y a pas grand mal dans l'adoption des choses imaginaires qui jettent une certaine poésie sur les tristes réalités de la nature humaine. Mais que penser des hommes lorsque le ridicule se joint, chez eux, à la cruauté? L'histoire de ces folies atroces nous apprend à être sages, et nous inspire des sentiments de reconnaissance envers Dieu, qui nous a donné la vie dans un siècle de lumière où l'esprit philosophique soumet tout à son examen.

La raison seule a détruit l'empire des démons qui fut universel. Il y a eu en France des centaines de misérables qui furent assez insensés pour se croire sorciers, et bien des juges assez barbares pour les condamner aux flammes [1]. Il est curieux de voir jusques à quel point des esprits graves peuvent pousser la crédulité quand ils subissent le joug des opinions régnantes [2].

La législation criminelle contre les sorciers se croyait d'autant plus forte et plus juste [3] qu'elle s'appuyait sur l'autorité de l'église [4]; et plus on en brûlait, plus il s'en montrait [5].

---

[1] Voltaire, introduction à l'Essai sur les mœurs, chap. xxxv.

[2] Voy. la Démonomanie, par Bodin, l'un des meilleurs esprits du seizième siècle.

[3] Guy de Rousseau de la Combe, traité des matières criminelles, p. 126 et 127. — Muyart de Vouglans, lois criminelles, t. I, p. 92. — Mascaron, l'un des premiers avocats de Marseille, au dix-septième siècle, croyait aux sorciers. Voyez son ouvrage intitulé *Marseille aux pieds du Roy*, p. 85.

[4] Les ouvrages des pères de l'église, les canons des conciles, les statuts synodaux des évêques et une foule de documents religieux établissent cette autorité. L'abbé Fleury, dans son institution au droit ecclésiastique, met au nombre des crimes contre Dieu le sortilége, la magie, l'astrologie judiciaire, etc., seconde édition, t. II, p. 85. Et c'était en 1767!

[5] Walter-Scott a bien raison d'appeler la sorcellerie *un sombre chapitre de l'histoire de la nature humaine*. Voyez son Histoire de la Démonologie et de la Sorcellerie, édition de 1836, premières lignes.

Ces spectacles affreux furent souvent donnés en Provence où l'art magique se multiplia. Un de nos vieux historiens, à propos du supplice de deux sorcières brûlées à Hyères en 1436, parle comme si les magiciennes étaient très-communes dans le pays au temps où il écrivait, c'est-à-dire en 1614. D'après lui, on en voit partout ; les distinguer entre les autres femmes, c'est, à ses yeux, la chose la plus facile du monde ; « car elles ne sont pas trop mal aisées à « cognoistre à leurs grimasses hypocrites et à leurs « façons de parler [1] ».

Après la condamnation de Gaufridi, curé des Accoules, à Marseille, brûlé à Aix comme sorcier en 1611, toutes les imaginations, troublées par des rêves sinistres et par des chimères menaçantes, s'exaltèrent violemment, et il y eut une forte recrudescence dans la plus déplorable maladie de l'esprit humain. Les femmes surtout donnèrent un libre cours à l'extravagance de leurs visions. Les revenants, les démons, les magiciens, les loup-garous, tous les êtres surnaturels et malfaisants surgirent de toutes parts, et quels récits n'en firent pas la peur et la sottise, dans cette contagion générale ?

Déjà, et depuis longtemps, les croyances les plus absurdes régnaient à Marseille. Dans le cloître de Saint-Victor il y avait le *Puits du Diable*. On racontait que l'esprit malin, après avoir servi dans le mo-

---

[1] César Nostradamus, Histoire et Chronique de Provence, p. 597.

nastère sous la forme d'un cuisinier, fut noyé dans ce puits, et l'on montrait l'empreinte de ses griffes dans les feuilles d'acanthe qui en décoraient la margelle [1].

Il y avait le *Moulin du Diable* dans le quartier rural de Saint-Antoine [2].

Des paysans, venus à Marseille avant le lever du soleil, pour la vente de leurs denrées, virent tout à coup des sorciers qui s'opposèrent à leur passage. Ces paysans, pâles de frayeur, firent le signe de la croix, et les sorciers disparurent aussitôt dans une sorte de caverne voisine qui porta depuis lors le nom de *Trou des Masques* [3].

Aux yeux du peuple marseillais, le village d'Allauch était un séjour de sortilége, un vrai manoir infernal. On croyait que les démons avaient surtout commerce avec les femmes de ce lieu maudit, et lorsque quelques-unes d'entre elles se risquaient à venir à Marseille pour y vendre ou pour y acheter des objets de friperie, on ne les nommait que *leis Masquos d'Allaou*, avec un redoublement d'injures si elles étaient vieilles, et les enfants les poursuivaient à coups de pierre. C'est ce que l'on voyait encore au milieu du dernier siècle [4].

La rue, nommée Siam plus tard, fut celle qui,

---

[1] In peristilio monstratur puteus in quo diabolum qui in formâ coci servierat suffocatum narrat. Jodoci sinceri itinerarium Galliæ, Amstelodami, 1649, p. 142.

[2] Baron de Zach, l'Attraction des montagnes et ses effets sur les fils à plomb ou sur les nivaux des instruments d'astronomie, t. II, *passim*.

[3] Masque signifie sorcier en langue provençale.

[4] Achard, Géographie de la Provence, t. I, p. 205.

selon les rumeurs populaires, compta le plus d'actes de sorcellerie. Les démons prenaient plaisir à lui faire de fréquentes visites, et il semblait que plusieurs y avaient élu domicile. On en fit des récits variés qui ne devinrent que plus effrayants en passant de bouche en bouche. Cette rue en porte encore un témoignage public. On y voit une fontaine qui n'est connue dans tout le quartier que sous le nom de *la Fontaine du Diable*, et l'on y appelle aussi *Four du Diable* un très-ancien four de boulangerie qui n'est fermé que depuis peu de temps.

## RUE DE LA TASSE-D'ARGENT.

Ce nom est encore emprunté à l'une de ces légendes de sorcellerie qui causèrent tant d'émotions à nos ancêtres.

Dans une des rues du populeux quartier de Notre-Dame-du-Mont-Carmel vivait un bon pêcheur, faisant le bien et craignant Dieu. On l'appelait le Patron Pierre. Dans sa jeunesse, un jour où sa frêle barque résistait avec peine à la fureur des flots, il fit un vœu à la Vierge Marie, lui jurant que s'il parvenait à gagner le port, il se soumettrait, tous les samedis, au jeûne le plus rigoureux.

La Sainte-Vierge sauva le patron Pierre qui fut fidèle à sa parole, et ne cessa de pratiquer les œuvres de miséricorde, dans la simplicité de son cœur. Aussi bien, le peuple de Marseille le révérait comme un saint. Mais le Diable jaloux n'y trouvait pas son compte. Quels efforts ne fit-il pas pour triompher de la vertu de cet homme juste et pieux? Quels piéges séduisants ne lui tendit-il pas pour le précipiter dans le mal et surtout pour lui faire violer son vœu? Mais le patron Pierre trompa toujours l'espérance de l'Esprit tentateur, qui pourtant ne se tint pas pour vaincu.

Le bon patron faisait la charité sous toutes les formes, car cet ignorant avait la science de la misère, et la visite des malades était son œuvre de prédilection. Or, dans une de nos rues étroites qui se dessinent sur la colline des Grands-Carmes, un pêcheur de ses vieux amis gémissait sur son lit de souffrance, et Pierre allait souvent lui prodiguer ses soins. Un vendredi au soir, après avoir passé plusieurs heures auprès du malade, il s'aperçut qu'il était tard, et sortit pour rentrer chez lui. Pas une étoile au firmament; une nuit des plus sombres étendait son voile sur la ville silencieuse. Bientôt l'horloge de Notre-Dame-du-Mont-Carmel sonna minuit. Le patron Pierre était alors engagé dans une rue à la pente rapide lorsqu'il se vit environné soudain par des fantômes blancs qui dansaient en rond, en agitant sur leurs têtes des flambeaux résineux. Pierre, dans sa vie de marin, avait eu souvent des aventures périlleuses; il s'était vu serré de près par les corsaires d'Afrique qui insultaient les côtes provençales; il avait bien des fois, au milieu des tempêtes, lutté contre la mort. Mais ces spectres, mais ces danses, mais ces flammes tourbillonnant dans des nuages de fumée,.... comment les expliquer? Que lui voulaient ces étranges apparitions?

Le patron Pierre était donc sous l'empire d'une émotion indicible, lorsqu'un des danseurs lui présenta une tasse d'argent : « Ce breuvage, dit-il, est « le seul remède qui puisse guérir ton ami ; mais il « faut que toi-même en boives la moitié ; tu porteras « le reste au malade, et la santé lui reviendra dès « qu'il l'aura bu ». Pierre, oubliant que minuit avait sonné et que le samedi, jour d'abstinence absolue pour lui, venait de commencer, n'hésita pas à saisir la coupe. Mais avant de la porter à ses lèvres, il fit, selon son habitude, le signe de la Croix, et flambeaux, fantômes, tout disparut aussitôt. Pierre demeura seul au milieu du silence et des ténèbres, tenant à la main la coupe vide. Il gagna sa maison, en priant Dieu et Notre-Dame-du-Mont-Carmel. Le lendemain il s'empressa de se rendre auprès du malade, et, le trouvant tout-à-fait guéri, il adressa à Dieu et à Notre-Dame les plus ferventes actions de grâce [1].

La rue où le patron Pierre mit le Diable en fuite reçut le nom de *la Tasse-d'argent*.

On se garda bien de changer ce nom protégé par le sentiment public, et les vieilles familles marseillaises se transmirent pieusement d'âge en âge cette légende merveilleuse qui plaisait à leur foi naïve.

[1] La légende de la Tasse d'argent a été racontée dans un recueil littéraire, *le Conseiller Catholique*, publié à Marseille en 1850 et 1851. (Voyez le premier volume, p. 43-47.— Voyez aussi *la Tasso d'argent, legendo Marsillaiso*, par Chabert, dans l'Abeillo prouvençalo de 1858, p. 15-20. Cette pièce de vers, comparée avec le récit du Conseiller catholique, présente quelques différences; mais le fond de la légende est le même.

# RUE NÉGREL.

Grosson est tombé dans une inconcevable erreur au sujet de cette rue, laquelle, suivant lui, tire son nom de la famille de Riqueti qui y avait sa demeure, et qui possédait le fief de Négreaux [1].

C'est là une étymologie fausse de tous points.

La famille de Riqueti était originaire de Toscane, et l'un de ses membres, au milieu des factions des Guelfes et des Gibelins, vint, au quatorzième siècle, se fixer en Provence. Antoine Riqueti, bachelier en droit civil, était juge du palais à Marseille en 1395 [2]; mais comme pour y exercer cet emploi il fallait être étranger à la ville, on doit en conclure que le jurisconsulte Riqueti n'y était pas établi. Cependant je vois à Marseille, à la même époque, un notaire de ce

---

[1] Almanach historique de Marseille, 1781, p. 215.
[2] Cartulaire de Raymond Aymes, notaire, greffier du juge du Palais à Marseille, 1395-1396, aux archives de la ville.

nom[1]. Appartenait-il à la famille venue de Toscane? Était-ce simplement un homonyme? La question est incertaine, et tout ce qu'on peut en dire avec certitude, c'est que cette famille ne fut bien remarquée à Marseille qu'au seizième siècle. Elle y grandit insensiblement et se fit riche par le commerce[2]. Les distinctions honorifiques, les titres seigneuriaux flattaient l'orgueil des maisons opulentes; il en fut toujours à peu près ainsi. Les riches dont l'origine est la plus modeste sont souvent les plus vaniteux, et les faiblesses de la nature humaine sont éternelles. Ce ne fut qu'à la fin du seizième siècle[3], peut-être même au commencement du siècle suivant, que la seigneurie de Négreaux fut acquise à la famille Riqueti dont le nom, effacé plus tard par celui de Mirabeau, qui était aussi une terre seigneuriale, rappellera toujours le prince de la tribune française.

Les Riqueti, seigneurs de Négreaux, donnèrent si peu leur nom à la rue Négrel, que cette rue avait, en 1349, le nom qu'elle n'a pas cessé de porter depuis lors. Les archives municipales en font foi[4]. Le nom de Négrel était celui d'une famille de Marseille dont il est bien souvent question dans le quatorzième

[1] Il s'appelait Vincent Riqueti. Voyez l'acte du 7 mai 1392 et celui du 2 mars 1398, aux archives de la ville, Chartier.

[2] César Nostradamus, Histoire et chronique de Provence, 1010.

[3] Voyez les nobiliaires de Provence, au mot Riqueti.

[4] Dictus dominus judex injunxit Hugoni Mosardi, sartori, comoranti in carreria Negrelli. Jugement du 19 juin 1319 dans le Cartulaire de Raimond Blancard, notaire, greffier du juge des premières appellations à Marseille, 1318-1319, aux archives de la ville.

siècle. La ville ayant fait un emprunt en 1385, Négrel prêta deux florins[1], et la rue de Négrel, *Carreria Negrelli*, est mentionnée bien des fois dans des actes du même siècle[2].

Le peuple, il est vrai, a dû dire *Negreou* et la traduction française l'a sans doute exprimé par *Negrau*. C'est même ainsi que je vois ce nom écrit, en 1592, dans un registre de censes[3]. Toujours est-il que le fief de Negreaux n'a rien à faire dans l'étymologie de la rue Négrel qui ne doit son nom qu'à celui d'une famille marseillaise remontant au quatorzième siècle et peut-être même plus haut.

Rien ne prouve d'ailleurs que la famille Riqueti ait habité la rue Négrel, et c'est dans une autre partie de la ville qu'elle avait sa demeure. Entre tous les gentilshommes de Marseille, Thomas Riqueti de Mirabeau se fit le plus distinguer par ses habitudes fastueuses. Il tenait un état brillant et recevait avec distinction dans sa belle maison de la place de Lenche[4] tout ce que la société marseillaise avait de plus élégant et de

---

[1] Bulletaire de l'année 1385, contenant divers actes et diverses délibérations *in fine*, aux archives de la ville.

[2] Je n'en citerai qu'un seul, celui du 30 juillet 1394, aux écritures du notaire Laurent Aycard. *Actum Massilie in aula domus Bernurdi, sita in carreria Negrelli.* Archives de la ville de Marseille, Chartier.

[3] Nouveau registre C, I, des censes et directes de l'hôpital Saint-Jacques de Galice, p. 294 et suivantes, aux archives de l'Hôtel-Dieu.

[4] Ce fut dans cet hôtel que Louis XIV logea, pendant son séjour à Marseille, en 1660. Il appartint plus tard au marquis de la Roquette, président à la Cour des comptes de Provence, qui le vendit, en 1757, à l'œuvre des pauvres enfants abandonnés, au prix de 93,000 livres. C'est aujourd'hui le local qui sert de caserne aux sergents de ville.

plus élevé. Vers l'année 1625, il introduisit, le premier, l'usage des livrées. Ses valets portaient des habits rouges. Le peuple courait et disait : *Venes veire leis Souisses de moussu de Mirabeou*[1].

[1] Mémoires biographiques, littéraires et politiques de Mirabeau écrits par lui-même, par son père, son oncle et son fils adoptif. Paris, 1834, t. I, p. 27.

# RUE CASTILLON.

Ce nom existait en 1330. L'hôpital Saint-Esprit avait alors à payer au fils de Giraud de Montolieu une cense annuelle de cinq deniers pour la maison de Jean Peiriac, située à la rue du sieur Castillon [1].

Il y avait à Marseille, en 1348, un maître d'école nommé Guillaume Castillon, auquel les recteurs de l'hôpital confièrent, moyennant seize sous par an, le petit Bertranet, fils naturel de Thomas de Saint-Chamas [2], qui avait laissé tous ses biens à cet hôpital, en cas de mort sans enfants légitimes, après avoir légué quatre cents livres à Bertranet [3]. Le maître d'école était peut-être de la famille qui donna son nom à la

---

[1] Baillem al fill de sen Giraut de Montolieu per la sensa del ostall de Johan Peiriac, de la carriera de sen Castillon V d. livre des recettes et dépenses de l'hôpital Saint-Esprit de Marseille, 1330, aux archives de l'Hôtel-Dieu.

[2] A xxviii de mas avem fag covenent am maistre Guilhem Castillon que ensenha enfans per ensenhar Bertranet de san Chamas, fill den Thomas de san Chamas a 1 an e devem lidar d'un an xvi s. Livre des recettes et dépenses de l'hôpital Saint-Esprit de Marseille, 1348-1349, chapitre intitulé : *Mesion de mesages*, aux archives de l'Hôtel-Dieu.

[3] Livre Trésor de l'hôpital Saint-Esprit de Marseille, 1399, p. 8 verso, aux archives de l'Hôtel-Dieu.

rue Castillon et il est probable qu'il habitait cette rue, car la plupart des familles marseillaises conservaient héréditairement la même demeure. Elles aimaient à s'abriter au foyer des aïeux.

On voit à Marseille, dans le quatorzième siècle, plusieurs instituteurs parmi lesquels je dois citer Pierre Colombier, qui est qualifié *doctor puerorum* dans un acte du 19 octobre 1323[1]. Un titre du 8 décembre 1360 donne la même qualité à maître Pierre Girard[2].

Il est à remarquer que dans toutes les délibérations municipales de ce siècle, qui nous restent encore, il n'y a rien concernant l'instruction publique à Marseille. On réglemente une foule de choses moins importantes, et il n'est jamais question des écoles. On nomme chaque année un grand nombre de commissaires pour la direction ou la surveillance des divers services locaux, et tous les actes d'élection gardent un silence absolu sur l'enseignement dont les statuts de la commune ne parlent pas davantage, eux qui poussent si loin leurs prescriptions minutieuses.

La raison en est simple. Les écoles, longtemps renfermées dans les cathédrales et les monastères[3], ne

---

[1] Actum Massilie.... in presentia et testimonio Petri Colomberii, doctoris puerorum. Cartulaire de Raimond Boyer, notaire à Marseille, 1322-1323, aux archives de la ville.

[2] Actum Massilie presentibus magistro Petro Girardi, doctore puerorum. Le notaire rédacteur de l'acte est Pierre Gamel. Archives de la ville, Chartier.

[3] L'abbé Fleury, l'Institution au droit ecclésiastique, nouvelle édition, revue et augmentée par Boucher d'Argis, t. I, p. 136, 137, à la note, et 195 et suiv.

dépendirent que du pouvoir ecclésiastique. En 1364, Guillaume Sudre Ier, évêque de Marseille, donna pour deux ans la direction des écoles de cette ville à un bachelier ès-arts du diocèse de Chartres et révoqua en même temps tous autres régents[1]. Les lettres-patentes de l'évêque nous apprennent qu'on enseignait à Marseille la grammaire et la logique. Mais il ne faut pas s'y tromper : le mot grammaire avait alors un sens qu'il n'a plus aujourd'hui. Nos vieilles chartes donnent quelquefois le titre de *grammaticus* à des personnes qui ne figurent que comme hommes de lettres et savants, et c'est en effet la signification de ce mot dans la bonne latinité[2], comme dans celle du moyen-âge. L'expression *grammatica* est prise pour l'étude des belles-lettres, et on les enseignait à Marseille dans le quatorzième siècle.

---

[1] L'Antiquité de l'église de Marseille et la succession de ses évêques, t. II, p. 502.

[2] Ce vers si connu de l'Art Poétique d'Horace :

*Grammatici certant et adhuc sub judice lis est*,

le prouve de la manière la plus évidente. *Grammatici* est mis ici pour savants, érudits. Les savants, dit Horace, ne sont pas d'accord et le procès reste encore à juger. Il s'agit en effet d'une question d'érudition littéraire et non d'une question de grammaire.

# RUE D'AMBOUQUIER et RUE DES SOLEILLETS.

La rue des Soleillets portait, au quinzième siècle, le nom d'Ambouquier, comme le témoigne un acte du 4 décembre 1446[1].

Plusieurs rues de Marseille avaient des noms de famille précédés de la qualification *en*[2] et cet abrégé de *mossen*, monsieur[3], devint un substantif masculin qui eut la même signification dans la langue romano-provençale[4].

Je crois cependant que la rue Ambouquier eut une orthographe conforme à sa véritable étymologie, et

---

[1] Registre B des censes et directes de l'hôpital de Saint-Jacques de Galice, fol. 189; — nouveau registre D, 2, des censes du même hôpital, fol. 667, aux archives de l'Hôtel-Dieu de Marseille.

[2] Entre autres rues dont le nom avait une origine de cette nature je puis citer la *carriera appelada d'en Andrieu Chavayron*. Voyez l'ordonnance de police du 21 février 1332 dans le registre des délibérations municipales de Marseille, de 1322-1323, aux archives de la ville.

[3] Honnorat, Dictionnaire provençal français, t. II, p. 38.

[4] Raynouard, Lexique roman, t. III, p. 118.

que le mot serait mal orthographié si on l'écrivait Enbouquier. Il me paraît en effet démontré que la rue prit son nom d'Adam Bouquier. Le mot d'*Am* est l'évidente abréviation d'*Adam*.

Adam Bouquier, par lequel commence la filiation historique d'une très-ancienne et très-illustre famille de Marseille, vivait, au commencement du treizième siècle, en cette ville qui le députa auprès de Raimond Bérenger III, comte de Provence. Bertrand Bouquier, l'un de ses descendants, fut premier consul de Marseille en 1483. Adam Bouquier, II° de nom, premier consul en 1561, leva deux cents hommes d'infanterie pour aller au secours du comte de Sommerive qui assiégeait la ville de Sisteron dont les protestants s'étaient emparés, et il rétablit ainsi cette ville sous l'autorité royale. François, l'un des membres de la famille Bouquier, fut à son tour honoré de l'emploi de premier consul de Marseille en 1568, et, l'année suivante, la ville le députa au roi pour des affaires importantes. En 1581, il reçut encore le chaperon de premier consul, et en 1585 il conserva la ville au roi en s'opposant avec courage aux entreprises du second consul, Louis de la Motte Dariez, lequel profitant de l'absence du premier consul Antoine d'Arène, s'était lié avec le seigneur de Vins, chef des ligueurs provençaux, pour lui livrer Marseille. François Bouquier, à la tête des royalistes, fit avorter ce complot. De la Motte Dariez, fait prisonnier, fut jugé sommairement et pendu sur la place du Palais-de-Justice.

Le grand prieur Henri d'Angoulême, gouverneur de Provence, arrivé d'Aix en toute hâte à Marseille, vit François Bouquier au milieu d'une grande assemblée en l'Hôtel-de-ville, et s'approchant de lui il lui dit : *Monsieur Bouquier, vous avez gaigné une bataille au Roi*[1].

Je n'ai pas à faire ici l'histoire d'une famille qui joua un rôle considérable à Marseille. Qu'il me suffise de dire, pour rentrer dans mon sujet, qu'au commencement du treizième siècle Adam Bouquier avait sa demeure dans la rue à laquelle le peuple donna son nom.

Une famille marseillaise appelée Soleillet avait sa maison dans la rue d'Adam Bouquier, et comme cette famille jouissait d'une grande notoriété populaire, bien des gens se prirent à désigner cette rue par le nom de Soleillet. D'autres demeurèrent fidèles à l'ancienne appellation d'Ambouquier. De là naquit une grande confusion, et ce fut alors que le nom d'Ambouquier fut transporté à une rue voisine qui n'avait pas eu jusqu'alors une désignation déterminée. C'est la rue qui va de celle de la Couronne à celle des Faisses-Rouges, le mot Faisses ayant été, en 1847, mal à propos transformé en celui de Festons. Comme une corruption étymologique en appelle souvent une autre, le nom de rue d'Ambouquier fut changé en celui de l'Embouquier, et c'est encore aujourd'hui

---

[1] Ruffi, Histoire de Marseille, t. I, p. 361.

son nom qui n'a plus de sens et ne répond absolument à rien.

Quoi qu'il en soit, maître Jean Soleillet, procureur à Marseille, avait, en 1593, son étude en sa maison paternelle dans la rue à laquelle on attacha son nom. Jean Soleillet avait une grande clientelle, et il figurait au premier rang de sa corporation alors composée de dix-huit membres[1]. Aux élections du 19 mai 1599 il fut nommé capitaine des gardes du roi de la basoche à Marseille[2]; sa postulation fut très-longue. On l'élut, en 1624, premier syndic du corps dont il était le doyen. Il mourut le 13 janvier 1625 dans l'exercice de ses fonctions de syndic, et ses funérailles furent fort belles. Le lieutenant en la sénéchaussée, assisté de d'Oraison, conseiller, et de Depsant, avocat du roi, conduisit lui-même le deuil. La communauté des procureurs fournit douze flambeaux de cire blanche du poids de douze livres, qui furent portés chacun par un clerc. Ces flambeaux étaient ornés chacun d'un écusson aux armoiries du corps représentant un bonnet carré avec une écritoire dans un champ jaune[3].

Jean Soleillet transmit sa charge de procureur à son fils Jean-Paul, lequel obtint toute l'importance que son père avait eue au palais et dans la ville. Il

---

[1] Registre des Créations et audiences des Roys de Bazoche, de la présente ville et cité de Marseille, in 4º, fol. 17 recto et verso, et 18 recto, en la possession de la chambre des avoués de cette ville.

[2] Même registre, fol. 36 recto et verso, 37 recto et verso.

[3] Même registre, fol. 52 recto.

fut élu second syndic des procureurs le 19 mai 1626[1]. Peu de temps après, les consuls de Marseille le nommèrent procureur de la ville, et le 20 août 1643 je vois délivrer en sa faveur par l'administration municipale, et pour un rôle de frais de procédure, un mandat de payement de 223 livres[2], somme alors assez considérable.

Il paraît cependant que Jean-Paul Soleillet donna des sujets de mécontentement aux consuls de Marseille, car ces magistrats le révoquèrent le 4 janvier 1651, et ils nommèrent à sa place son collègue Ravel[3].

Les héritiers de Jean-Paul Soleillet possédaient encore, en 1682, leur maison patrimoniale en la rue de leur nom[4].

Cette famille vit plusieurs de ses membres dans diverses carrières.

En l'année 1630, l'un des quatre prud'hommes des patrons pêcheurs de Marseille était Jean Soleillet[5].

Le 11 août 1776, Louis-Joseph Soleillet fut nommé

---

[1] Même registre, fol. 63 verso.

[2] Voyez l'indication de ce mandat dans le Bulletaire de 1625 à 1660, sans pagination chiffrée, aux archives de la ville. Il y a dans le même Bulletaire d'autres rôles de frais payés par la ville à Jean-Paul Soleillet.

[3] Registre 52 des délibérations municipales de Marseille, du mois de novembre 1650 au mois d'octobre 1652, fol. 60 recto et verso, aux archives de la ville.

[4] Nouveau registre D, 2, des censes et directes de l'hôpital Saint-Jacques de Galice, fol. 668, aux archives de l'Hôtel-Dieu de Marseillle.

[5] Livre Rouge, manuscrit in-fo, contenant divers titres et divers actes du corps des patrons pêcheurs de Marseille, de 1530 à 1759, fol. 115 et suiv., aux archives de la Prud'hommie.

professeur d'hydrographie à l'école de l'hospice de la Charité en remplacement du sieur Benet, titulaire de cet emploi [1].

La famille Soleillet existe encore à Marseille dans une position honorable.

[1] Registre des délibérations du bureau de l'hôpital-général de la Charité de Marseille, n° 42, aux archives de l'Hôtel-Dieu.

## RUE DE LA BELLE-TABLE.

Il y a de la confusion dans les titres du quatorzième et du quinzième siècle qui parlent de la rue de la Belle-Table, car elle est aussi appelée de la Juterie ou Jutarie, des Gavotes, de Guilhem-Fenouille, des Émendats.

Ces noms furent d'abord donnés indistinctement à la rue de la Belle-Table et à celle des Gavotes; ensuite chacune de ces deux rues porta invariablement le nom qui les distingue aujourd'hui.

La rue de la Belle-Table avait, si je ne me trompe, un nom tiré d'une enseigne d'hôtellerie. On l'appelait de la Belle-Table en 1372[1], et longtemps même avant cette époque, selon toutes les apparences. On la nommait aussi Juterie, parce qu'il y avait un assez grand nombre de juifs.

Dès les temps les plus anciens, le commerce de

---

[1] Item, serv., G. Jaufres que esta a la Bella-Taula; registre H des censes de l'hôpital Saint-Esprit de Marseille, pages non chiffrées, aux archives de l'Hôtel-Dieu.

Marseille y attira les israélites, et de cette ville ils se répandirent dans la Gaule méridionale où ils firent le métier de courtier et de revendeur, comme à Babylone, à Rome et dans Alexandrie [1].

Il y en avait un grand nombre à Marseille dans le sixième siècle. Le juif Priscus, l'un des serviteurs du roi Chilpéric Ier, maria son fils à une juive de cette ville [2].

Les israélites de l'Auvergne, persécutés pour leurs croyances, se réfugièrent en grande partie à Marseille où ils espéraient trouver plus de tolérance et de repos. Ils se trompèrent cruellement, car l'évêque Théodore voulut leur imposer la foi chrétienne par la violence. Les Synagogues d'Italie adressèrent leurs plaintes au pape Grégoire-le-Grand qui, en 591, écrivit à l'évêque de Marseille de n'employer, pour convertir les Juifs, que la douceur et la persuasion [3].

Plus tard, Marseille fut pour les enfants d'Israël l'une des cités les plus propices, grâce à la bienveillance sociale qu'inspirait le contact de tant d'hommes d'origine, de mœurs et de croyances diverses, sans cesse rapprochés par les relations du commerce. Un acte fait vers l'année 993 parle du juif Salomon qui conduisait dans Marseille quatre ânes chargés de miel [4].

---

[1] Voltaire, Essai sur les mœurs et l'esprit des nations, chap. CIII.
[2] Grégoire de Tours, Historia Francorum, lib. IV, cap. XVII.
[3] Saxi, pontificium arelatense, p. 140; — Ruffi, Histoire de Marseille, t. II, p. 307; — l'Antiquité de l'église de Marseille, t. I, p. 253.
[4] Charte 179 du Cartulaire de Saint-Victor, t. I, p. 209. Voyez aussi les chartes 194 et 195, t. I, p. 221.

Le monastère de Saint-Victor, dans le douzième siècle, devait aux Juifs marseillais la somme considérable de quatre-vingt-quatre mille sous royaux[1].

Ce siècle fut pour les Juifs un temps de renaissance ; leurs académies de Cordoue, de Grenade, de Tolède et de Barcelone appelaient alors les rabins les plus renommés de l'Asie et de l'Afrique. Les Israélites eurent en France des établissements rivaux de ces écoles florissantes.

Marseille comptait, en 1160, trois cents juifs qui formaient deux synagogues situées au bord de la mer, l'une dans la ville haute et l'autre dans la ville basse. La première avait pour chefs Siméon, fils d'Antolius, Jacob son frère, et Lebaro. La seconde voyait à sa tête Paul Perpiniano le riche, Abraham, son gendre Meir et un autre notable du même nom[2].

Vers la fin de ce siècle, Botin, juif de Marseille, avait acquis des richesses considérables. Cet israélite puissant et Guillaume Vivaud, citoyen marseillais aussi fort riche, payèrent pour Hugues Geoffroi, l'un des vicomtes de la même ville, vingt mille sous royaux couronnés, et ce seigneur leur céda en payement des intérêts de la créance la perception des droits de la quatrième partie du port[3]. Quelques an-

---

[1] Charte IV, à la date du mois de juin 1185, dans le même Cartulaire, t. II, p. 585.

[2] Voyages de Rabbi Benjamin, fils de Jona de Tudèle, traduits de l'hébreu par Baratier, t. I, 17; Amsterdam, 1734; — Malte-Brun, de la Géographie Universelle, 5e édition, t. I, p. 216.

[3] Ruffi, Histoire de Marseille, t. I, p. 72.

nées après, Amiel de Fos, seigneur d'Hyères, transféra à Botin, qui était aussi son créancier, la jouissance de ses droits féodaux [1].

D'autres juifs firent des prêts d'argent à Roncelin, vicomte de Marseille [2], toujours accablé de besoins et de dettes; et l'abbaye de Saint-Victor qui, comme les vicomtes, avait des droits d'entrée du port, donna à l'israélite Nasquet, son créancier, la dix-huitième partie de ses droits [3], dont deux autres juifs étaient collecteurs pour le compte des moines [4]. Les juifs, à cette époque, avaient souvent des perceptions financières.

L'une des tours de l'évêché de Marseille était appelée la Tour-Juive [5], probablement parce qu'elle avait appartenu à une famille de Juifs.

Par acte du 26 mars 1276, Charles I$^{er}$, comte de Provence, plaça les Juifs sous sa protection contre les inquisiteurs du pays qui les accablaient d'avanies [6], et son petit-fils Robert accorda, le 8 juillet 1320, une sauvegarde aux Israélites de Marseille qui formaient une communauté, nommant librement quatre syndics, lesquels étaient alors le médecin Bonfils,

---

[1] Acte du 3 des ides d'avril 1204, aux archives de la ville de Marseille, Chartier.

[2] Charte 115, à la date du 24 octobre 1205, dans le Cartulaire de Saint-Victor, t. 2, p. 590.

[3] Charte 917, de l'année 1225 ou à peu près, dans le même Cartulaire, t. 2; p. 590.

[4] L'Antiquité de l'église de Marseille, t. 2. p. 75 et 76.

[5] Même ouvrage, t 2, p. 85.

[6] Papon, Histoire de Provence, t. 3, p. 22, aux Preuves.

Prefach Dieu, Logart et Marvan¹. Le 19 octobre 1322, Robert donna aux Juifs de nouveaux priviléges que la régente Marie de Blois confirma par déclaration du 23 janvier 1387. Elle permit aux Juifs de Marseille d'aller la nuit sans lumière dans les rues, pendant les grandes fêtes², contrairement aux règlements généraux de police, qui voulaient que les habitants ne sortissent qu'avec une lanterne, après l'heure de la retraite³.

Cependant on n'épargna pas aux Juifs de Marseille les vexations, dans certaines circonstances. Une délibération municipale du 30 janvier 1357 les mit tous en réquisition, comme des manœuvres, pour porter les pierres destinées à la réparation des remparts de la ville⁴. Robert, en leur accordant certaines faveurs, ne les obligea pas moins, par ordonnance du 25 juin 1306, de porter un bonnet jaune ou d'avoir ostensiblement un morceau de drap de même couleur, en forme de roue, les hommes sur la poitrine et les femmes sur la tête⁵. Le 8 avril 1376, le conseil mu-

---

¹ Registre des délibérations municipales de Marseille, 1822-1823, fol. 92 recto et verso, aux archives de la ville.

² *Statuta civit. Massil.*, fol. 216 verso, aux archives de la ville.

³ Ordonnances de police dans le registre des délibérations municipales de 1319-1320. *Preconisationes de non eundo sine lumine.* — Autres ordonnances de police dans le registre de 1322-1323. *Que neguna persona privada ni estranha non venga de nuelz ses lume pos lo seus sera sonatz sots pena de V s.*, aux archives de la ville.

⁴ Séance du 30 janvier dans le registre des délibérations municipales de 1357, aux mêmes archives.

⁵ *Statuta edita per illustrissimum dominum Robertum*, etc., dans l'Essai sur l'histoire du droit français au moyen-âge; par Giraud, p. 67.

nicipal de Marseille renouvela cette obligation blessante¹ que prescrivaient d'ailleurs les statuts de la commune².

On obligeait la communauté juive de Marseille d'envoyer, les dimanches et les jours de fête, un de ses membres à la cathédrale pour assister aux vêpres et au sermon. Il y avait, dans le chœur de l'église, un siége pour le représentant du corps israélite qui payait au chapitre une redevance annuelle de cinq sous³. On agissait avec moins de douceur dans quelques villes de France. Pendant la semaine sainte, on faisait entrer un juif dans l'église pour lui donner solennellement un vigoureux soufflet⁴.

Les Juifs ne pouvaient s'embarquer plus de quatre, à Marseille, sur le même vaisseau. Pendant le voyage maritime, on leur défendait de manger de la viande, les jours d'abstinence pour les chrétiens⁵. Défense aussi leur était faite à Marseille de travailler les dimanches et les jours de fête⁶. On ne leur permettait d'aller aux bains que le vendredi⁷. La justice n'ad-

---

[1] Séance du 8 avril 1376 dans le registre des délibérations municipales de 1375 à 1378, aux archives de la ville.

[2] *Statuta civit. Massil.*, lib. V, cap. xiv, *de signo quod debent portare Judei.*

[3] Ruffi, Histoire de Marseille, t. 2, p. 309.

[4] Dulaure, Histoire de Paris, 4ᵉ édition, t. 3, p. 136.

[5] *Statuta civit. Massil.*, lib. IV, cap. xxii, *de Judeis quot debeant vehi in singulis navibus.*

[6] *Statuta civit. Massil.*, lib. V, cap. viii, *ne Judei operentur diebus prohibitis.*

[7] *Statuta civit. Massil.*, lib. V, cap. xiii.

mettait pas la déposition des Juifs contre les Chrétiens; mais entre juifs les témoignages étaient reçus[1].

A tout prendre, la condition civile des Juifs à Marseille ne fut pas des plus mauvaises dans le moyen-âge. Ils passaient avec les Chrétiens toute sorte de contrats et faisaient tout genre d'affaires. Ils possédaient librement des immeubles, et exerçaient sans restriction tous les droits de propriété. S'ils avaient à prêter serment, c'était selon le cérémonial de leur culte, *more judaïco*[2]. La qualification de Juif accompagne toujours leurs noms dans les actes publics, et le titre de Citoyen de Marseille, *civis Massilie*, s'y voit souvent.

La communauté des Juifs marseillais nommait librement ses syndics, qui étaient ordinairement au nombre de quatre. Elle avait, au quatorzième siècle, un établissement de bienfaisance qu'on nommait *Helemosina Judeorum de Massilia*, sous la gestion de deux administrateurs[3]. Dans le siècle suivant, les Israélites de Marseille possédèrent deux institutions.

---

[1] *Statuta civit. Massil.*, lib. II, cap. IX, *qui non admittentur ad testimonium*.

[2] *Juravit dictus Ysachus de arcis super sanctam legem Moysi à se corporaliter sponte manu sua tactam.* Acte du 7 juillet 1326, aux archives de la ville de Marseille, Chartier. — *Juravit dictus coquinonus ad certam legem Moysi ab eo sponte corporaliter manibus tactam.* Acte du 7 juillet 1358, en ma possession.

[3] Registre des délibérations municipales de Marseille, 1339-1340, séance du 25 janvier 1340; — registre des délibérations des Six de la guerre, contenant divers comptes, 1374, *in fine*; — testament du médecin juif Salomon de Palerme, du 10 octobre 1347, dans le Cartulaire d'Augier Aycard, notaire à Marseille, aux archives de la ville.

de charité ; ils nommaient l'une *Faraca*, et l'autre *Mahor*[1].

A cette époque, les Juifs de Marseille y avaient deux écoles ; l'une, dite la grande, était à la rue Juterie ou de la Belle-Table[2]. On voyait l'autre à la rue de *l'Adoubarié*, près le Grand-Mazeau[3].

On avait destiné aux Juifs une fontaine que mentionnent des titres de 1306[4]. C'était le Grand-Puits d'aujourd'hui[5].

La boucherie israélite fut d'abord établie à la place de Lauret[6]. L'administration municipale fit plusieurs règlements de police[7] sur la vente de la viande juive[8], objet immonde pour les Chrétiens, et il en était ainsi, aux yeux des Juifs, de la viande de boucherie chrétienne.

Le cimetière des Juifs était au quartier de Saint-

---

[1] Ruffi, Histoire de Marseille, t. II, p. 307 et 308.

[2] Elle y était en l'année 1412. Voyez le registre B des censes et directes de l'hôpital de Saint-Jacques de Galice de Marseille, aux archives de l'Hôtel-Dieu.

[3] La rue de *l'Adoubarie* et le grand Mazeau n'existent plus ; ils étaient dans le quartier formé aujourd'hui par la place Jean Guin et par la rue Triperie. En 1693, cette rue de *l'Adoubarie* était encore appelée l'*Escole des Juifs*. Voy. le registre B B des censes de l'hôpital du Saint-Esprit, fol. 21 verso, aux archives de l'Hôtel-Dieu.

[4] Font Jusiouvo, en provençal ; *Fons Judaïcus*, en latin.

[5] Registre A des censes de l'Hôpital Saint-Jacques de Galice de Marseille, p. 56, 59 et 82, aux archives de l'Hôtel-Dieu.

[6] La place du Poids-de-Lauret, ou Poids-de-la-Farine, était à la porte Réale ou Royale, à peu près à la place Marone d'aujourd'hui. Voyez François d'Aix, dans son Commentaire des statuts de Marseille, chap. LIII, p. 167.

[7] *Statuta civit. Massil. lib. II, de Macellariis*; — ordonnance du 26 avril 1323, dans le registre des délibérations municipales, 1322-1323, aux archives de la ville ; — séance du 6 décembre 1365, dans le registre des délibérations municipales, 1365-1367, aux archives de la ville.

[8] *Carnes judeas*, c'est-à-dire la chair de bétail égorgée par des Juifs.

Charles, tirant à Saint-Lazare, sur une petite éminence. On le nommait *Mont-Jusiou*[1], et il exista jusqu'en 1495. Par lettres-patentes du 13 mai de la même année, Charles VIII, roi de France, en fit présent à Antoine Caussemille qui donna les débris des tombeaux à la commune de Marseille pour réparer les quais du port[2].

Au quatorzième siècle, il y avait à Marseille un si grand nombre de Juifs que toutes les publications de police générales étaient à leur adresse aussi bien qu'à celle des Chrétiens[3]. Montesquieu dit que partout où il y a de l'argent il y a des Israélites[4]. Ces hommes, toujours prompts au travail, toujours âpres au lucre, se prêtaient à tout et trafiquaient de tout. Ils se chargeaient des fermes de la ville[5], du recouvrement des revenus et des censes des hôpitaux[6] où ils portaient eux-mêmes les malades[7]. Ils y achetaient les hardes

---

[1] Registre des censes l'hôpital Saint-Jacques de Galice, 1373-1594, territoire de Marseille, fol. 1, aux archives de l'Hôtel-Dieu.

[2] Ruffi, Histoire de Marseille, t. II, p. 307; — le P. Desmolets, mémoire pour l'histoire des Juifs de Provence, dans les Mémoires de littérature et d'histoire, t. II, p. 379.

[3] La formule était : que tota personna privada o estranha, tant crestian que jusiou, etc. Voyez les registres des délibérations municipales, aux archives de la ville.

[4] Lettres Persanes, lettre LX, Usbesk à Ibben.

[5] Voyez, entre autres, la séance du 19 février 1331, dans le registre des délibérations municipales, 1331-1332, aux archives de la ville.

[6] Registre P des recettes et dépenses de l'hôpital Saint-Esprit de Marseille, 1340-1350, fol. 26 recto, aux archives de l'Hôtel-Dieu; — registre R des recettes et dépenses du même hôpital, 1363, fol. 42 et *passim*, aux archives de l'Hôtel-Dieu.

[7] Livre 22 des recettes et dépenses de l'hôpital Saint-Esprit de Marseille, 1417-1418, fol. 17 verso, aux archives de l'Hôtel-Dieu.

des morts[1]. Ils suivaient les encans publics[2] pour saisir les bonnes occasions d'achat qui facilitaient les meilleures ventes. Quelques-uns se livraient à un grand commerce, et, en 1350, le juif marseillais Sausse de Salinis exportait des vases d'argent et d'autres matières précieuses[3]. Il n'y eut que la culture des terres à laquelle les Juifs ne voulurent pas se livrer ; ils dédaignaient ce travail parce qu'il ne conduisait pas à la fortune. Dans les annales du moyen-âge, je ne vois parmi les Juifs de Marseille qu'un seul laboureur. Il s'appelait Manuel, et, en 1416, il cultivait lui-même, au quartier de Sainte-Marthe, des propriétés qu'il tenait à ferme de l'hôpital Saint-Esprit[4].

Les Juifs de Marseille avaient toujours deux synagogues, mais elles avaient changé de situation. La principale était placée entre l'église Saint-Martin et celle des Prêcheurs ; l'autre, un peu au-delà de cette dernière église[5].

Comme des hommes riches sans cesse menacés dans la possession de leurs trésors et dans la jouissance de leur sécurité, les Juifs de Marseille surent se ménager des protecteurs ; ils en trouvèrent dans

[1] Divers registres des recettes et dépenses du même hôpital, *passim*, aux mêmes archives.
[2] État des objets vendus à la suite de l'acte d'inventaire des effets mobiliers de Jacques Jean; 13 juin 1395, notaire Isnard Paul à Marseille, pièce en ma possession.
[3] Registre des délibérations municipales de Marseille, 1350-1351, séance du 7 septembre 1350, aux archives de la ville.
[4] Registre P P des recettes et dépenses de l'hôpital Saint-Esprit de Marseille, 1416-1417, fol. 91 recto, aux archives de l'Hôtel-Dieu.
[5] Ruffi, Histoire de Marseille, t. II. p. 307.

l'administration municipale qui, soit spéculation, soit justice, défendit leurs intérêts dans plusieurs circonstances. Le médecin Bonsues Orgeri, l'un des syndics de la communauté israélite, porta plainte contre le receveur des droits du péage d'Orgon[1]. Le 6 juillet 1472, le conseil de ville délibéra d'intervenir en faveur des Juifs qui contribuaient aux charges communales et méritaient toute protection[2]. Il y a plus ; la ville de Marseille donna, le 8 août 1481, un bel exemple de tolérance religieuse. Une fille chrétienne avait suborné une fille juive pour la convertir au christianisme. Sur la plainte de Salomon Botarelli et Baron Descamps, syndics israélites, le conseil municipal invita les officiers royaux à poursuivre judiciairement l'auteur de cet acte condamnable[3].

C'est un spectacle digne d'intérêt que le développement rapide de la richesse, au milieu des troubles du moyen-âge, aux mains des hommes persécutés souvent et rançonnés sans cesse en ces temps d'anar-

---

[1] Voyez l'appendice à la préface du Cartulaire de l'abbaye de Saint-Victor de Marseille, p. 89 ; — il y avait aux Mées un droit de péage contenant cet article entre plusieurs autres : *un chien d'attache et un juif, pour chacun est de cinq sous.* Notice historique et statistique de la ville des Mées par Esmieu, p. 406.

Le tarif des droits de péage perçus par les évêques de Marseille à Mallemort ne faisait aucune différence entre les Juifs, les bœufs et les cochons. Ce droit fut supprimé par arrêt du conseil d'Etat du 24 août 1758.

Jusques à la fin de 1783, les Juifs, dans plusieurs villes de France, furent soumis à des droits d'entrée qui les assimilaient aux animaux. L'édit du roi, du mois de janvier 1784, abolit ces taxes qui avilissaient l'humanité.

[2] Registre des délibérations municipales de 1469 à 1485, fol. 13 verso, aux archives de la ville de Marseille.

[3] Registre des délibérations municipales, 1390-1481, *in fine*, aux mêmes archives.

chie et de spoliation. On ne pouvait ni souffrir les Juifs, ni se passer d'eux ; ils étaient devenus les premiers négociants, les premiers banquiers, les premiers capitalistes des nations occidentales [1]. Ils obtenaient de beaux succès dans l'exercice de la médecine, et s'ils se voyaient exclus des emplois publics et des positions officielles, si la clameur des haines populaires les poursuivait partout, ils trouvaient en silence des compensations considérables dans le culte de l'or et dans les jouissances qu'il donne [2]. L'or n'a l'empreinte d'aucune religion et sa puissance est merveilleuse.

Mais on abuse de tous les pouvoirs, et les Juifs abusèrent de celui des richesses. Ils pressuraient leurs débiteurs. Le 30 avril 1481, sur la proposition de Jacques de Forbin, le conseil municipal de Marseille délibéra d'adresser au roi une supplique pour mettre un terme au mal des contrats usuraires [3]. Cette demande n'eut aucun succès, et il faut reconnaître que les Juifs durent exiger un bénéfice proportionné aux risques que courait l'argent en sortant de leurs mains [4]. S'ils rançonnaient les commerçants, les bourgeois et le peuple, eux-mêmes étaient impitoyablement ran-

---

[1] Henri Martin, Histoire de France, 1844, t. III, p. 62.

[2] Blanqui, Histoire de l'économie politique en Europe, seconde édition, t. I, p. 227 et suiv.

[3] Registre des délibérations municipales, 1390 à 1481, séance du 30 avril 1481, aux archives de la ville.

[4] Raynal, Histoire philosophique et politique des établissements et du commerce des européens dans les deux mondes, Introduction.

çonnés par les princes qui faisaient sur eux des emprunts forcés, et leur vendaient fort cher des faveurs inconstantes. La malheureuse nation juive fut toujours pour les gouvernants la plus grande ressource financière.

Le roi Charles VIII permit aux Juifs de Provence, en 1483, d'y demeurer en repos, moyennant un fort tribut qu'ils lui payèrent[1]. Cependant les Marseillais renouvelèrent leurs plaintes et toute la Provence s'y associa. Une agitation violente agitait les esprits. Le 10 mai 1484, une émeute terrible éclata dans la ville d'Arles; l'on pilla les maisons juives et l'on détruisit les synagogues[2]. L'année suivante, pendant qu'une maladie épidémique soulevait à Marseille les fantômes de la terreur et de la mort, la populace, croyant que les abominations des Juifs déchaînaient sur la ville les fléaux du ciel, massacra plusieurs de ces malheureux[3]. Les Juifs, saisis d'épouvante, résolurent de vendre leurs immeubles, et de se transporter dans d'autres pays avec leurs valeurs mobilières.

Cependant Charles VIII, accueillant avec faveur les doléances d'Honoré de Forbin, député de Marseille, annula tous les actes usuraires, par lettres-patentes du 7 novembre 1485[4], et permit aux Juifs,

---

[1] César Nostradamus, Histoire de Provence, p. 681.

[2] Honoré Bouche, histoire de Provence, t. II, p. 494.

[3] Ruffi, Histoire de Marseille, t. II, p. 308.

[4] Livre Noir, fol. 153 recto, aux archives de la ville; — Ruffi, Histoire de Marseille, t. I, p. 290; — Honoré Bouche, Histoire de Provence, t. II, p. 494.

quelques jours après [1], de sortir de la ville avec leurs biens, en leur défendant toutefois de céder à des étrangers leurs créances contre des Chrétiens. En 1489, Charles VIII fit droit aux remontrances des états de Provence touchant l'annulation des contrats passés par des Juifs à des conditions illicites [2].

Les choses en étaient là lorsque Louis XII, en 1498, expulsa les Juifs du royaume [3]. Plusieurs se réfugièrent dans les pays étrangers. Quelques-uns embrassèrent le christianisme; mais comme on ne tint pas la main à l'exécution de cet édit, bien des Israélites restèrent comme auparavant. Le 26 septembre 1501, Louis XII fit un nouvel édit qui fut exécuté à la rigueur, et, trois ans après, le fisc royal se saisit de tous les biens des Juifs [4].

Les enfants d'Israël perdirent dès-lors leur état civil et leur existence légale; leur culte fut proscrit. Ceux d'entre eux qui eurent la faiblesse de sacrifier leur foi religieuse à leur repos et à leurs intérêts n'en continuèrent pas moins de porter aux yeux du peuple et sous le nom de néophytes, la tâche originelle qui les avait fait maudire.

Quelques Juifs furent plus tard tolérés à Marseille, mais tout-à-fait isolément, sans droits reconnus et

---

[1] Lettres-patentes du 1er décembre 1485, dans le livre Noir, fol. 156 recto et verso.

[2] Jean de Bomy, recueil de quelques coutumes du pays de Provence, Aix, 1665, p. 13.

[3] Gaufridi, Histoire de Provence, p. 387.

[4] Columbi, Manuasca, p. 506.

sans culte public. Seulement, peu d'années avant la révolution de 1789, on leur permit d'avoir un petit temple qui était au troisième étage de la maison n° 1 de la rue du Pont. Il ne fallut rien moins qu'une immense régénération politique et sociale pour élever les Israélites français à la dignité de citoyens, pour assurer la pleine liberté de leurs croyances, pour les placer sous l'égide de l'égalité civile, au milieu de notre grande famille nationale, au soleil même de cette civilisation bienfaisante et féconde qui laisse à la conscience humaine son indépendance absolue, tient compte de tous les services, et n'estime les choses qu'à leur valeur réelle.

# RUE FOIE DE BOEUF.

Au moyen-âge cette rue s'appelait de la *Veyrarie-Vieille*, et elle porte encore ce nom dans un acte du 11 mai 1627 par lequel Antoine Aurengue, bourgeois de Marseille, vend aux consuls de cette ville une maison pour l'agrandissement du collège de l'Oratoire[1].

La fabrique de verre, connue sous le nom de Veyrarie-Vieille, remontait aux premières années du quatorzième siècle. L'historien du roi René, le vicomte de Villeneuve-Bargemont, a commis une erreur en disant que la verrerie créée par ce bon prince à Goult, près de la ville d'Apt, sous la direction d'un nommé Ferri, venu du haut Dauphiné[2], fut le premier établissement de ce genre en Provence[3] ; d'autres assu-

---

[1] Registre 35 des délibérations du conseil municipal de Marseille, de 1627 à 1629, fol. 18 verso, aux archives de la ville.
[2] L'abbé Boze, Histoire de la ville d'Apt, p. 202 et 203.
[3] Histoire de René d'Anjou, t. III, p. 32, 33 et 262.

rent que c'est à Reillane que revient l'honneur d'avoir possédé la première verrerie provençale[1] favorisée par René. Il paraît, au contraire, qu'il y avait depuis longtemps dans le pays des fabriques de verre[2].

Du moins la certitude existe pour Marseille. Le verrier Bernard Raimbaud figure comme témoin dans un acte fait en cette ville le 14 septembre 1315[3], et Guillaume Agrène, le maître de la fabrique de verre, est mentionné, comme partie contractante, dans un autre acte du 8 octobre 1325. Agrène demeurait dans sa fabrique même[4] que nous voyons dès-lors en pleine activité. Des ordonnances municipales défendaient l'exportation des débris de verrerie[5], et tous ceux qui voulaient vendre du verre cassé devaient le porter au four du maître verrier. Le prix en était fixé à deux deniers la livre[6]. La ville faisait alors imprimer une marque sur tous les vases de verre servant à mesurer le vin nouveau[7], et comme cette prescription était négligée en 1363, le conseil général la re-

---

[1] Feraud, Histoire, géographie et statistique des Bassses-Alpes. Digne, 1861, p. 592.

[2] Cartulaire imprimé de Saint-Victor de Marseillle, t. I, charte 435, p. 440; — Voyez aussi Papon, Histoire générale de Provence, t. III, p, 284 et 285.

[3] Notaire Siffred Léon, aux archives de la ville de Marseille, Chartier.

[4] *Guillelmus Agrena, veyrerius, civis Massilie, morans in veyrariâ.* Voyez le Cartulaire du notaire Jean des Pennes, 1326, sans pagination chiffrée, aux archives de la ville.

[5] Ordonnance du 26 janvier 1331 dans les registres des délibérations du conseil général de Marseille, de 1331-1332, aux archives de la ville.

[6] Que tota persona que avia veyre frag que vulhi vendre e portar o far portar al forn veyrier de Masselha; lo fornier del dig forn len donara II d. per cascuna libr. Feuille volante intercallée dans le registre précité de 1331-1332.

[7] Séance du 6 juin 1332 dans le même registre.

nouvela le 19 septembre[1]. Les apothicaires de Marseille avaient des fioles de verre[2], et plusieurs inventaires d'objets mobiliers prouvent qu'au moyen-âge cette matière était commune dans les usages domestiques[3].

Je vois à Marseille, en 1411, un verrier du nom de Pierre Vitalis[4]. Était-il le maître de la fabrique? était-ce un simple ouvrier ou simplement un marchand de verres? Je ne saurais le dire, car le mot latin *veirerius* s'applique à ces trois positions différentes, et il y avait des marchands de verres dans la partie de la rue Négrel avoisinant la rue du Foie-de-Bœuf[5].

Quoi qu'il en soit, en 1416, le maître verrier de Marseille s'appelait Manuel Vidal[6]. Il était remplacé par Mathieu Vidal en 1435[7], et il paraît que la famille Vidal exploita longtemps cette fabrique.

Selon Winkelmann, les anciens faisaient en général un usage plus fréquent du verre que les modernes,

---

[1] Séance du 19 septembre 1363 dans le registre des délibérations municipales de 1361-1363, aux archives de la ville.

[2] Inventaire des biens de la succession bénéficiaire de Bertrand Jean, droguiste et apothicaire de Marseille, du mois d'août 1386. Pièce originale en ma possession.

[3] Voyez, entre autres documents, *la lumenaria de monsenhor Sant-Jaume-de-las-Espasas*, de 1452 à 1487, grand in-4º, inventaire de l'année 1462, aux archives de l'Hôtel-Dieu de Marseille.

[4] Acte du 26 avril 1411, notaire Pierre Calvin à Marseille, aux archives de la ville. Chartier.

[5] Mortreuil, Tribune artistique et littéraire du midi, seconde année, n. 6, juin 1858, p. 3.

[6] Registre P P des recettes et dépenses de l'hôpital Saint-Esprit de Marseille, 1416-1417, fol. 89 verso, aux archives de l'Hôtel-Dieu.

[7] Registre B B des recettes et dépenses du même hôpital, 1435, fol. 28 recto, aux mêmes archives.

et ils portèrent l'art de la verrerie à un point de perfection que nous n'avons pas encore atteint [1]. Cependant plusieurs ont dit, et le bon Rollin a répété, que l'usage des vitres ne fut pas connu des anciens [2]. Cet usage existait en France à la fin du treizième siècle, mais il était fort rare. Cet art, porté en Angleterre par les Français en 1180, fut regardé comme une grande magnificence [3].

A Marseille, au quatorzième siècle, les châssis des *croisées* [4] de la plupart des maisons avaient, au lieu de vitres, des carrés de toile blanche cirée qui était ainsi transparente et à l'abri de la pluie, laquelle y glissait comme sur du verre. C'est du moins ce que je vois aux fenêtres de l'hôpital de l'Annonciade [5], et il devait en être ainsi pour les maisons particulières, à l'exception de celles des familles riches.

Le verre devint plus commun en Provence au seizième siècle. L'art de le fabriquer s'était perfectionné en France, où l'on ne buvait plus dans des tasses de poterie, mais dans des coupes de verre de toute sorte de couleurs et présentant toutes les formes, une nef,

---

[1] Histoire de l'art chez les anciens, traduite de l'allemand. Paris, an II de la république, t. I, p. 44 et suiv.

[2] Traité des études Paris, 1732, t. IV, p. 292.

[3] Voltaire, Essai sur les mœurs et l'esprit des nations, chap. LXXXI.

[4] Fenêtres en forme de croix. Nous en voyons encore quelques spécimens dans les vieux quartiers de Marseille.

[5] A XXVIII de jenoyer que paguem a Imbert per II canos palm de tela blanca encirada. Monta II l. VIII s. — A IX de mas plus que Baylem à Antoni Luci pas far los enquastres de las estros enciradas de l'espital... XXVI l. Registre des recettes et dépenses de l'hôpital de l'Annonciade, 1390, in-4º coté B B, aux archives de l'Hôtel-Dieu.

une cloche, un cheval, un oiseau, tout ce que pouvait imaginer le goût ou le caprice des fabricants[1].

La famille de Bon possédait, au seizième siècle, la verrerie de Marseille qu'elle dirigea, de père en fils, pendant plus de deux cents ans. En 1744, cette ancienne maison était représentée par la dame de Bon, veuve Salard, tante de Joseph d'Escrivan qui s'associa avec elle pour l'établissement d'une verrerie en la même ville[2]. Une vingtaine d'années auparavant, les frères Janvier et Joseph de Ferri, parents du premier fabricant de Goult, ayant voulu créer une fabrique de verre à Marseille, en furent empêchés par les échevins, lesquels pensèrent que la fabrique qui existait depuis plus de quatre siècles était suffisante, et qu'une seconde verrerie nuirait au public en consommant trop de bois[3]. Le parlement d'Aix confirma cette sentence l'année suivante[4].

Les verriers de Provence, même les simples ouvriers, se disaient tous gentilhommes. Bien des gens prenaient au sérieux cette noblesse ; mais d'autres disaient que c'était là une qualité aussi fragile que le verre[5].

[1] Monteil, Histoire des Français des divers états, troisième édition, t. III, p. 394, et à la note 131 de la page 601.
[2] Mémoire du procureur de noble Joseph d'Escrivan, maître de la verrerie de la ville de Marseille contre les syndics des gentilshommes verriers de Provence, 1751, manuscrit en ma possession.
[3] Registre 110 des délibérations municipales de Marseille, 1718, fol. 147 recto et verso, aux archives de la ville.
[4] Registre 121 desdites délibérations, 1719, fol. 50 recto et 51 recto, aux mêmes archives.
[5] De la Roque, traité de la noblesse, p. 136.

# RUE INGARIENNE.

Un acte du 24 mars 1380 donne l'explication du mot Ingarienne. Cette rue avait alors deux noms. On l'appelait tantôt la rue *dels Enguarrians*, tantôt la Bonne-Rue, la *Bona-Carriera*[1]. Mais nous croyons que le mot *dels Enguarrians* était déjà corrompu. Ce mot dut d'abord se prononcer et s'écrire *d'en Guarrian*, de monsieur Guarrian ; puis le singulier devint un pluriel ; le mot qualificatif *en* ne fut plus séparé du mot propre, et, dans cette altération, la rue *dels Enguarrians* signifia celle de messieurs Guarrian. Les ignorants qui lui donnèrent le baptême français l'appelèrent la rue *Ingarienne*.

Par l'effet d'un contraste moral que relevait le caractère de nos ancêtres toujours enclins à la plaisan-

---

[1] La carta de la compra d'un hostal pauzat en la carriera dels Enguarrians, alias la Bona-Carriera.......... Preza per man de mestre Loys Amielh l'an mil III LXXX et XXI de mars. Inventaire des titres de l'hôpital du Saint-Esprit de Marseille, 1399, fol. 105, aux archives de l'Hôtel-Dieu.

terie, la rue d'Enguarrian fut aussi nommée la Bonne-Rue, parce qu'elle était pleine de femmes de mauvaise vie [1]. Il en était ainsi à Aix où la rue affectée aux prostituées avait le même nom [2].

Ces femmes avaient, dans chaque ville, des rues pour leur infâme trafic, qui devint une profession reconnue et soumise à des règlements de police [3]. A Toulon, on leur donna un quartier pour demeure [4]; on en fit de même à Arles [5] et à Sisteron [6].

Au reste, dans la plupart des villes importantes, les administrations municipales plaçaient sous leur direction les lieux de débauche, que le philosophe Montaigne estimait nécessaires [7]. A Toulouse, du temps des premiers comtes, un établissement de prostitution avait été ouvert, aux frais de la cité qui en tirait un grand bénéfice, et assurait ainsi le repos des femmes honnêtes [8]. Cette maison était située hors

---

[1] François d'Aix, Commentaire des statuts municipaux et coustumes anciennes de la ville de Marseille, p. 512.

[2] Roux-Alphéran, les rues d'Aix, t. I, p. 21, 38 et 31.

[3] De la Curne de Sainte-Palaye, Mémoires sur l'ancienne chevalerie, t. II, p. 17; — Saint-Foix, Essais historiques sur Paris, t. III de ses œuvres complètes, Paris. 1778, p. 315; — Dulaure, Histoire de Paris, quatrième édition, t. II, p. 303.

[4] Règlement municipal de Toulon fait dans le quatorzième siècle et cité dans les Promenades de Toulon ancien et moderne par Vienne, archiviste de la ville, 1841, p. 52 et 53.

[5] Anibert, Mémoires historiques et critiques sur l'ancienne république d'Arles, suite de la troisième partie, p. 361.

[6] Édouard de Laplane, Histoire de Sisteron, tirée de ses archives, t. II, p. 469 et 470.

[7] Essais, liv. II, chap. xii.

[8] Catel, Mémoire de l'histoire du Languedoc, p. 187.

des murs, et on l'appela la *grande abbaye*[1]. A Montpellier, la prostitution légale avait aussi son asile aux limites de la ville, sous la garde des magistrats qui percevaient un impôt sur les femmes communes et sur leurs fermiers privilégiés[2]. L'une des rues où elles étaient reléguées s'appelait la rue *Chaude*[3]. Il y avait aussi à Narbonne une rue Chaude qui était pleine de femmes débauchées[4]. A Nimes[5], à Salon, à Beaucaire[6], on destina aussi des locaux au logement des courtisanes réunies en communauté, et le régime de ces maisons fut mis au nombre des services publics.

On a beaucoup parlé de la maison publique d'Avignon que le gouvernement de la reine Jeanne fit régir par des statuts de 1347, dont Astruc nous donne le texte qui est écrit en langue provençale[7]. Les uns en ont soutenu l'authenticité[8]; les autres n'ont vu là qu'une mystification[9]. Quoi qu'il en soit de cette controverse, une maison municipale de débauche dut

---

[1] Pierre Dufour, Histoire de la prostitution chez tous les peuples du monde, t. IV, p. 230 et suiv.

[2] Pierre Dufour, même ouvrage, t. IV, p. 246 et suiv.

[3] Germain, Histoire de la commune de Montpellier, t. II. p. 371.

[4] Histoire générale du Languedoc, t. IV, p. 509.

[5] Ménard, Histoire civile, ecclésiastique et littéraire de la ville de Nimes, t. II, p. 118, et aux Preuves, p. 138; — t. IV, p. 91, et aux Preuves, p. 98; t. VI, p. 66.

[6] Le président Fauris de Saint-Vincens, Précis d'un mémoire sur les monnaies, les rits, les mœurs et les usages du quinzième siècle en Provence. Aix, 1817, p. 75 et suiv.

[7] Traité des maladies vénériennes, édition de 1748, t. I, p. 203 et suiv.

[8] Pierre Dufour, ouvrage cité, t. 4, p. 251 et suiv.

[9] Jules Courtet, Revue archéologique, deuxième année, Paris 1845, p. 158 et suiv.

exister à Avignon, comme dans les principales villes de Languedoc et de Provence, et l'on peut assurer que les curieux statuts du *Bourdeou* privilégié de la cité papale où la prostitution s'était installée à la mode italienne, sont, de tous points, conformes à l'esprit et aux mœurs du quatorzième siècle.

Au moyen-âge, une incroyable débauche fut la suite de la grande disproportion qui existait entre les deux sexes, car après les Croisades on comptait presque généralement en Europe sept femmes contre un seul homme[1]. Les preuves de cette débauche publique sont écrites sur tous les monuments de l'histoire, et ceux qui vantent la pureté des mœurs de nos ancêtres en parlent à leur aise et sans en rien connaître.

A Marseille, la débauche publique fut réglementée de bonne heure et de toutes façons. Les statuts municipaux défendaient aux femmes perdues d'avoir leur résidence dans le voisinage des églises et dans celui du monastère Saint-Sauveur, de porter des habits riches, des pierreries et des couleurs éclatantes, pour qu'on ne les confondît pas avec les femmes honnêtes. Lorsque les prostituées contrevenaient à cette loi, on les condamnait à une amende de soixante sous royaux couronnés, et celles qui ne pouvaient la payer recevaient publiquement le fouet[2]. Les femmes im-

---

[1] Kust Sprengel, Histoire de la médecine, traduite de l'allemand sur la seconde édition par Jourdan. Paris, 1815, t. II. r. 376.

[2] *Statuta civit. Massilie*, lib. V, cap. XII, de *Meretricibus*, fol. 106, aux archives de la ville.

pudiques ne pouvaient aller aux bains qu'un jour de chaque semaine, et ce jour était le lundi. Toute contravention à ce règlement de la part des teneurs de bains était punie d'une amende de soixante sous royaux couronnés ; la peine contre les femmes elles-mêmes était arbitraire [1].

Le comte de Provence percevait à Marseille, en 1385 et les années suivantes, un droit qu'on appelait *curan peloux*, *redditus curanus pelosi* [2], qui était établi sur la prostitution. Les voisins de la rue *dels Enguarrians*, ou de la Bonne-Rue, demandèrent par deux fois, le 11 janvier et le 15 juin 1495, que les femmes publiques allassent demeurer ailleurs [3]. Il paraît que cette affaire n'eut aucune suite, et la plaie de la débauche ne fit que s'étendre et s'envenimer.

En exécution d'un arrêt du parlement de Provence qui avait ordonné d'établir un *bourdeau* à Marseille, le conseil municipal de cette ville mit l'affaire en délibération le 10 février 1543, et s'en occupa encore le 15 mai et le 28 octobre 1544, le 26 février 1545 [4]. La ville acheta du nommé Claret un terrain sur la

---

[1] *Statuta civitatis Massilie, lib. V, cap. XIII, de prohibitione factà judeis et meritricibus ne sint in stupis diebus prohibitis*, fol. 107 recto.

[2] Délibérations du conseil municipal de Marseille du 11 et du 13 mai 1385, dans le registre des délibérations, 1384-1385, aux archives de la ville.

[3] Item dos instruments ambe las suplicassions a causa de la mutassion del bordel et Bona-Carreria, escrits l'an mil IV LXXXXV et XI de genover et l'autre a XV de jun. Inventaire des titres de l'hôpital Saint-Esprit de Marseille, 1399, fol, 74, aux archives de l'Hôtel-Dieu.

[4] Libvre des eslections, délibérations et réformations du conseil et aultres actes de la ville de Marseille, du 11 novembre 1542 au 28 octobre 1546, fol. 88 recto, et partie du registre sans pagination chiffrée, aux archives de la ville.

hauteur des Moulins, assez près de l'Hôtel-Dieu. Mais comme ce terrain était servile au chapitre de la Major qui voulut le retenir par droit de prélation, la ville se vit obligée d'abandonner l'entreprise[1].

Le projet d'une grande maison publique pour y loger les femmes de mauvaise vie fut repris par la ville de Marseille quelques années après. Le 3 novembre 1555, le conseil municipal chargea les consuls de la construction d'un local « pour faire retirer « les filles faillies et vivant indignement pour obvier « aux inconvénients que journellement advenaient à « faulte de ladicte maison[2] ». Mais il paraît que cette affaire en resta là, car nous n'en voyons plus aucune trace.

Les prostituées continuèrent, à Marseille, à s'établir non-seulement dans la rue *dels Enguarrians*, mais encore dans plusieurs autres rues, principalement au quartier de la Roche-des-Moulins[3]. Les agents de prostitution étaient nombreux. Les comtes de Provence avaient promulgué contre eux des lois pénales[4] que la licence générale des mœurs fit tomber

---

[1] Registre des délibérations du conseil municipal de Marseille, 1546-1549, fol. 115 verso et 123 recto, aux mêmes archives.

[2] Registre des délibérations du conseil municipal de Marseille, 1554-1556, fol. 68 verso, aux mêmes archives.

[3] Grosson, Almanach historique de Marseille, 1788, p. 195.

[4] *Statuta provinciæ Forcalquariique comitatuum cum commentariis Masse.* Aix, 1598, p. 171 et suiv. — Statuts et coustumes du pays de Provence, avec les gloses de Masse, par de Bomy, Aix, 1620, p. 202 et suiv.— Les statuts et coustumes du pays de Provence, par Jacques Morgues, Aix, 1642, p. 291 et suiv.— Nouveau commentaire sur les statuts de Provence par Julien, Aix, 1778, t. I, p. 544 et 550.

en désuétude, et les *Ruffians*, car c'est ainsi qu'on appelait ces infâmes entremetteurs, purent dès-lors compter sur une impunité scandaleuse.

Le conseil municipal de Marseille nommait chaque année, sous le titre assez impudique de *Subrestans du curan peloux*, des commissaires chargés de l'exécution des règlements de police sur les prostituées ; mais ces commissaires exerçaient leurs fonctions avec une négligence excessive, et leur élection finit même par n'être qu'une chose de pure forme, dans le débordement des plus mauvaises mœurs. En 1656, un grave jurisconsulte marseillais n'avait que de l'indulgence pour les passions amoureuses, « veu que cette « fureur a des charmes puissants, et que ny la pru« dence ny la sagesse ne servent de rien où la force « commande [1]. » A cette époque la coutume seule maintenait les commissaires dont l'emploi était dérisoire, et l'on en pourvoyait les hommes les plus ridicules. En 1654, on nomma Peyron Torticolli [2]. L'année suivante, le procès-verbal d'élection, après avoir rendu compte du choix de tous les officiers communaux, se termine par ce quatrain :

> *Finalament sur le Curan peloux,*
> *Jérosme Sarville lou renoux,*
> *Et crouchetour d'aquella affaire*
> *Lou gros Dardani lou fluttaire*[3].

---

[1] François d'Aix, Commentaire cité, p. 513 et 514.

[2] Registre 54 des délibérations municipales de Marseille, fol. 577, aux archives de la ville.

[3] Registre 55, fol. 225.

Les trois consuls de Marseille, Jean-Baptiste de Villages, Joseph Beolan et Dominique Truc, présents à la séance, demandèrent acte de cette nomination, et ils la signèrent au milieu de l'hilarité générale.

Les choix faits les années suivantes ne furent pas plus sérieux. En 1657, on nomma François Pedas, *lou parpailloux*[1]. En 1658 et 1659, on élut Roubaud que le peuple appelait *lou troumpetaire*, et que les gens se piquant de parler français nommaient *la* trompette criminelle[2]. Après *elle*, on n'élut plus personne, car la farce était trop usée. Le propre des anciennes administrations de Marseille était de coûter peu et de rire beaucoup.

[1] Registre 57, fol. 430.
[2] Registre 58, fol. 379, et registre 59, fol. 170.

## RUE DES GRANDS-CARMES.

La rue des Grands-Carmes, qui va de la rue Sainte-Marthe au boulevard des Dames, s'appela d'abord la rue de l'Annonerie-Haute, *Carreria Annonarie-Superioris* en latin, et *Carriera de l'Annonaria-Sobeirana* en provençal, parce que la communauté y avait établi une halle ou un marché au blé. Ce nom de l'Annonerie-Haute a quelquefois été donné à la rue Sainte-Marthe[1], mais il paraît que c'est par l'effet d'une erreur[2] ; ce qui ne laisse pas de jeter une incertitude fâcheuse et de grands embarras dans l'étude des titres relatifs à l'histoire de cette rue.

La halle au blé ayant disparu, le nom n'en resta pas moins à la rue pendant longtemps encore ; mais

---

[1] Registre B des reconnaissances des censes et directes de l'hôpital Saint-Jacques de Galice, fol. 227. — Registre B des censes et directes de l'hôpital Saint-Esprit, fol. 193, aux archives de l'Hôtel-Dieu.

[2] M. Mortreuil, l'Hôpital de Sainte-Marthe, Marseille, 1856.

enfin il fut remplacé par celui des Grands-Carmes[1]. L'église de cet ancien couvent a sa façade sur la place à laquelle il a donné son nom, et l'un de ses côtés longe la rue qui lui doit aussi le sien.

Des religieux du Mont-Carmel, en Palestine, venus à Marseille vers le milieu du treizième siècle, bâtirent au quartier rural d'Aigalade un monastère qui n'était pas encore achevé en 1265. Ce fut le premier de cet ordre en Europe. Ces moines construisirent, environ trente ans après, une autre maison dans l'intérieur de la ville, des deniers de la riche famille de Monteous qui voulut attacher sa gloire à cette fondation. En 1603, on rebâtit l'église du couvent, qui était en ruine, et les aumônes de la confrérie de Notre-Dame-du-Saint-Scapulaire, qui faisait ses dévotions dans cette église[2], suffirent à la dépense. La ville se borna à donner, en 1649, un secours de cent cinquante livres pour l'achèvement du presbytère[3].

Une maladie pestilentielle ravagea une partie de la Provence en 1629, et les consuls de Marseille, Philippe de Félix, sieur de la Reynarde, Lazarin de Servian et Elzéar Faravel firent vœu, pour fléchir le courroux du ciel, de donner à la Sainte-Vierge une

---

[1] On les appelait Grands-Carmes pour les distinguer des Carmes-déchaussés établis à Marseille en 1632. Ces derniers avaient leur couvent au commencement de la rue Paradis et à peu près sur les terrains où l'on a ouvert la rue Haxo.

[2] L'excellence de la dévotion au Saint-Scapulaire vulgairement appelé le petit habit de Notre-Dame-du-Mont-Carmel. Marseille, chez la veuve Brebion, 1752.

[3] Grosson, Almanach historique de Marseille, 1787, p. 83.

lampe d'argent pour brûler sans cesse devant le maître-autel de l'église des Carmes, et la ville s'engagea à donner toutes les années dix-huit livres pour l'huile. La première pierre du clocher fut posée, le 31 mars 1640, en présence des consuls. Les confrères de Notre-Dame du Saint-Scapulaire firent placer dans leur chapelle l'image de leur patronne, en argent et en relief, que l'on admira généralement comme un chef-d'œuvre[1].

On montrait aux étrangers et aux curieux un buste tenant au mur de façade d'une vieille maison de la rue des Grands-Carmes, à la hauteur du cordon du premier étage. Il était porté sur une console sous laquelle se dessinait une tête qui ressemblait à celle d'un loup. Autour de cette tête naissaient des feuilles d'acanthe qui, se repliant en arrière, enveloppaient toute la console sans servir immédiatement d'appui au buste, lequel s'élevait sur une espèce de socle arrondi d'où il sortait comme d'une cuve; il était nu par devant, une sorte de manteau se laissait voir derrière les épaules. Cette figure était barbue, et les mains se croisaient sous la poitrine. Un couronnement surmontait la tête et n'était que la forme de baldaquin dont sont accompagnées toutes les images d'anges et de saints dans les sculptures des églises gothiques[2].

---

[1] Ruffi, Histoire de Marseille, t. II, p. 68 et 69. — L'Antiquité de l'église de Marseille t. II, p. 534.

[2] Statistique du département des Bouches-du-Rhône, t. II, p. 468-69.

On s'appuyait sur la tradition pour dire que c'était le buste de Milon que l'éloquence de Cicéron ne put sauver de l'exil à Marseille. Mais les traditions les plus anciennes ne sont souvent que des fables. Celle-ci, quoi qu'on en ait dit, n'avait pas même l'avantage d'être de vieille date; ce qui n'a pas empêché Grosson de s'y laisser prendre, et il discute, d'après d'autres, la question de savoir si le buste de la rue des Grands-Carmes représentait Milon ou Saint-Victor qui reçut à Marseille la palme du martyre[1]. Millin, mieux avisé, n'a vu là qu'une mauvaise sculpture du quatorzième ou du quinzième siècle, représentant le Christ après la flagellation[2].

On s'était imaginé qu'il y avait à Marseille un autre monument en l'honneur de Milon qui pourtant ne résida pas longtemps en cette ville. Rappelé par le préteur Célius, il fut tué dans la Calabre pendant la guerre de César et de Pompée. On n'en crut pas moins voir son cénotaphe en marbre blanc dans la maison de M. de Sommati.

Le docte Scaliger visita la Provence en 1583. La ville d'Aix lui plut comme un séjour d'étude. Il lui fut donné d'admirer des richesses bibliographiques, de belles collections d'objets d'art et d'antiquité. A l'école de droit il assista à plusieurs examens, et fut

---

[1] Grosson, Recueil des antiquités et monuments marseillois, p. 112-118.
[2] Voyage dans les départements du midi de la France, t. III, p. 201 et 202.
La maison qu'on disait être celle que Milon avait habitée et qui ne pouvait pas avoir une date aussi ancienne fut démolie, il y a trente-six ans à peu près, pour faire place à une nouvelle construction. Le buste a disparu depuis lors.

satisfait de leur rigueur. Mais que put-on lui montrer à Marseille, bazar bruyant où bourdonnait l'esprit mercantile? Scaliger n'y vit que le cénotaphe auquel on attachait le nom du citoyen romain qui tua Clodius. Et pourtant, pour trouver à Marseille des statues, des inscriptions, des médailles, des débris épargnés par l'injure du temps, il ne fallait pas de grands efforts; on n'avait qu'à creuser la terre où vint s'asseoir cette fille de Phocée, belle de tout l'éclat de la civilisation Ionienne. Mais, selon le témoignage de Ruffi, on emportait bien vite ces restes du génie antique dont s'enrichissaient chaque jour les cabinets des amateurs étrangers, « y ayant fort peu de Mar-« seillais qui aient passion pour semblables cu-« riosités[1] ».

[1] Ruffi, Histoire de Marseille, t. II, p. 312.

## PLACE ET RUE DE LORETTE.

L'ardeur des Croisades conduisit à Marseille une foule de pélerins ; et comme la plupart avaient plus de foi que d'argent, ils se voyaient accablés de fatigue et de misère en arrivant dans cette ville, et demandaient à ses hôpitaux des secours que ceux-ci ne pouvaient pas toujours leur donner. Ce fut pour satisfaire à ces nécessités de bienfaisance que l'on fonda à Marseille, en l'année 1200, la maison de Saint-Jacques-des-Épées pour les pauvres voyageurs dont l'embarquement et les intérêts furent protégés par nos statuts municipaux avec une sollicitude remarquable [1]. Le nom de Saint-Jacques-des-Épées était celui d'un ordre de chevalerie espagnole fondé dans le royaume de Léon, en 1160, suivant les uns [2], dix

---

[1] *Statutor Massil.*, lib. IV, cap. xii, fol. 96 recto ; cap. xxiv, fol. 101 recto ; cap. xxvii, fol. 102 recto ; cap. xxix, fol. 102 verso ; cap. xxxi, fol. 103 verso, aux archives de la ville.

[2] De la Roque, traité de la noblesse, p. 379.

ans après, suivant les autres[1], pour résister aux Maures, lesquels troublaient la dévotion des pélerins qui allaient à Compostelle visiter le tombeau de saint Jacques. Ces chevaliers furent mis, en 1175, sous la règle de Saint-Augustin, et firent vœu de chasteté ; mais plus tard le pape Alexandre III leur ayant permis de se marier, ils ne le purent faire sans l'autorisation écrite du roi. Plus tard encore ils ajoutèrent à leurs vœux celui de défendre l'Immaculée Conception de la Sainte-Vierge.

Les chevaliers de Saint-Jacques-des-Épées avaient une robe blanche et un chapeau de même couleur, et, pour marque plus spéciale de leur ordre, ils portaient sur la poitrine la croix rouge fleuronnée au pied long en forme d'épée. Leur tête était rasée de manière à figurer une couronne.

L'hôpital de Saint-Jacques-des-Épées de Marseille n'eut jamais beaucoup d'importance. Je ne vois, en 1399, que onze lits dans la salle des hommes et trois dans celle des femmes[2]. Le total des dépenses ne fut, en cette année, que de 57 liv. 10 sous 4 deniers[3]. Son mobilier était assez misérable.

---

[1] Histoire des ordres monastiques, religieux et militaires, et des congrégations séculières de l'un et de l'autre sexe. Paris, 1714, t. 2, p. 246 et suiv.

[2] Registre intitulé : A nom de Diou sia amen, en l'an que on conta MCCCXXXXVIII a XXIII del mes de jun son faist aquest Cartolari e fes lo far Laurens Paul prio de la luminaria de Sant-Jaume ambe ses companons...... Rectos de la lumenaria del dich mesenhor Sant-Jaume ; fol. 12 recto, aux archives de l'Hôtel-Dieu de Marseille. Ce registre important va jusqu'à l'année 1419.

[3] Même registre, fol. 31 verso.

Une confrérie d'hommes et de femmes, sous le titre de luminaire de monseigneur Saint-Jacques-des-Épées, *confrayres e confrayressas de lumenaria de mossenhor Sant-Jaume-de-las-Espasas*[1], subvenait aux frais d'entretien de cette œuvre au moyen d'une souscription.

Il y avait dans cette confrérie, en l'année dont je parle, cent quatre-vingt-onze hommes et trente-sept femmes, presque tous recrutés dans les classes ouvrières. Nous voyons cent trente-six confrères et trente-trois *confréresses* en 1452[1]. Quelques-uns de ces associés appartenaient à la classe bourgeoise ; tous les autres étaient des gens du peuple. Un seul avait un rang élevé ; c'était Jacques de Candole. Le nombre des membres de cette association charitable alla toujours en diminuant. On ne comptait, en 1678, que soixante-six hommes et seulement onze femmes, parmi lesquelles figurait Janone de Fabas, prieuresse de Saint-Sauveur. Leur nombre cependant se releva un peu quelques années après[2].

La confrérie avait à sa tête quatre prieurs nommés pour deux ans et renouvelés chaque année par moitié.

On faisait tous les ans une quête pour cet hôpital qui n'eut jamais que de faibles ressources.

L'œuvre de Saint-Jacques-des-Épées possédait une

---

[1] Livre du luminaire de Saint-Jacques-des-Épées, de 1452 à 1487, grand in-4º, premières pages, aux archives de l'Hôtel-Dieu.

[2] En 1487, il y avait cent vingt-six hommes et dix-huit femmes. C'est la dernière année du registre cité, et après lequel une grande et regrettable lacune se manifeste dans les archives de l'Hôtel-Dieu.

petite église contiguë à son local, et des prêtres séculiers la desservaient. Le 2 septembre 1443, la confrérie acheta une maison attenante pour agrandir ce local [1].

Ses quatre recteurs cédèrent, par acte du 30 décembre 1555, au père Olméon, provincial des Servites, la maison et l'église. Pierre Boqueri, vicaire général du diocèse de Marseille, en l'absence du cardinal évêque Christophle de Monte, fit procéder à l'installation de ces religieux par le notaire Alphanti, en présence de plusieurs personnes parmi lesquelles on remarquait Jean Fabri, dit Samsaire, dont l'initiative et l'influence avaient eu tant de part dans l'appel des Servites à Marseille qu'on lui donna le titre de fondateur de leur couvent [2].

La maison cédée aux pères Servites devint leur couvent, et l'église de Saint-Jacques-des-Épées desservie par eux prit dès-lors le nom de Notre-Dame-de Lorette. Quelque temps après, une congrégation de laïques se forma à Marseille sous ce dernier titre, et se réunit dans la même église pour ses exercices pieux [3].

---

[1] Livre O des créations et eslections des recteurs de l'hôpital Saint-Jacques-des-Épées, p. 44, aux mêmes archives.

[2] *Ac Joanne Fabri, dicto Samsaire, habitatore presentis civitatis Massiliæ, primo fundatore dictæ civitatis ejusdem conventus ac religionis.* L'Antiquité de l'église de Marseille, t. III, p. 173, à la note.

[3] Livre des institutions et règlements de la fondation de la luminaire et hospital de Saint-Jacques-des-Épées où logent les pèlerins de ceste cité et ville de Marseille, aux archives de l'Hôtel-Dieu.— Voyez aussi l'Antiquité de l'église de Marseille, t. III, p. 173.

Ce fut alors que la place où l'œuvre des pélerins, le couvent des Servites et leur église étaient situés, prit le nom de Lorette, et qu'on donna le même nom à la rue qui va de cette place au boulevard des Dames.

Ce nom de Lorette ne fut pourtant pas donné tout d'un coup, et il y eut, comme on le vit ailleurs en d'autres circonstances, une assez longue transition pendant laquelle la place et la rue dont il s'agit ici portèrent en même temps deux dénominations. Une partie du peuple ne cessa d'employer l'ancienne, qui était celle de Saint-Jacques-des-Épées, et nous le voyons encore dans quelques actes publics du dix-huitième siècle [1]. Ce n'était là qu'une exception, et le nom de Lorette était alors à peu près général.

Mais le plus ancien nom est celui de Cavaillon ; il existait à la fin du treizième siècle, avant l'établissement de l'hôpital de Saint-Jacques-des-Épées [2]. C'était le nom d'une famille marseillaise, et il finit par devenir celui de l'un des quatre quartiers de la ville [3].

---

[1] Un acte du 16 juillet 1739 parle de la rue Saint-Jacques-des-Épées, *dite à présent la Grande rue de Lorette.* Nouveau registre E, I, des reconnaissances des censes et directes de l'hôpital Saint-Jacques de Galice, fol. 103, aux archives de l'Hôtel-Dieu de Marseille.

En 1772, cette rue était encore quelquefois appelée Saint-Jacques-des-Epées. Même registre E, I. *passim.*

[2] Ce nom de Cavaillon exista même après la fondation de l'œuvre de Notre-Dame-des-Epées. Voyez, entre autres, l'acte du 2 avril 1339, notaire Jean de Salinis, dans le Cartulaire de ce notaire, aux archives de la ville. — Le nom de Cavaillon était encore donné à cette rue en 1413. Voyez le registre B des censes et directes de l'hôpital Saint-Jacques de Galice, fol. 271, et suiv., aux archives de la ville.

[3] Les trois autres étaient Corps-de-ville, Blanquerie et Saint-Jean. Le quartier de Cavaillon, représentant à peu près l'ancienne ville haute de Marseille, compre-

La place et la rue de Lorette n'étaient pas l'asile des bonnes mœurs, s'il faut en croire un vieux dicton populaire peu flatteur pour la vertu du beau sexe,

*Leis fillos de Loretto
Pouedon pas couchar soulettos.* [1].

Le fameux Pierre Libertat qui, dans la journée du 17 février 1596, assassina, par ambition et par cupidité, son bienfaiteur le premier consul Charles de Casaulx, était logé dans la rue de Lorette, en face de la rue Sainte-Claire. Gorgé de biens, comblé de puissance et d'honneurs, il ne jouit pas longtemps du fruit de son marché avec le duc de Guise, gouverneur de Provence, car il mourut le 11 avril 1697, à la suite de grandes douleurs aux jambes ; et le peuple qui s'imagine toujours que les personnages sur lesquels il fixe ses regards ne peuvent pas mourir naturellement, surtout quand la maladie est rapide, crut que Libertat avait succombé à l'effet d'un bas de soie empoisonné [2].

Guillaume du Vair, ancien conseiller au parlement de Paris, et l'un des esprits les plus distingués de son temps, était alors à Marseille où le roi Henri IV l'avait envoyé pour présider la chambre souveraine de justice chargée d'y tenir les grands jours, en vertu

---

naît les quartiers actuels de la Major et des Grands-Carmes. Au quatorzième et au quinzième siècle, la ville était divisée en six quartiers, appelés sixains et classés dans l'ordre suivant : de Saint-Jean, des Accoules, de la Draperie, de Saint-Jacques, de Saint-Martin, de la Calade.

[1] Grosson, Almanach historique de Marseille, 1781, p. 212.
[2] Ruffi, Histoire de Marseille, t. I, p. 437 et 438.

des anciens priviléges de la cité. Au commencement de 1597, du Vair ouvrit les audiences à Marseille par un discours qu'on peut lire dans ses œuvres[1]. Chacun vantait le savoir et l'éloquence de ce magistrat d'élite[2] qui devint plus tard premier président du parlement d'Aix, puis évêque de Lisieux et par deux fois garde-des-sceaux de France. Un historien de Provence l'appelle « l'oracle, la colonne de justice, « la merveille de son siècle ». Il vante « l'or et miel « de sa langue[3] ». En rejetant l'exagération de ce style emphatique, on peut dire en toute vérité que Guillaume du Vair obtint de beaux succès dans la culture des lettres. Digne précurseur de Pascal, il fut l'un des premiers prosateurs qui formèrent la langue française[4].

Du Vair, représentant officiel de l'autorité royale à Marseille, voulut que les plus grands honneurs fussent rendus à la mémoire de Libertat auquel, après tout, Henri IV devait la réduction d'une ville considérable. Le corps du défunt fut embaumé, et on l'ensevelit, le 16 avril, dans l'église du couvent de l'Ob-

[1] Les Œuvres politiques, morales et meslées du sieur du Vair. Édition de Cologny, 1617, p. 242 et suiv.

[2] César Nostradamus, Histoire de Provence, p. 1080. — Additions et illustrations sur les deux tomes de l'Histoire des troubles de Provence par Pierre Louvet, seconde partie, p. 387 et suiv.

[3] César Nostradamus, l'Entrée de la Royne en sa ville de Salon. Aix, chez Jean Tholosan, 1602.

[4] Le P. Anselme, Histoire généalogique et chronologique de la maison royale de France, des pairs, des grands officiers de la couronne, etc., troisième édition, t. VI, p. 535 D).

servance[1] avec une pompe extraordinaire. On eût beaucoup moins fait pour un grand citoyen, pour un héros de désintéressement et de patriotisme. Le peuple, qui suit toujours le char de la fortune et se prosterne devant tous les vainqueurs, se joignit aux amis de Libertat dont les funérailles eurent une pompe émouvante. Le président du Vair mena le deuil à la tête de la compagnie souveraine.

Après le service religieux, les magistrats et les principaux personnages du cortége accompagnèrent le père et les deux frères de Libertat jusques à la maison du défunt. Des flots de peuple inondaient la rue de Lorette, celle de Sainte-Claire et toutes les rues voisines. Des spectateurs se pressaient aussi aux fenêtres. La pompe de l'appareil funèbre, le souvenir de Libertat, les circonstances politiques justifiaient cet empressement, et d'ailleurs la foule, impressionnée par la grandeur du spectacle, était avide d'entendre un orateur de renom dans une cérémonie solennelle, et je dirai aussi dans une épreuve difficile. Selon la coutume de Marseille à cette époque, dans les enterrements de personnes considérables, celui qui menait le deuil avait à prononcer, au retour de l'église, l'éloge public du défunt sur le seuil de la porte de la maison mortuaire. C'est ce que fit Guillaume du Vair, et il usa amplement du privilége d'exagération et même de mensonge que s'arrogent tous les harangueurs officiels, tous les faiseurs d'oraisons funèbres.

[1] Ruffi, Histoire de Marseille, t. 1, p. 437 et 438.

Le président de la cour souveraine parla d'abord de la noble origine de Libertat. Vers la fin du quatorzième siècle, Bayon, son trisaïeul, habitait, dans la Corse, la ville de Calvi courbée sous le joug de deux tyrans qui voulurent la livrer aux Espagnols. Mais Bayon, vengeur des droits de ses compatriotes, hasarda courageusement sa vie dans une entreprise contre ces deux oppresseurs qu'il tua de sa propre main, et il rendit ainsi la liberté à sa patrie qui lui donna le surnom de Libertat, dans les transports de sa reconnaissance. Baptiste son fils se distingua par sa valeur guerrière en Sicile et en Catalogne, et il laissa un fils nommé Barthélemy qui vint fixer sa demeure à Marseille, où il vécut avec autant d'honneur que de distinction [1].

Suivant du Vair, Pierre Libertat fut l'instrument choisi par la bonté divine dans l'œuvre de la réduction de Marseille. Il le compare sans façon à Brutus, comme s'il suffisait de commettre un meurtre politique pour avoir le grand cœur du dernier des Romains. Du Vair épuisa avec trop d'emphase toutes les formules d'une admiration sans bornes pour Libertat « dont l'âme généreuse jouissait dans le ciel « d'un bonheur éternel ». Pour adoucir les regrets de ceux qui le pleurent, on n'a, dit l'orateur, « qu'à « leur représenter la gloire immortelle qu'il a acquise,

[1] Ces détails biographiques sont, à mes yeux, des fables inspirées par la vanité de la famille de Libertat qui trompa la bonne foi de Guillaume du Vair. On sait que cette famille était originaire de Corse, et c'est la seule chose qui soit authentique.

« non à Marseille, non en Provence, non en France,
« mais par tout le monde ; non pour le temps de sa
« vie, non pour le temps de la nostre, mais pour les
« siècles à venir. C'est une consolation en laquelle
« ceux qui l'ont aimé peuvent prendre part. »

Puis, du Vair s'adressant à la famille de Libertat :
« Vous, son père et ses frères, vous y avez droit de
« préciput ; car outre que vostre nom vous fait parti-
« ciper à l'honneur et à la gloire du défunt, vous
« jouissez et jouirez encore de la bienveillance de
« tous vos concitoyens, laquelle il vous a acquise par
« son mérite....., de sorte que pour un enfant ou
« un frère que vous avez non pas perdu, ains esloi-
« gné de vous, il vous en demeure cent mille ici bas
« qui vous rendront la mesme affection, les mesmes
« offices que vous eussiez peu attendre de lui. Quel
« plus doux charme pourrait souhaiter votre douleur?
« Après cela, quelle consolation vous peut manquer?
« Mais je fais tort à vostre vertu, si je crois que vous
« ayez besoin de consolation, vous, dis-je, qui estes
« de cette glorieuse tige dont est sorti le plus signalé
« exemple de magnanimité qui soit apparu en ce
« siècle. Vivez donc, et vivez heureux, et consolés,
« et contents, car la gloire que le défunct a acquise à
« votre nom est plus que suffisante pour vous en
« donner tout sujet [1]. »

A ne considérer que le style, et sans tenir compte

---

[1] Les OEuvres politiques, morales et meslées du sieur du Vair, édition citée, p. 202 et suiv.

des pensées, c'était un assez beau langage pour cette époque de transition entre l'idiome d'Amyot et de Montaigne et la langue des grands écrivains du siècle de Louis XIV.

La mort et les funérailles de Pierre Libertat furent pendant longtemps un sujet d'entretien à Marseille, surtout dans le quartier de Lorette où sa famille et lui-même avaient toujours demeuré. D'ailleurs l'émotion populaire fut alimentée par les honneurs qu'on lui rendit encore après ses funérailles, comme si tout ce qu'on avait fait pour lui ne suffisait pas. Mais il n'est pas de bornes à l'enthousiasme des factions triomphantes, et rien n'arrête l'esprit de parti dans les égarements de son ivresse. Il ne saurait jamais trop faire pour ses idoles, quelque méprisables qu'elles soient. Le 8 novembre 1598, le conseil municipal de Marseille délibéra qu'une statue d'airain ou de marbre serait élevée à Libertat, et que pour honorer perpétuellement sa mémoire, le viguier et les consuls assisteraient en cérémonie à un service funèbre, le 17 février de chaque année, dans l'église de l'Observance, aux frais de la ville[1]. Le clergé institua aussi

---

[1] Registre 23 des délibérations municipales, 1597-1599, fol. 105 verso, aux archives de la ville.

Par autre délibération du 29 juillet 1610, (registre 25, 1606-1610, fol. 398 recto) la statue en marbre fut placée sur la porte royale et l'on grava au bas l'inscription suivante composée par l'avocat Lazare Cordier :

*Occisus justé Libertæ Casalus armis,*
*Laus Christo, urbs regi, libertas sic datur urbi.*

C'est la même statue qui, au dernier siècle, fut placée dans le grand escalier de l'Hôtel-de-Ville ; qui en fut ensuite enlevée, puis remise, puis enlevée encore,

une procession générale qui se faisait encore en 1692[1].

A cette époque, l'hôpital de Saint-Jacques-des-Épées continuait de fonctionner sans bruit, mais en restant fidèle à sa mission modeste. Au mois d'octobre 1696, des lettres-patentes du roi mirent l'Hôtel-Dieu de Marseille en possession des biens de ce petit hôpital qui n'eut plus d'existence propre, sans cesser, pour cela, d'avoir la même destination[2]. Ce vieux bâtiment de Saint-Jacques n'avait qu'un étage sur rez-de-chaussée[3]. Enfin le roi, par lettres-patentes du mois de juillet 1766, l'annexa à l'Hôtel-Dieu. D'un autre côté, un arrêt du conseil supprima, en 1775, le couvent de Notre-Dame-de-Lorette qui n'avait plus qu'un seul religieux. Le 4 décembre

il y a quelques années, et pour toujours, je le pense du moins, car c'est justice.

Le service funèbre se fit avec le cérémorial exigé jusqu'au mois de février 1690. L'administration municipale crut devoir s'arrêter à la clôture de la période séculaire. Mais la famille de Libertat réclama pendant longtemps, attendu que le service avait été fondé à perpétuité. En 1716, la question fut soumise au jugement des commissaires royaux délégués par la cour pour statuer sur la situation financière de la ville de Marseille et sur d'autres affaires importantes. Ces commissaires décidèrent que le service funèbre en l'honneur de Libertat serait continué ; mais un seul échevin, accompagné de deux capitaines de quartier, y assista sans chaperon. Voyez le cérémonial de la ville de Marseille, p. 504. Voyez aussi l'article du 23 décembre 1717, dans le Buletaire de 1716-1717, aux archives de la ville.

Ce service se fit aussi sans bruit et sans éclat jusqu'à la révolution de 1789.

[1] Ainsi que l'attestent les offices propres des saints de l'église de Marseille ; *officia propria sanctorum Massiliensis ecclesiæ*, p. 206.

[2] Mémoires sur l'établissement, les revenus, les charges, etc., de l'Hôtel-Dieu de Marseille, du 16 février 1750, dans le registre des délibérations du bureau de cet hôpital, du 29 novembre 1771 au 31 décembre 1750, aux archives de l'Hôtel-Dieu.

[3] Inventaire des meubles de l'hôpital Saint-Jacques-des-Pélerins de Marseille, du 4 novembre 1647, dans le registre 50 des délibérations du conseil municipal, fol. 1, aux archives de la ville.

1783, les recteurs de l'Hôtel-Dieu reprirent un projet que leurs prédécesseurs avaient discuté en 1698 et qui n'avait pas eu de suite. C'était de placer dans l'Hôtel-Dieu même l'asile des pauvres passants [1]. Des difficultés s'y opposèrent encore. Le 7 avril 1784, le bureau délibéra de loger les voyageurs indigents dans une maison que l'Hôtel-Dieu possédait à la rue des Bannières, et de vendre les vieilles bâtisses de la place de Lorette [2].

Les enchères publiques furent ouvertes le 28 octobre suivant, et le sieur Gandy rapporta l'adjudication au prix de 3,655 livres qui servirent à l'achat des maisons nécessaires à l'agrandissement de l'Hôtel-Dieu [3].

---

[1] Registre S des délibérations du bureau de l'Hôtel-Dieu de Marseille, du 11 mai 1780 au 31 décembre 1786, fol. 103 verso, aux archives de l'Hôtel-Dieu.
[2] Même registre, fol. 115 recto et verso.
[3] Livre Trésor de l'hôpital de l'Hôtel-Dieu de Marseille, 1776 à 1786, fol. 401 et suiv. — Livre des recettes et dépenses des trésoriers de la nouvelle bâtisse de l'Hôtel-Dieu, de 1781 à 1793. Gestion du trésorier Gimon, année 1784. — Registre S des délibérations du bureau de l'Hôtel-Dieu, fol. 116 recto ; aux archives de l'Hôtel-Dieu.

# RUE SAINTE-CLAIRE.

La rue de Sainte-Claire est mentionnée dans un acte du 6 juillet 1352, aux écritures de Philippe Grégoire, notaire à Marseille[1]. Mais cette rue n'est pas celle qui porta plus tard le même nom et qui le porte encore aujourd'hui. La vieille rue de Sainte-Claire n'était qu'un chemin public traversant un faubourg de Marseille, à une petite distance des remparts, au lieu où s'élève maintenant l'église des Recolets, et c'est là que le couvent des religieuses clairistes fut fondé en 1254. Il reçut des comtes de Provence de hautes marques de protection. Charles II lui donna, le 27 avril 1298, une pension annuelle et perpétuelle de cent livres royales couronnées à prendre sur les condamnations à l'amende prononcées par les tribunaux de Marseille, ou sur la claverie de cette ville,

[1] Archives de la ville, Chartier.

c'est-à-dire sur les recettes municipales. Le roi Robert, fils de Charles II, la reine Jeanne, la reine régente Marie de Blois, son fils Louis II, René, puis les rois de France, confirmèrent ce don, et quelques-uns de ces princes accordèrent même d'autres faveurs aux clairistes de Marseille [1].

En 1357, la Provence épuisée, haletante, était en proie aux plus affreux désordres de l'anarchie et de la guerre. Arnaud de Servole, surnommé l'archiprêtre, ravageait le pays à la tête d'une troupe d'aventuriers ivres de sang et de rapine, soldats débandés de l'armée française après la malheureuse bataille de Poitiers où le roi Jean fut pris par les Anglais. Le 28 décembre 1357, le conseil général de la commune de Marseille délibéra, dans un intérêt de défense et de salut public, de raser jusqu'en leurs fondements les faubourgs voisins des remparts [2]. Le couvent des clairistes fut ainsi condamné à la démolition; mais il paraît qu'il ne la subit qu'en 1359. Les religieuses, au nombre de dix-neuf, se réfugièrent dans l'église de l'ancienne maison des Templiers à Marseille, et y demeurèrent environ deux ans, jusqu'à ce que la construction de leur nouveau monastère fût terminée [3], à la rue dite alors de *l'Escarlate*, et qui fut appelée

---

[1] Ruffi, Histoire de Marseille, t. II, p. 65-67.

[2] *Item placuit consilio quod domus burgorum que sunt ante menia diruantur usque ad fundamenta, juxta alia reformata, et quod amendentur domus et census de revis et a talliis pro parte civitatis et etiam dominis domorum juxta formas....* Registre des délibérations municipales, 1357-1359, séance du 28 septembre 1357, aux archives de la ville.

[3] Ruffi, *loco citato*.

plus tard rue Neuve-de-Sainte-Claire. On la nommait encore ainsi en 1628[1]. Le mot Neuve disparut enfin.

Le 17 septembre 1694, l'église du couvent de Sainte-Claire, qui se trouvait dans un état de vétusté et de ruine, s'écroula sans blesser personne[2]. On se mit en devoir d'en construire une autre qu'on décora plus tard de plusieurs tableaux de Serre[3], Catalan de naissance, mais qui fit à Marseille, sa patrie d'adoption, quelque chose de mieux que de beaux ouvrages de peinture, car il s'y distingua, pendant la peste de 1720, par sa bienfaisance et par son courage.

Au commencement de 1794, quand les comités des terroristes de Marseille, serviles instruments des proconsuls conventionnels, frappaient de leurs verges de fer des troupeaux de captifs[4], l'ancien monastère des clairistes, vieil édifice tout délabré, fut changé en prison, et la plus atroce tyrannie y entassa pêle-mêle des hommes de tout âge et de toute condition, négociants, cultivateurs, riches, pauvres, lettrés, ignorants, tous séparés naguère par la différence des rangs sociaux et rapprochés alors par l'égalité du malheur.

---

[1] Registre R R des censes et directes de l'Hôtel-Dieu de Marseille, fol. 371 verso. — Nouveau registre E, I, des censes et directes du même hôpital, fol. 185.

[2] Ruffi, ouvrage cité, t. II, p. 97.

[3] Grosson, Almanach historique de Marseille, 1773, p. 98.

[4] Il y eut à la fois jusques à 1500 personnes sous les verrous en divers lieux de Marseille. La maison des frères ignorantins de la porte Saint-Victor, le collége de Belsunce et le couvent des clairistes servirent de prisons. Celle du Palais-de-Justice, fort étroite et fort obscure, fut destinée aux prisonniers de choix, à ceux qui d'avance étaient condamnés à mort.

# RUE DES GAVOTES.

Je vois déjà ce nom en 1331. L'administration de l'hôpital Saint-Esprit choisit la femme d'un nommé Pierre Ripert pour la nourrice d'un enfant trouvé. Cette femme demeurait à la rue des Gavotes[1], et était peut-être gavote elle-même. Toujours est-il qu'il y en avait beaucoup dans cette rue.

Les habitants de la haute Provence et d'une partie du Dauphiné, généralement connus sous le nom de Gavots, vinrent, dans tous les temps, chercher à Marseille les ressources et le travail que leurs montagnes ne pouvaient leur donner, surtout pendant les rigueurs de l'hiver.

Ces montagnards cherchaient à plaire à Marseille par une danse de leur invention qu'on appelait *la*

---

[1] Bailla moller de Peire Ripert que esta en la carriera de las Gavotas. Registre des recettes et dépenses de l'hôpital Saint-Esprit, 1331-1332, chapitre intitulé : *Messions de Baillas*. Aux archives de l'Hôtel-Dieu.

*gavote*[1], et qui tenait son rang parmi les danses populaires en Provence : *la farandole* qui paraît nous venir des Grecs[2] ; *les olivettes* qui sont, dit-on, d'une origine sarrazine[3] ; *la moresque* aimée du roi René[4] ; *la raoussète* et *la ravergade* dont nous parle Tallemant des Reaux[5] ; *la martigale* mise en vogue par les habitants des Martigues[6] ; *l'antigailla gaya* et *tiro reculo* que chante Antonius Arena dans ses Joyeusetés macaroniques[7] ; *la volte* enfin, cette espèce de valse célèbre qui fut, le 16 mars 1541, l'objet des censures de Jean-Baptiste Cibo, évêque de Marseille, parce que la décence n'y était pas observée[8].

[1] Honnorat, Dictionnaire provençal-français, au mot *Gavota*.
[2] Guys, Voyage littéraire de la Grèce, 1783, t. I, p. 174.
[3] Noyon, Statistique du département du Var, p. 197.
[4] Vicomte Villeneuve Bargemont; Histoire de René d'Anjou, t. III, p. 84.
[5] Historiettes, seconde édition, t. I, p. 206.
[6] Honoré Bouche, Histoire de Provence, t. I, p. 321, et t. II, p. 648.
[7] *Ad suos compagnones*, édition de 1758, *Londini*, p. 33, 61 et 62.
[8] Répertoire des travaux de la société de statistique de Marseille, t. II, p. 148 et 149.

## RUES DE L'ÉPERON, DU CHEVAL-BLANC ET DE LA CAMPANE.

La rue de l'Éperon, commençant au coin de celle de l'Oratoire et se terminant à la maison qui fait l'angle entre les rues du Cheval-Blanc et de la Campane, avait dans cet angle même, au commencement du quatorzième siècle, un cabaret sur la porte duquel un éperon était représenté en guise d'enseigne. Une sentence rendue, le 14 mars 1322, par le juge Arnaud de Vaquiers, donne le nom de deux particuliers demeurant *à l'Éperon*[1]. Dix ans après, un registre de l'hôpital du Saint-Esprit mentionne cette rue où demeurait la nourrice d'un enfant abandonné[2], et un jeune et riche fils de famille nommé Hyacinthe Bota,

[1] *Raimundo Bellaudi et Guillelmo Vialli, civibus Massilie, comorantibus ad Speronum.* Cartulaire du notaire Raimond Noé, greffier du juge Arnaud de Vaquiers, 1322; aux archives de la ville.
[2] Registre des recettes et dépenses de l'hôpital du Saint-Esprit, 1332; aux archives de l'Hôtel-Dieu.

y possédait plusieurs maisons décrites dans un inventaire à la date du 14 janvier 1348[1].

Quant à la rue du Cheval-Blanc, ce fut aussi une enseigne d'auberge qui lui donna son nom. Cette auberge était réputée l'une des meilleures de Marseille, qui en comptait vingt-trois en 1374[2]. Celle du chevalblanc était tenue, en 1487, par le nommé Jean Guiton, et des députés de la Catalogne vinrent y loger pendant trois jours aux frais de la ville qui paya quinze florins pour leur dépense[3]. Cette hôtellerie soutint sa réputation dans le seizième siècle, et l'on voyait aussi à Avignon une auberge renommée qui avait un cheval blanc pour enseigne[4].

La fontaine de la place du Cheval-Blanc à Marseille fut construite en 1646. Les habitants du quartier offrirent d'en faire tous les frais, car la caisse municipale était presque toujours vide, et c'était là son état normal. Ils demandèrent seulement que la ville fournît l'eau nécessaire à cette fontaine. Les consuls de Marseille, François de Bègue, Gaspard d'Amphossi, écuyers, et Louis Chambon, bourgeois, considérant qu'il y avait tout à la fois dans cette offre « décore-
« ment et utilité pour le public sans qu'il en coustât
« aulcune chose », donnèrent leur consentement. En conséquence, Joseph de Saint-Jacques, conseiller du

---

[1] Aux archives de la ville; Chartier.

[2] Ordonnance du 17 novembre 1374 dans le registre des délibérations des Six de la guerre, 1374; aux archives de la ville.

[3] Mandat du 31 juillet 1487, dans le Bulletaire de 1475 à 1491; aux archives de la ville.

[4] L'abbé de Sade, Mémoires pour la vie de Pétrarque, t. II, p. 486.

roi, Claude Léon, Jean Boudier, Benoît Basset, marchands [1], et François Caullet, maître chirurgien, tous citoyens notables du quartier du Cheval-Blanc, passèrent, le 20 juillet, une convention avec Jean Pons, maître fontainier de la ville, lequel s'obligea, moyennant cent cinquante livres, « à faire bien et deument « ladite fontaine en sa perfection, icelle fontaine d'une « bonne pierre de tailhe de l'aulteur de six pans [2] ».

En 1758, la ville refit la fontaine du Cheval-Blanc, et y plaça un lavoir.

La rue dite de la Campane est mentionnée dans un acte de 1659 [3]; mais il est très-probable que ce nom est beaucoup plus ancien. Il vient encore d'une enseigne d'auberge au-dessus de la porte extérieure où l'on voyait une cloche, *campana*, en réalité ou en peinture. Seulement il faudrait dire rue de la Cloche, les noms des rues, originairement provençaux, ayant tous été francisés. Nous lisons dans un titre de 1708 : *le logis où pend pour enseigne la campane*. L'hôte se nommait Jacques Pourpre [4].

[1] Le mot de négociant était peu connu à Marseille dans le 17e siècle. On appelait *marchands de loge* les plus grands commerçants. La qualification de négociant n'est devenue commune qu'après 1720. Voyez le Mémoire présenté au nom de la noblesse de Marseille qui demande à être réintégrée dans l'administration municipale de cette ville. Paris. 1759. p. 14.

[2] Registre 48 des délibérations municipales, 1645-1346, fol. 108 recto et verso; aux archives de la ville.

[3] Livre coté X des reconnaissances passées par les emphitéotes de l'hôpital général Saint-Esprit et Saint-Jacques de Galice de Marseille, p. 36 ; aux archives de l'Hôtel-Dieu.

[4] Mandat du 15 mars 1708, dans le Bulletaire de 1708 à 1711 ; aux archives de la ville.

## RUE DE LA PIQUETTE.

Cette rue, l'une des plus sales de la vieille ville, portait fort anciennement le nom de *la Panoucherie,* parce qu'elle était le refuge d'un grand nombre de vagabonds et de gens de mauvaise vie. Le mot *panouche* en provençal a la signification que je viens d'exprimer.

Des Bohémiens s'établirent naturellement dans cette rue. Ils y grouillèrent dans l'ordure matérielle et dans les vices qui sont l'ordure de l'âme et du cœur.

L'histoire d'une race nomade dont l'origine fut toujours une énigme, présente un phénomène des plus singuliers dans l'histoire de l'homme qui n'est lui-même qu'une énigme perpétuelle. Il n'est qu'une chose sur laquelle on soit à peu près d'accord, c'est que les premières hordes de ces étranges vagabonds parurent en Europe dans les premières années du quinzième siècle [1]. On les voit en Provence en 1419, et les archives municipales de Sisteron constatent leur présence dans le voisinage de cette ville dont l'entrée leur fut interdite [2].

Ce fut sans doute à peu près à cette époque que des Bohémiens s'introduisirent à Marseille; mais j'avoue que les titres historiques me font ici défaut. Paris reçut, en 1427, une petite troupe de ces hommes errants; on les appela d'abord *Sarrasins* [3]. On les prit pour d'anciens musulmans convertis à la foi chrétienne, et, en leur donnant des secours, on crut assister des malheureux qu'un esprit de pénitence portait à courir le monde [4]. Ce fut à cette fable, sans doute propagée par eux-mêmes, qu'ils durent la tolérance à la faveur de laquelle ils vécurent, mais elle n'alla pas jusqu'à les sauver du mépris dont les couvrirent leur couleur basanée, leurs haillons sordides, leur saleté dégoûtante, et surtout leurs habitudes immorales. Toutefois, amuser et tromper les hommes, c'est toujours le moyen de se faire au moins supporter. Les Bohémiens chantant, dansant avec des castagnettes et des tambours de basque, disant la bonne aventure [5], prétendant guérir les maladies par la vertu de

---

[1] Histoire des Bohémiens par Grellmann, traduit de l'allemand; Paris, 1810, p. 201 à 116 recto, 230 et suiv.

[2] De la Plane, Histoire de Sisteron tirée de ses archives, t. I, p. 216-263.

[3] Rochefort, Dictionnaire général et curieux, 1684, in-fo.— Carpentier, Supplément au Glos. de Ducange, *verbo Saraceni*.

[4] Estienne Pasquier, les Recherches de la France, édition d'Amsterdam, 1723, p. 407-408.

[5] Voltaire, Essai sur les mœurs et l'esprit des nations, chap. xxxvii et civ.

quelques paroles magiques et de quelques signes mystérieux, s'attribuant le don de découvrir les objets volés, bien qu'on les accusât eux-mêmes de rapines[1], n'avaient-ils pas une place marquée dans le chaos des superstitions populaires?

L'édit d'Orléans du 3 septembre 1561 obligea les Bohémiens de sortir de France dans deux mois, à peine des galères[2], mais cet édit ne fut que mal exécuté. Ce fut aussi en vain que les États de Provence portèrent, en 1612 et 1632, contre les vagabonds, des plaintes que les assemblées des communautés renouvelèrent plusieurs fois[3]. Les Bohémiens ne disparurent qu'avec les causes qui en maintenaient l'existence. Leur nombre alla diminuant sans cesse quand les mœurs sociales s'adoucirent et s'améliorèrent; quand le travail fut honoré et la nature mieux connue; quand les esprits eurent enfin la force de se soustraire à l'empire des sortiléges, des talismans et des divinations. On vit bien encore çà et là quelques malheureux restes d'une race flétrie; mais l'espèce s'éteignit enfin, et n'appartint plus qu'à l'histoire.

Au milieu du dix-huitième siècle, il y avait encore des Bohémiens à Marseille. La rue de la Panoucherie

---

[1] Antonius Arena ajouta son témoignage à celui de tous les auteurs qui accusaient de vol les Bohémiens:

*Boymianos finos, currentes climata mundi,*
*Dantes fortunas, plura robando, bonas.*

Meygra entrepriza catoliqui imperatoris.

[2] Estienne Pasquier, *loc. cit.*

[3] Statistique du département des Bouches-du-Rhône, t. II, p. 513 à 519.

était alors dite de la Fontaine-des-Boyémiennes [1]. Un auteur contemporain dit que ces femmes portaient un tablier jaune sur l'épaule gauche. La plupart des hommes faisaient les maquignons, et il y avait parmi eux des maîtres à danser. Ils mangeaient des chats avec délice [2].

Quand ils eurent tout-à-fait disparu, la rue de la Fontaine-des-Bohémiennes fut appelée de la Pissette. L'aspect des lieux toujours souillés d'ordures fit naître ce nom tiré *ex naturâ rerum*. Il était pittoresque et caractéristique; mais par cela seul il déplut, en 1847, à quelques esprits délicats qui avaient voix au chapitre municipal, et la Piquette remplaça la Pissette. La rime y est, mais la raison !....

[1] Registre D, I, des reconnaissances et directes de l'hôpital Saint-Esprit de Marseille, fol. 348 verso ; aux archives de l'Hôtel-Dieu.
[2] Tableau de Marseille et de ses dépendances ; Lausanne, 1789, p. 128. — Grosson, Almanach historique de Marseille, 1788, p. 196.

# RUE DES CARMELINS.

L'institution des confréries de pénitents tient au sol de Marseille par d'anciennes racines, et l'impassible tribunal de l'histoire juge sévèrement ses œuvres. Au seizième siècle, ces associations singulières, qui n'ont rien de commun avec le véritable esprit de pénitence, maintinrent le fanatisme religieux, alimentèrent le feu de la Ligue, et jetèrent une lugubre teinte espagnole sur l'ardente physionomie de la ville que tant de passions agitèrent.

L'opinion des anciens Provençaux attribuait à l'île des Martigues la première chapelle de pénitents fondée en 1306, sous le titre de Sainte-Catherine [1], et la seconde, celle de Notre-Dame-de-Pitié, fut, dit-on, établie, en 1363, au village d'Allauch [2]. Mais la confrérie marseillaise des Pénitents-Blancs-de-la-Trinité pour la rédemption des esclaves, s'ingénie, depuis

---

[1] Achard, Géographie de la Provence, t. II, p. 103.
[2] Calendrier spirituel et perpétuel pour la ville de Marseille; 1713, p. 181.

1853, à donner à sa fondation la date de 1306 [1]. Comme on la lui conteste, et comme d'ailleurs la possession lui fait défaut, ce n'est là qu'une prétention à laquelle l'épreuve de la critique historique et la consécration du droit manquent encore.

Il y avait à Marseille dix *casettes* [2] de pénitents lorsque les prieurs de la Confrérie-du-Scapulaire de l'église des Grands-Carmes fondèrent celle des Carmélites en l'année 1621 [3]. Les nouveaux confrères furent au nombre de cent vingt, et leur robe eut la couleur gris-foncé. Ils adoptèrent pour mission spéciale celle d'ensevelir les pauvres morts dans les faubourgs de Saint-Michel, de Notre-Dame-du-Mont et de Silvabelle [4].

La chapelle des Carmelins donna son nom à la rue où elle fut fondée. Cette chapelle, fermée pendant la révolution et sous le premier empire, fut de nouveau ouverte, le 15 juin 1814, quand les Bourbons montèrent sur le trône.

---

[1] Rapport sur l'origine de la confrérie des Pénitents-Blancs de la Très-Sainte-Trinité et de Notre-Dame-d'Aide pour la rédemption des captifs, fondée à Marseille en 1306. Marseille, 1853.

[2] Le peuple prononçant mal ce mot et l'appliquant même assez mal finit par donner à toutes les compagnies de pénitents le nom de *gazettes* qu'elles portent encore aujourd'hui. Le mot *casette*, petit logement, est employé plusieurs fois dans un acte passé, en 1544, entre les pénitents du Saint-Esprit et les religieuses de Saint-Sauveur. Voyez le registre d'actes et délibérations de l'ancienne confrérie du Saint-Esprit de Marseille, fol. 1; aux archives de l'Hôtel-Dieu.

[3] Ruffi, Histoire de Marseille, t. II, p. 87. — Guesnay, *Provinciæ Massiliensis ac reliquæ Phocencis annales*, p. 568 et 569.

[4] Grosson, Almanachs historiques de 1770, p. 87, et 1771, p. 97.

# RUE TROU DE MOUSTIER.

Les eaux du jardin ou de la cour de la maison patrimoniale de la famille Moustier sortaient par une ouverture pratiquée dans un mur donnant sur la rue qui reçut du peuple le nom de Trou-de-Moustier.

Désiré de Moustier obtint d'Henri IV, en 1596, des lettres de noblesse, et son fils Antoine fut premier consul de Marseille en 1654[1]. Cette famille de Moustier était alors une des plus florissantes de la ville. Nous voyons, à la même époque, six de ses membres au conseil des trois cents[2].

La peste de 1720 a donné à l'échevin Moustier une couronne de gloire impérissable. Quels hommes que les échevins de Marseille! L'un d'eux siége à l'Hôtel-de-Ville pour l'expédition des affaires, et les

---

[1] Artefeuil, Histoire héroïque et universelle de la noblesse de Provence, t. II, p. 173 et 174.

[2] Règlement du sort: Marseille, chez Claude Garcin, 1654, p. 16 à 21.

trois autres, à la tête de quelques forçats, président à l'enlèvement des cadavres. Les rues sont si pleines de morts, de mourants, de hardes infectées, qu'on ne sait plus où mettre les pieds, et ces objets hideux exhalent une puanteur insupportable sous les feux d'un soleil ardent. Tous les sens sont glacés d'horreur. Mais voyez ces échevins ; voyez comme ils y vont de bon cœur ces dignes pères de la patrie désolée. Estelle, à la rue de l'Échelle, glisse sur le pavé et tombe à côté d'un corps en pourriture. Moustier s'expose tellement aux périls qu'un cataplasme jeté d'une fenêtre et tout fumant encore du pus d'un pestiféré, vient se coller sur sa joue. L'intrépide magistrat l'enlève sans s'émouvoir, s'essuye avec son éponge à vinaigre et se remet aussitôt à l'ouvrage.

Le trou de Moustier n'était pas le seul, et il y en a deux autres dans les vieux quartiers.

Le trou des Monges est dans une rue qui va de la rue des Martégales à celle de Radeau dont le nom est estropié. Il faut l'écrire Rodel ou Rodeau, car c'est celui d'une très-ancienne famille de Marseille appelée *Rodelli* dans les actes latins du quatorzième siècle[1]. Les murs du jardin de l'abbaye Saint-Sauveur avaient une petite ouverture d'où sortait la surverse des eaux

---

[1] Diverses Chartes du treizième et du quatorzième siècle; aux archives de la ville. — Au seizième siècle, ce nom s'écrivait *Rodeus*. Voyez le Bulletaire de 1526-1539, aux mêmes archives et le registre B des censes et directes de l'hôpital Saint-Jacques de Galice, p. 347 et 351. Le nom de Rodeau ou Rodeaux paraît au dix-septième et au dix-huitième siècle. Nouveau registre D, I, des censes et directes du même hôpital, *passim*. Le nom de Radeau est un contresens moderne.

de ce jardin ¹. C'était le trou des Monges ; ce dernier mot signifie Religieuses en langue provençale.

La rue du Trou-d'Airain, qui se dessine de la rue des Grands-Carmes à celle de Lorette, ne dit pas, pour le mot d'Airain, ce qu'elle a l'air de dire. Ce mot est écrit Trou-*de-Reins* dans un acte du 26 septembre 1680, notaire Piscatory, et dans un autre acte du 12 juillet 1746 ². Cette orthographe est à peu près conforme à l'étymologie historique, et c'est encore un nom de famille marseillaise. Raimond de Remis ou de Rems, chargeur de navires ou arrimeur, *cargator navium*, passa un acte à Marseille, le 5 des calendes de septembre 1296 ³. Jean de Rems, fabricant de couvertures, *textor chalonorum*, en la même ville, figure aussi dans un acte du 17 juillet 1299 ⁴. Au seizième siècle, ce nom propre de Rems s'écrivait avec un léger changement. De Reins ⁵, ou de Rains ⁶, beau-frère du notaire Geoffroy Dupré, l'un des amis de Libertat, joua un rôle dans la conspiration qui éclata, le 17 février 1596, par l'assassinat de Casaulx.

---

¹ Grosson, Almanach historique de **1782**, p. 189.

² Registre E, I, des reconnaissances des censes et directes de l'hôpital Saint-Esprit, fol. **217** et **218**, aux archives de l'Hôtel-Dieu.

³ Cartulaire de Pascal de Mayranegis, notaire à Marseille; aux archives de la ville.

⁴ Même Cartulaire, premières pages.

⁵ Deimier, la Royale liberté de Marseille, p. 97 et suiv.

⁶ Ruffi, Histoire de Marseille, t. I, p. 423.

# RUE DE LA GRANDE-HORLOGE.

Dans le quinzième siècle, cette rue, l'une de celles de la ville haute, s'appelait de *la Couelo*, c'est-à-dire de la colline ou de la montagne. Elle portait encore ce nom en 1537[1], bien qu'il y eût là l'horloge dont la cloche réglait les divers services publics, sonnait la retraite[2] et convoquait les assemblées communales qui n'avaient jamais eu d'autres moyens de convocation.

Je vois que cette rue était nommée de *la Couelo* ou *du Grand-Horloge* en 1545, et qu'en 1613 elle avait encore ces deux noms[3].

---

[1] Registre B des reconnaissances des censes et directes de l'hôpital Saint-Jacques de Galice, p. 310, p. 130; aux archives de l'Hôtel-Dieu.

[2] L'ancien couvre-feu était sonné, au quatorzième et au quinzième siècle, par la cloche de Sauveterre qui était celle du clocher des Accoules. Voyez sur ce couvre-feu les dispositions curieuses des statuts de Marseille, lib. V, cap. IV; *de pœna illorum qui post sonum campane vadunt sine lumine.*

[3] Registre B ci-dessus cité, 311 et 312.

On ne l'appelait plus que du Grand-Horloge en 1693 [1].

Les recteurs de l'Hôtel-Dieu de Marseille s'occupèrent, en 1753, de l'agrandissement de cet hôpital, d'après le plan de Mansard, neveu du grand artiste de ce nom [2]. Mais les travaux exécutés par l'entrepreneur Raymond, sous la direction de l'architecte Dageville, n'eurent qu'une marche fort lente, à cause des difficultés financières. Les nouvelles bâtisses devaient s'étendre du côté du terrain où se trouvait la tour de la Grande-Horloge que les déblais minaient incessamment, et la démolition de ce vieux édifice devint dès-lors une nécessité. C'est ce que le premier échevin de Marseille, Pierre-Honoré Roux, exposa au conseil municipal le 29 octobre 1756. Le conseil délibéra de faire démolir la tour de l'horloge aux frais de l'Hôtel-Dieu, auquel la ville abandonna les matériaux. Il fut dit de plus qu'à l'avenir l'horloge du couvent des prêcheurs sonnerait la retraite et convoquerait l'assemblée, suivant l'ancienne coutume [3].

[1] Règlement pour messieurs les recteurs de la Miséricorde. Marseille, chez Henri Brebion, 1693, p. 43.
[2] Registre O des délibérations du bureau de l'Hôtel-Dieu de Marseille, 1751-1758, f° 53 recto, aux archives de l'Hôtel-Dieu.
[3] Registre 157 des délibérations municipales, année 1756; f° 74 verso et 75 recto, aux archives de la ville.

## RUE FONTAINE-DE-LA-SAMARITAINE.

Une fontaine représentant Jésus-Christ et la Samaritaine donna son nom à la rue qui va de la place du Cheval-Blanc à la rue de la Couronne. Cette fontaine fort ancienne tombait en ruine en 1747. Les échevins de Marseille firent dresser, le 27 novembre de cette année, par l'architecte Garavaque et par le géomètre Bourre le devis d'une nouvelle construction. Il fut dit que l'on conserverait toutes les pierres de taille provenant de la démolition, que l'on emploîrait les anciennes figures de pierre, et que la réédification serait faite dans l'angle rentrant ou encognure de la place.

Les travaux mis aux enchères publiques furent adjugés, le 22 janvier 1748, à Jean Duc, maître tailleur de pierre à Marseille, qui les commença aussitôt[1].

La fontaine de la Samaritaine était fort dégradée en dernier lieu, et l'on n'y voyait que quelques vestiges de sculpture.

---

[1] Registre 149 des délibérations municipales, 1747-1748, fol. 32 et su. v., aux archives de la ville.

## RUE SAINT-ANTOINE.

La maison de Saint-Antoine, qui a donné son nom à la rue au bout de laquelle elle se trouvait, était l'un des plus anciens établissements religieux et hospitaliers de la ville de Marseille.

L'origine de cet ordre remontait à l'année 1095. Il ne forma d'abord qu'une communauté séculière d'hommes pieux voués au service des indigents atteints du mal appelé à la fois de Saint-Antoine, des ardents et d'enfer, nommé aussi le feu sacré, parce qu'il paraissait être au-dessus de la puissance humaine, et que la multitude attribue toujours à des causes surnaturelles les fléaux meurtriers qui l'accablent[1]. La déplorable condition du peuple et sa mauvaise nourriture avaient engendré cette horrible maladie, laquelle s'annonçait par un feu intérieur qui dévorait

---

[1] Le nom de feu sacré était ancien. Virgile s'en sert en parlant de la peste des animaux : *Contactos artus sacer ignis edebat*, Géorg. lib.

le corps entier couvert d'ulcères incurables. Le feu d'enfer attaquait aussi les organes de la génération, en ces temps de misère, de débauche et d'affreuses mœurs [1].

Les hospitaliers de Saint-Antoine vivaient, sans faire aucun vœu, sous la dépendance de l'abbaye de Montmajour qui les avait placés dans son hôpital du prieuré de Saint-Antoine, à la Mothe-Saint-Didier, près de Vienne en Dauphiné. Plus tard, ils se rendirent indépendants de Montmajour et s'érigèrent en congrégation religieuse. Le pape Boniface VIII, par une bulle de 1247, les fit chanoines réguliers [2].

On ne sait pas précisément en quel temps ils furent reçus à Marseille. Ils y étaient établis en 1180, et leur maison avait le titre de commanderie [3]. L'hôpital était en face de l'église. La porte de cet hôpital existait encore en 1782, et on lisait sur le chambranle en marbre de la porte ces mots des livres saints : *In te, Domine, speravi* [4].

La maison de Marseille, à laquelle les comtes de Provence accordèrent des bienfaits et des priviléges, devint une commanderie générale qui avait dans sa juridiction les commanderies secondaires d'Aix, d'Apt, de Ceyreste et de Salon. Au treizième siècle, des femmes charitables assistaient, à Marseille, les hospita-

---

[1] Felibien et Lobineau, Histoire de la ville de Paris, t. I, p. 156.
[2] Felibien et Lobineau, ouv. cité, p. 665 et 666.
[3] Archives de la maison de Saint-Antoine citées par les auteurs de l'Antiquité de l'Église de Marseille, t. II, p. 12 et 13.
[4] Grosson, Almanach historique de Marseille, 1782, p. 190.

liers de Saint-Antoine dans le service des malades[1].

Le relâchement s'étant introduit dans cet ordre, comme dans la plupart des autres instituts religieux, il fut réformé au commencement du dix-septième siècle[2], et plus tard on le réunit à l'ordre de Malte, lequel vendit l'établissement de Saint-Antoine de Marseille à des spéculateurs qui le démolirent en 1717 pour y construire des maisons[3].

[1] Ruffi, Histoire de Marseille, t. II, p. 61 et 111.
[2] L'Antiquité de l'église de Marseille, t. 2. p. 12.
[3] Grosson, Almanach historique de 1788, p. 198.

# RUE GRANDE-ROQUEBARBE, RUE DES ICARDINS, RUE DU CLAVIER.

Au moyen-âge il y avait, sur le point culminant de la ville de Marseille, un lieu fortifié par la nature et par la main des hommes. On l'appelait Roquebarbe, *Roccabarbara* ou *Roccabarbola*. Ce nom de Roquebarbe fut aussi donné tour à tour à plusieurs rues de la vieille ville, et deux d'entre elles le portèrent définitivement. Ce sont celles qu'on appelle aujourd'hui Grande-Roquebarbe et Petite-Roquebarbe. La première va de la rue Foie-de-Bœuf à celle des Trois-Fours, et la seconde commence à la rue des Festons-Rouges et finit à la Plate-forme.

La rue des Icardins, s'ouvrant sur celle des Trois-Fours, aboutit à la place des Grands-Carmes. Il est facile de voir que le mot Icardins rappelle un nom de famille, et il en est ainsi de Clavier porté par la rue qui conduit de la rue Saint-Antoine à celle de Lorette. Seulement le *du* est de trop. Les mots *du Clavier* expriment une chose qui ne se rapporte en aucune manière à l'origine du nom de cette rue, et c'est encore une des erreurs des agents municipaux tout-à-fait étrangers aux notions historiques. C'est Clavier tout court qu'il faut dire, ou de Clavier, si tant est que la famille marseillaise dont il est ici question ait eu droit à la particule nobiliaire, et c'est ce dont je doute.

## RUE MONTBRION ET RUE DES PHOCÉENS.

Le nom de Montbrion, qu'il faudrait peut-être écrire Montbrillon, ne peut être que celui d'une famille de Marseille, laquelle n'a pourtant aucune notoriété historique.

La rue des Phocéens n'en forme, avec celle de Montbrion, qu'une seule qui est coupée par la rue Lorette.

A mon avis, le mot Phocéens, si ancien par lui-même, indique néanmoins, pour la dénomination de cette rue, une origine assez moderne. Autrefois le peuple marseillais n'y mettait pas tant de finesse historique et littéraire. Il ne comprenait guère la signification du mot Phocéens qui était au-dessus de sa portée intellectuelle, et aujourd'hui même y a-t-il, dans la multitude, beaucoup de gens qui le comprennent? Le peuple seul, je le répète, était souverain pour l'appellation des rues, et il appliquait un nom à chacune d'elles, non pas d'après des idées abstraites ni d'après des réminiscences antiques, en dehors de sa sphère, mais selon les choses d'actualité et toujours dans un ordre de faits qui frappaient ses regards par des signes sensibles, sans exiger la moindre explication.

Ce ne fut que peu de temps avant la révolution de 1789 que l'administration municipale fit écrire officiellement les noms des rues sur chacun de leurs coins, et ce fut probablement à cette époque que le nom *des Phocéens* fut écrit. Ce n'est de ma part qu'une opinion, et je ne la donne que pour ce qu'elle vaut, c'est-à-dire pour une simple conjecture.

## RUE DES BELLES-ÉCUELLES.

Anciennement les écuelles étaient très-communes à Marseille dans les usages de la vie domestique, et des fondeurs en étain, établis dans cette rue, étalaient, en guise d'enseigne, des écuelles de ce métal, lesquelles étaient naturellement les plus belles qu'ils eussent à mettre en vente. De là le nom de rue des Belles-Écuelles [1].

La chapelle des pénitents gris de Notre-Dame-de-Miséricorde, sous le titre de Saint-Maur, avait sa principale entrée sur cette rue. L'institution de la confrérie datait de 1662, mais la chapelle dont je parle avait été construite trente ans après [2]. Elle se trouva comprise, en 1768, dans le nouvel agrandis-

---

[1] Grosson, Almanach historique de Marseille, 1788, p. 199.

[2] Grosson, Almanach historique de 1770, p. 87.

sement de l'Hôtel-Dieu[1], et il y eut, le 25 mars 1777, une transaction entre les recteurs de cet hôpital et les pénitents de Saint-Maur, qui reçurent en échange un terrain situé à la rue du Poirier pour y construire une autre chapelle[2].

[1] Livre Trésor P de l'hôpital Saint-Esprit et Saint-Jacques de Galice, 1768-1776, fol. 338 et suiv., aux archives de la ville.
[2] Livre Trésor de l'Hôtel-Dieu, 1776-1786, fol. 73 verso et suiv. — Registre E, I, des censes et directes de l'hôpital Saint-Esprit, fol. 39, aux archives de l'Hôtel-Dieu.

## RUE DE LA CALANDRE, RUE ÉTROITE, RUE DE LA TREILLE ET RUE DU POINT-DU-JOUR.

Les anciens noms provençaux des rues de Marseille furent tant bien que mal traduits en français; mais ici le mot tout provençal *calandre*[1] qui, en langue française, signifie alouette, fut littéralement maintenu. On voit que c'est rue de l'Alouette qu'il faudrait dire.

Mais pourquoi ce nom? Probablement parce que la représentation d'une alouette servait d'enseigne à une auberge, à un cabaret, à une boutique, à je ne sais quel établissement jaloux d'attirer l'attention du public. Peut-être aussi une alouette vivante et renfermée dans une cage, aux yeux des passants, fixat-elle leurs regards par ses chants et par ses ébats. C'est, selon toutes les vraisemblances, un fait placé

[1] Voyez le Lexique roman par Raynouard, le Dictionnaire provençal-francais par Honnorat et les autres dictionnaires provençaux.

dans l'une de ces deux hypothèses qui donna son nom à la rue de la Calandre.

La rue Étroite a un nom qu'il est maintenant difficile d'expliquer, car cette rue, sans être très-large, l'est beaucoup plus que la plupart de celles de la vieille ville. D'où lui vient donc ce nom qui est en contradiction flagrante avec son état? Aurait-elle été élargie, et son ancien nom de rue Étroite lui serait-il resté? C'est la seule explication qui soit admissible. Cependant lorsque d'autres rues plus importantes n'ont pas été élargies, pourquoi celle-là l'eût-elle été? J'ajoute que les actes administratifs et les délibérations municipales ne conservent aucune trace de cet élargissement, de sorte que le nom de la rue Étroite est encore un problème.

L'origine du nom de la rue de la Treille est trop facile à comprendre pour que je m'y arrête un seul instant.

Le nom de la rue Point-du-Jour est mal écrit et le sens en est ainsi dénaturé. Cette rue fort courte, et, pour ainsi dire, enclavée, était la plus sombre de la vieille ville. Les rayons du soleil n'y pénétraient jamais. C'est donc rue *Point-de-Jour* qu'il fallait dire.

## RUE DE LA CHAINE.

A combien de commentaires ce nom ne pourrait-il pas donner cours? pendant tout le moyen-âge, des chaînes de fer furent fixées dans l'angle des maisons au coin des rues de Marseille, de sorte qu'en cas d'alarme ou d'agression, on pouvait de suite tendre ces chaînes, et les rues étaient ainsi barricadées en un instant[1]. On voyait encore quelques-unes de ces chaînes de fer en 1656, selon le témoignage d'un contemporain[2].

On pourrait donc croire que la rue de la Chaîne est la dernière qui ait porté ces restes de défense, lesquels attestaient les dangers incessants dont nos pères furent assiégés en des temps de désordre et de malheurs publics. Oui, c'est sans doute ainsi que les

[1] *Statut. civit. Massil.*, lib. I, cap. XLVIII, *de catenis ferreis perpetuè conservandis.*
[2] Commentaire des statuts de Marseille par François d'Aix, p. 157

chercheurs d'origines expliqueraient, à l'aide des indications étymologiques, le nom de la rue de la Chaîne, et tout semblerait leur donner raison ; mais l'étymologie trompe souvent ceux qui ne possèdent pas la connaissance des faits historiques dans leur précision rigoureuse.

La dénomination de la rue de la Chaîne ne tient qu'à une bévue récente. Cette rue s'appelait depuis fort longtemps rue *du Pati-de-Chaine*. Un propriétaire nommé Chaine avait établi là un dépôt de fumier qui existait encore en 1782[1] Comme les cloaques et les tas d'ordures sont appelés *patis* en provençal, on joignit ce mot au nom du propriétaire, et l'on eut ainsi la rue du Pati-de-Chaine.

En 1847, époque des changements dont j'ai parlé, le mot Pati parut malséant. C'était pourtant le mot propre. Il y avait aussi tout près de la rue Pati-de-Chaine la rue du Pati-de-Farinette[2], nom fondé sur la même origine. Les innovateurs municipaux supprimèrent le mot Pati et la rue devint Farinette tout court. On pouvait, ce semble, en faire autant pour l'autre rue et l'appeler ainsi rue de Chaine. Cela disait encore quelque chose au point de vue historique. Mais de la Chaîne ! A-t-on su ce que l'on voulait dire ?

---

[1] Grosson, Almanach historique de Marseille, **1782**, p. **190**.

[2] Précédemment appelée *du pati de Guitton*. Voyez le règlement pour messieurs les recteurs de la Miséricorde. Marseille, 1693, chez Henri Brebion. Guitton était un propriétaire auquel le nommé Farinette succéda.

# RUE DE LA FONDERIE-NEUVE, RUE DE LA COURONNE ET RUE DES FESTONS-ROUGES.

On voyait, au quatorzième siècle, quelques fondeurs. Aymonet Floret en était sans doute le principal, car la ville lui fit faire, en 1359, la cloche dite de Sauveterre[1]. Sept ans après, celle qui servait à la convocation des membres du conseil municipal étant brisée, la reine Jeanne ordonna d'en faire une autre[2]. Des cloches furent fondues à Marseille dans d'autres circonstances., notamment en 1471. On en fit une pour la chapelle de Notre-Dame-de-la-Garde, et la ville concourut pour cinq florins à la dépense, à condition que les armoiries communales fussent gravées sur cette cloche[3].

[1] Registre des délibérations municipales, 1357-1359, aux archives de la ville.
[2] Livre Noir, fol. 45 verso et 46 recto, aux archives de la ville.
[3] Registre contenant des délibérations du conseil municipal de Marseille de 1469 à 1485, fol. 41 recto, aux archives de la ville.

En 1534, la ville fit fondre une autre cloche par un artiste dont je n'ai vu le nom nulle part, mais qui était à Marseille, selon toutes les vraisemblances. L'ancienne cloche, qui était probablement celle de l'Hôtel-de-Ville, venait de se casser. On en avait vendu aux enchères publiques et au prix de trois cent quarante-trois florins le métal qui pesait quinze quintaux. La nouvelle cloche coûta sept cent soixante-quatorze florins neuf gros trois quarts et un patac[1].

Georges Pelliot, se disant fondeur ordinaire du roi à Marseille, s'obligea envers cette commune, en 1574, à faire une autre cloche pour l'horloge de l'Hôtel-de-Ville. Elle devait peser trente quintaux environ, et le prix en était fixé à vingt-deux livres par quintal[2].

Le 22 septembre 1599, le chapitre de Saint-Sauveur d'Aix donna à prix fait à Nicolas Rosinot, maître fondeur à Marseille, la refonte de la grosse cloche dite *Maime* qui avait été cassée quelques années auparavant au milieu des guerres religieuses. La convention fut faite pour le prix de deux écus et demi

---

[1] Mandam que lo tresorier retenga devers si, metta et dedusca en sos comptes et receptas la somma de florins dos cents trenta ung grosses nono quarts tres patac ung, losquals a desborsats et pagats per nostre commandament per lo creissement et refayre de la campana de reloge, rebatutz et diffalcatz los tres cents quaranta tres florins per los quinze quintals cinquante nono lieuros de bronze que es sobrat de la dicha campana vendut per la dicha cientat a l'encant public. Mandat du 31 octobre 1534 dans le Bulletaire de 1536 à 1539, aux archives de la ville.

[2] Acte du 8 mai 1574 dans le registre des délibérations du conseil municipal de Marseille, 1570-1574, fol. 273 recto, aux archives de la ville.

le quintal, la cloche mise en place. Elle pesait six quintaux quarante livres[1].

J'ignore si les fondeurs marseillais firent des pièces d'artillerie avant le seizième siècle. Longtemps auparavant, les remparts de la ville étaient garnis de canons qu'on appelait *Vomipetre*, et qui lançaient des boulets de pierre. En 1388, l'administration municipale fit faire six cents de ces boulets par le tailleur de pierre Pons Brussan[2]; mais rien ne prouve que ces canons fussent de fabrication marseillaise. Il n'en fut pas ainsi dans le seizième siècle; les fondeurs de Marseille firent quelques canons. Tels furent Nicaise Pellicot en 1557[3], Jean Ardisson en 1590[4] et Nicolas Reynier deux ans après[5].

Honoré Suchet, maître fondeur à Marseille, fit un canon pour cette ville en 1654[6].

Tout paraît démontrer que l'art de la fonderie était alors, à Marseille, aussi avancé qu'il pouvait l'être.

Le roi y avait une fonderie vers le milieu du dix-

---

[1] Extrait des archives du chapitre de Saint-Sauveur d'Aix. Manuscrit de Bonnet, curé de Saint-Zacharie.

[2] Mandat de paiement de 44 livres, du 5 novembre 1388, dans le Bulletaire du trésorier Guillaume Élie, du 4 septembre 1387 au 17 avril 1389, aux archives de la ville.

[3] Acte du 14 novembre 1557 dans le livre V des réformations et délibérations du conseil municipal de Marseille, 1556-1558, fol. 88 verso aux archives de la ville.

[4] Acte du 4 mai 1590 dans le registre 17 des délibérations municipales, 1589-1590, fol. 80 recto, aux mêmes archives.

[5] Bullète du 16 décembre 1592 dans le Bulletaire du 1er novembre 1581 au 31 octobre 1597, aux mêmes archives.

[6] Mandat du 8 août 1654 dans le Bulletaire de 1635 à 1660, aux archives de la ville.

septième siècle. Elle était contiguë à la maison des jésuites de Sainte-Croix, occupée aujourd'hui, en partie, par l'Observatoire et par le local du Bureau de Bienfaisance, représentant l'ancienne OEuvre de la grande Miséricorde. Par lettres-patentes du 22 février 1686, Louis XIV céda aux jésuites l'emplacement de cette fonderie pour l'agrandissement de leur maison [1]. La rue qui porte le nom de Fonderie-Vieille, et qui va de la rue Caisserie à la montée des Accoules, rappelle l'ancienne fonderie royale.

Il paraît qu'une autre atelier de fondeur existait anciennement dans le même quartier, car, en 1620, Artus d'Espinay de Saint-Luc, évêque de Marseille, demanda au roi la place appelée la Fonderie, pour la construction d'un nouveau palais épiscopal, l'ancien, qui était adossé aux remparts, près la tour de Sainte-Paule, ayant été démoli, en 1524, à l'approche de l'armée du connétable de Bourbon [2]. Le roi accueillit la demande d'Artus d'Espinay; mais cet évêque mourut avant d'avoir pu mettre la main à l'œuvre, et son dessein, repris en 1648 par Estienne de Puget, l'un de ses successeurs, fut terminé vingt ans après par l'évêque Toussaint de Forbin-Janson. C'est le palais épiscopal qui existe encore aujourd'hui.

Une fonderie moins ancienne fit donner à la rue où on la créa le nom de Fonderie-Neuve. Elle commence

---

[1] Anciennes archives de la Grande Miséricorde, au bureau de Bienfaisance.
[2] L'Antiquité de l'église de Marseille, t. III p. 319 et 320.

à la rue de la Couronne et se termine à la rue des Festons-Rouges.

On ne peut qu'expliquer par une enseigne de cabaret ou d'auberge le nom de la rue de la Couronne. Quant à la rue des Festons-Rouges, le mot de festons est tout nouveau. C'est dans ces derniers temps, sous l'influence d'une absurde manie, que les *Festons*, sans portée historique, ont remplacé les *Faisses*, nom significatif que la rue portait depuis longtemps. Mais on a cru que ce mot, prononcé à la française, sonnait fort mal, et celui de Festons l'a remplacé. Le mot *faissa* en provençal signifie la longue bande avec laquelle on enveloppe un enfant dans ses langes lorsqu'il est encore au berceau. Des bandes de couleur rouge exposées publiquement en vente firent donner le nom de Faisses-Rouges à la rue où le marchand avait son magasin. En 1515, cette rue était appelée Roquebarbe[1]. On la nomma ainsi pendant quelque temps encore[2]; puis la dénomination de Faisses-Rouges fut généralement adoptée.

---

[1] Ce nom de Roquebarbe fut porté par plusieurs autres rues du même quartier, et de là naît une certaine confusion.

[2] Registre B des reconnaissances des censes de l'hôpital Saint-Jacques de Galice, fol. 157, aux archives de l'Hôtel-Dieu.

## RUE DE LA ROQUETTE.

Cette rue portait anciennement le nom de la *Bocarie* ou *Bouquarie* (Boucherie). C'est ce que dit un acte de 1693, en ajoutant : *à présent de la Roquette*[1].

La Roquette était un fief situé dans la viguerie de Barjols, à peu de distance du Verdon[2]. Une branche de la famille de Foresta le possédait.

Jean-Augustin de Foresta, reçu premier président au parlement d'Aix le 1er juillet 1558[3], eut plusieurs fils. Le quatrième, Gaspard, seigneur de la Roquette, fut avocat du roi en la sénéchaussée de cette ville. Il eut un fils nommé, comme son aïeul, Jean-Augustin,

---

[1] Registre B B des censes et directes de l'hôpital Saint-Esprit de Marseille, fol. 22, aux archives de l'Hôtel-Dieu.

[2] Achard, Géographie de la Provence, t. II, p. 311.

[3] De Haitze, Portraits ou éloges des premiers présidents du parlement de Provence, p. 70-77.— Cabasse, Essais historiques sur le parlement de Provence, t. I, p. 1.

lequel obtint l'emploi de président au parlement de Provence le 19 février 1632[1]. En 1651, il fit ériger en marquisat sa seigneurie de la Roquette[2] qui n'était pas d'une grande importance, car l'affouagement de la Provence ne la portait que pour un cinquième de feu, et elle n'avait qu'une vingtaine d'habitants[3].

Au commencement du dix-huitième siècle, Gaspard de Maurellet, fils de Jean-Louis et de Louise de Magy, de la ville de Marseille, nommé secrétaire du roi le 20 novembre 1722[4], acquit le marquisat de la Roquette, et obtint du roi, au mois d'août 1723, des lettres de confirmation pour lui et tous ses descendants mâles. Il possédait à Marseille la belle maison qui avait appartenu à la famille de Mirabeau, à la place de Lenche.

Son fils, Gaspard-Amiel de Maurellet, marquis de la Roquette et seigneur de Cabriès, nommé président en la cour des comptes, aides et finances de Provence, le 27 janvier 1756, vendit, l'année suivante, sa maison de la place de Lenche à l'OEuvre des pauvres enfants abandonnés, au prix de quatre-vingt-treize mille livres[5].

---

[1] Cabasse, ibid., p. 4.
[2] Robert de Briançon, l'État de la Provence, t. II, p. 98-99.
[3] Achard, Géographie de la Provence, t. II, p. 311.
[4] Artefeuil, Histoire héroïque et universelle de la noblesse de Provence, t. II, p. 112.
[5] Lettre écrite par les échevins au secrétaire d'Etat comte de Saint-Florentin, dans le registre 22 des copies des lettres de ces magistrats, du 1er janvier 1751 au 30 janvier 1760, aux archives de la ville. — Registre des délibérations du bureau des recteurs des pauvres enfants abandonnés, de 1748 à 1760, fol. 265, 270 et suiv., 206, aux archives de l'Hôtel-Dieu.

Les marquis de la Roquette ont-ils donné leur nom à la rue de la Boucherie? Toutes les vraisemblances sont en faveur de cette opinion. Le nom de la Roquette paraît venir de la branche de Foresta dont plusieurs membres, propriétaires d'immeubles à Marseille, se transmirent de père en fils la charge de juge du palais. Ce n'est pas à la famille de Maurellet que le nom de la rue se rapporte, puisque cette rue était appelée de la Roquette avant que la famille de Maurellet eût la possession de ce fief. Je dois ajouter qu'à la fin du dix-septième siècle la rue était quelquefois appelée Fontaine-de-la-Roquette[1]. Encore une fois, je ne puis m'appuyer que sur des vraisemblances, et comme les preuves positives me font défaut, j'expose et je n'affirme rien.

[1] Règlement pour messieurs les recteurs de la Miséricorde, Marseille, 1693.

## RUE DE LA ROSIÈRE.

Cette rue, allant de la rue Fontaine-Neuve à celle de la Tasse-d'Argent, s'appelait autrefois *de la Caisse de Mort*. Ce nom n'avait rien de séduisant, mais était-ce une raison pour le changer?

S'il est au monde une chose commune et sur laquelle nos yeux viennent sans cesse se fixer, c'est celle-là. Oui, c'est là qu'aboutissent toutes nos destinées, qu'elles soient pleines de bruit ou de silence, de misère ou de joie, de vices ou de vertus, d'extravagance ou de philosophie. Le drame n'est pas long, et c'est entre ces quatre planches que le dernier acte s'accomplit.

La rue Caisse-de-Mort tirait, ce semble, son nom d'une chronique populaire dont j'avoue en toute humilité ne pas connaître l'origine. Sans doute elle était teinte de la couleur des vieux âges; mais les beaux esprits qui, en 1847, firent tant de changements malheureux, n'aimaient pas les nuances sombres, et ils donnèrent le nom de la Rosière à la rue Caisse-de-Mort. Ils se frottèrent ensuite les mains en signe de satisfaction. A leurs yeux, la journée avait été bonne.

## RUE DES TROMPEURS.

Ce nom, peu agréable et peu flatteur pour les habitants d'une rue où il n'y eut, dans tous les temps, ni plus ni moins de trompeurs que partout ailleurs, est entièrement détourné de son origine et de sa signification primitive.

Au quinzième siècle, cette rue portait le nom provençal de *Trompadours* ou *Trombadors*[1]. C'est un mot qui, selon les meilleurs lexiques, n'a que le sens de joueur de trompe. *Trombar* signifie trompeter, publier au son de la trompe. Un trompeur, un homme usant d'artifice, s'appelle *troumpaire* ou *troumpur* en langue provençale.

Il paraît qu'il y eut, au moyen âge, des joueurs de trompette dans la rue qui nous occupe. Peut-être

---

[1] Registre B des reconnaissances et directes de l'hôpital Saint-Jacques de Galice, p. 53. — Nouveau registre E, 2, des reconnaissances et directes du même hôpital, p. 420, 425, 427 et suiv., aux archives de l'Hôtel-Dieu de Marseille.

aussi les serviteurs communaux, qui publiaient à son de trompe les mandements de l'autorité et les ordonnances de police, y eurent leur demeure; et comme le peuple les appelait *trompadours*, il est très-vraisemblable qu'on donna à la rue ce nom défiguré plus tard dans la traduction française. C'est donc rue des Trompettes qu'il fallait dire.

La rue des Trompettes et celle de l'Échelle sont, au quinzième siècle, le plus souvent confondues dans la même dénomination que mentionnent encore des actes du milieu du dix-septième siècle[1]. Quelquefois la rue de l'Échelle était aussi appelée *d'en Phelip*[2], de monsieur Phelip ou Philipe. Ce nom, donné par quelques personnes à la rue des Trompettes, fut dénaturé à tel point qu'on le prononça et qu'on l'écrivit *des Enfiliers*[3].

---

[1] Dans quelques-uns de ces actes le mot *trompadours* est écrit *trompadoux*, mais le sens n'en est pas moins le même.

[2] Registre B ci-dessus cité. p. 85 et 88.

J'aurais bien des choses intéressantes à dire sur la rue de l'Escale, ou de l'Echelle; mais cette rue n'étant pas comprise dans le périmètre de la rue Impériale sort des limites que j'ai dû assigner à mon travail.

[3] Un acte de 1782 dit : rue des *Trompadours*, anciennement dite des *Enfiliers*. Voyez le registre R R des censes et directes de l'Hôtel-Dieu de Marseille, fol. 229 verso.

# RUE DE LA FONTAINE-SAINT-CLAUDE, RUE DES ISNARDS ET RUE DE LA FONTAINE-NEUVE.

La tannerie occupa toujours la première place dans l'industrie marseillaise, et le corps des fabricants tanneurs fut riche et considéré[1]. Ce corps avait saint Claude pour patron, et il obtint la permission d'en placer l'image sur une fontaine qui fut construite dans le quartier où la plupart des tanneries étaient établies, vers le milieu de la rue à laquelle cette fon-

[1] Fauris de Saint-Vincens prétend qu'au quinzième, au seizième et au dix-septième siècle une partie des consuls de Marseille était choisie presque constamment dans la classe des fabricants tanneurs (Mémoire sur l'état du commerce en Provence dans le moyen-âge, p. 18). C'est là une erreur sur laquelle la Statistique du département des Bouches-du-Rhône a renchéri en disant qu'une partie des consuls de Marseille, au seizième siècle, *devait* être choisie dans cette classe de fabricants (t. 4, p. 688). M. Julliany le dit à son tour, en copiant la Statistique (Essai sur le commerce de Marseille, t. III, p. 257); d'autres copieront sans doute M. Julliany, et c'est ainsi que les erreurs se transmettent et se perpétuent, quand on fait des livres avec des livres, au lieu de remonter aux sources originales et de consulter les titres authentiques.

taine donna son nom¹. Elle a disparu depuis peu de temps.

Avant la construction de la Fontaine de Saint-Claude, la rue qui prit ce nom n'en faisait qu'une seule avec celle des Isnards qui est sur le même alignement, les deux rues d'aujourd'hui se trouvant coupées par celle de Lorette. Le nom des Isnards n'est pas très-ancien, car la rue s'appelait des Guiberts en 1645², et ce nom remontait à des temps assez reculés³. Les noms de Guibert et d'Isnard appartenaient à deux familles bourgeoises.

C'est dans la rue des Isnards qu'une chronique marseillaise place la demeure d'une jeune fille qui s'appelait Regaillet, et à laquelle on donna le surnom de Belle parce qu'elle avait une beauté remarquable.

Cette beauté faisait beaucoup de bruit en 1660, lorsque Louis XIV, suivi d'une cour brillante, entra à Marseille par une brèche que son artillerie n'avait pas faite⁴. Il se montra dans tout l'appareil d'un monarque irrité qui veut éteindre l'esprit d'indépendance et courber tous les fronts sous le pouvoir absolu. Le Roi, alors âgé de vingt-deux ans, venait de demander la main de l'Infante d'Espagne. La reine-mère, qui avait entendu parler de la belle Regaillet,

---

¹ Grosson, Almanach historique de Marseille, 1781, p. 213.

² Registre B des reconnaissances des censes et directes de l'hôpital Saint-Jacques de Galice, p. 231, aux archives de l'Hôtel-Dieu.

³ En 1645, quelques personnes donnaient aussi à cette rue le nom de *Font-Neuve*, à cause du voisinage de la nouvelle fontaine. Voyez le nouveau registre E. I, des mêmes censes et directes.

⁴ Louis XIV, entré à Marseille le 2 mars 1660, en partit le 8 du même mois.

voulut la voir. On la lui amena dans l'hôtel de Valbelle où elle était logée. En ce moment même elle avait à ses côtés ses deux fils, Louis XIV et le duc d'Anjou. La reine, frappée des grâces de la jeune fille, demanda à Louis comment il la trouvait. *Pas si belle que l'Infante*, répondit le prince [1], qui n'eut jamais, même en vieillissant, une grande instruction, mais auquel la nature accorda, entre autres qualités précieuses, une rare présence d'esprit, un tact admirable, et surtout l'art d'improviser, selon le temps, les circonstances et les hommes, des mots heureux et d'un à-propos saisissant.

Telle est l'anecdote sérieuse et sans doute réelle de la belle Regaillet. Là, du moins, tout est vraisemblable et naturel. Mais les faiseurs d'historiettes gâtent toujours l'histoire, et leurs détails romanesques dénaturent la vérité à tel point que souvent on ne peut plus la reconnaître. La présence des seigneurs de la cour française et d'un si grand nombre d'hommes de guerre [2] alarma les personnes du sexe dans une ville qui, en vertu de ses priviléges municipaux, ne devait pas recevoir des troupes royales. Bien des femmes honnêtes se retirèrent à la campagne, et bien des demoiselles entrèrent au couvent. On dit que la famille de la belle Regaillet délibéra de l'enfermer dans un tonneau. Le fait, ajoute-t-on devint proverbial,

---

[1] Papon, Histoire de Provence, t. IV, p. 592.
[2] Le duc de Mercœur, gouverneur de Provence, entra à Marseille à la tête de six mille hommes d'infanterie et de six cents de cavalerie

et les gens du peuple disaient des filles surveillées avec trop de rigueur : *Vaqui la bello Regailleto*[1].

Je ne crois pas à ce tonneau. Aucun écrivain digne de créance n'a voulu prendre sous sa garantie une fable si puérile que Grosson a mise en lumière, en 1781, en la ramassant parmi toutes celles qui, dans les grandes villes, amusent la crédulité des ignorants et des oisifs.

La rue de la Fontaine-Neuve, ouverte sur la rue de Sainte Marthe, aboutit à celle des Isnards. Son nom lui vient d'une nouvelle fontaine qui fut appelée Neuve quand on la construisit, et qui, en vieillissant, ne changea pas de nom. Avant la construction de cette fontaine, la rue s'appelait *Triboulet*. C'était un nom de famille prononcé à la provençale. Bertrand Tribolet, licencié en droit, avait été juge du palais à Marseille en 1362[2]. Son nom fut maintenu longtemps après. En 1640, la rue était Triboulet pour les uns, et Fontaine-Neuve pour les autres[3]. Cette dernière dénomination régnait seule au commencement du dix-huitième siècle[4].

---

[1] Grosson, Almanach historique de Marseille, 1781, p. 214.

[2] Acte du 12 octobre 1362, notaire Jean Audebert, aux archives de la ville, Chartier.

[3] Registre B des censes et directes de l'hôpital Saint-Esprit, p. 210 et suiv., aux archives de l'Hôtel-Dieu.

[4] Nouveau registre E, I, des censes et directes de l'hôpital Saint-Esprit, fol. 51, aux mêmes archives.

## RUE DE LA BELLE-MARINIÈRE.

Ce nom est emprunté à des souvenirs lugubres et douloureux. Une jeune fille des plus belles, nommée Marinier[1], eut le malheur de se laisser séduire, et le malheur plus grand de noyer le fruit d'un coupable amour. Convaincue de ce crime, elle fut condamnée à être pendue. Sa plus jeune sœur suivit son exemple, non pour l'infanticide, mais pour sa grossesse qu'elle imputa aux œuvres de l'un des hommes les plus opulents de Marseille.

Toute la ville fut en mouvement pour voir mourir la belle Marinière, et trois dames de Lyon montrèrent un empressement que le peuple remarqua beaucoup, comme le témoigne la complainte suivante qui fut faite dans ces tristes circonstances.

[1] D'après les anciennes habitudes marseillaises, dans les rangs les plus élevés comme dans les conditions les plus humbles, tous les noms propres appliqués à des femmes étaient féminisés, et c'est ainsi que l'on disait Caillole, Raymonde, Audiberte, Michelle, Bernarde, Martine, etc.

## COMPLAINTE DE LA BELLE MARINIÈRE.

N'en sount tres dames de Lyoun, (bis)
    Ellis si levoun matinieros
    Per veire passar (bis)
    La bello mariniero.
    Laissas la passar
    La bello mariniero.

Lou bourreou li va per davant
    Et la justici par darriero.
    Laissas la passar
    La bello mariniero.

Sa mero la suiv'en plourant :
    « Messieurs de la justice
    « Tenez , voilà de l'argent ;
    « Rendez-moi ma fille. »

    « Ma mère, gardez votre argent.
    « Toute fille qui a fait folie,
    « Qui a noyé son enfant,
    « Mérite bien d'être punie. »

Quand n'en siguet sus l'échafaou,
Haousset seis ueils per mar, per terro.
    Et viguet passar
    Sa doulento mero.

Ma mero, qu'aves lou couar gros
    D'aver nourri'no creaturo
    Que dins lou moument
    La vaires pendudo.

Ma mero, n'aves enca ma sur;
    Ma sur la pu cadetto ;
    La laisses pa'nar
    La nuech touto souletto.

Quand vadura de beis ribans
   Et de belleis couiffuros,
      Demandas li ben
      D'ounte sount vengudos.

Ma sur, m'aves trooup tard parla,
N'en siou enceinte, paouro fillo,
      Doou plus gros richard,
Doou plus gros richard de la villo.

Adieu, mes frères; adieu, mes sœurs;
Et vous messieurs de la justice,
      Faites-moi mourir;
J'ai mérité mon supplice [1].

[1] Plusieurs habitants des vieux quartiers de Marseille connaissent quelques couplets de cette vieille complainte, mais avec des variantes, et j'eusse été dans l'impossibilité de la reconstituer intégralement sans l'intelligent et utile concours de M. Sylvain Badaroux, employé au contentieux de la voirie municipale de Marseille. M. Badaroux, assisté de M. Charles Dupont, poète provençal, s'est mis en communication avec la dame Marie Viale, veuve Isnard, âgée de 98 ans, qui a longtemps habité la rue du Moulin-d'Huile, n° 6, et qui demeure maintenant chez sa fille, boulevard National, n° 272. La veuve Isnard, malgré son grand âge, a l'esprit le plus net et la mémoire la plus fidèle; elle a, par deux fois, chanté la complainte de la Belle-Marinière devant MM. Badaroux et Dupont, leur déclarant qu'elle la chantait depuis son enfance.

On a dû remarquer que le premier couplet de cette complainte a six vers, tandis que les autres n'en ont que quatre. C'est ainsi qu'elle a été faite; les soins de MM. Badaroux et Dupont l'ont constaté.

## PLACE DES PRÊCHEURS.

Cette place fut toujours à peu près ce qu'elle est encore aujourd'hui. Il y avait seulement au milieu une fontaine avec un bassin, ornée de dauphins et surmontée d'une croix qu'on abattit au commencement de 1794, quand l'exercice de la religion catholique fut aboli en France. La ville avait fait construire, en 1757, cette fontaine qui arrosait un arbre planté sur la même place en 1792, et dont j'aurai bientôt à parler. Arbre et fontaine disparurent ces dernières années.

En vertu d'une délibération du conseil municipal, du 15 mars 1841, la ville acheta une maison, rue Saint-Pierre-Martyr, et deux autres maisons, rue de la Campane, lesquelles masquaient en partie la façade de l'église des Prêcheurs qui n'en était séparée que par une distance de trois mètres. Ces trois acquisitions faites aux enchères publiques coûtèrent à la ville 24,675 francs.

L'église du couvent des prêcheurs donna son nom à la place.

Les religieux de l'ordre de Saint-Dominique qu'on appelait Frères Prêcheurs parce qu'ils se vouaient à la prédication, surtout contre les ennemis de la foi catholique, jugèrent de bonne heure qu'il leur était nécessaire d'avoir à Marseille une maison où ils pussent attendre un embarquement pour leurs missions dans les pays étrangers. En 1224, on leur assigna une demeure, sous le titre de Saint-Michel, à peu de distance des remparts et tout près de la porte royale. Un peu plus tard, ces religieux construisirent, dans un lieu représenté aujourd'hui par la place de Rome, un couvent avec une église dédiée à Notre-Dame-de-Piété.

Il y eut dans ce monastère, en l'année 1300, un chapitre général auquel assistèrent quarante-neuf prélats et trente-cinq docteurs, tous de l'ordre de Saint-Dominique.

On le démolit, en 1524, avec plusieurs autres édifices rapprochés des remparts, pour mettre la ville en bon état de défense contre l'armée impériale du connétable de Bourbon dont l'attaque était imminente. Les dominicains allèrent alors loger dans l'hôpital Saint-Jacques de Galice, situé près l'église Saint-Martin. Après la levée du siége, ces religieux firent bâtir, dans l'enceinte de la ville, avec l'autorisation des consuls Gaspar Descalis, Carlin Blanc et Raimond Roux, un autre monastère sur l'emplacement de plusieurs maisons qui formaient en partie l'ancienne juiverie de Marseille. C'est le local actuel des Prêcheurs.

La première pierre en fut posée solennellement, le 31 décembre 1526, par Bernardin des Baux, capitaine au service du roi de France, et l'un des fondateurs du nouvel édifice. Les dominicains de Marseille étaient alors réformés et on les appelait les Frères Prêcheurs de l'observance de l'ordre de Saint-Dominique.

Leur église fut bénie, le 11 mai 1528, par Guillaume de Boib, évêque de Girone, du consentement du cardinal Innocent Cibo, évêque de Marseille. Le corps des notaires de Marseille donna, en 1534, cent florins d'or pour activer les travaux de construction, qui n'allèrent néanmoins que fort lentement. L'horloge fut faite en 1615, grâce à la libéralité de la ville qui dépensa six cents livres pour cette destination. Enfin l'église ne fut terminée que trois ans après. Barthélemy Camelin, évêque de Fréjus, la consacra, le 18 mai 1619, sous le titre de l'Annonciation de la Sainte-Vierge, le siége de Marseille étant vacant par la mort de l'évêque Jacques Turricella, empoisonné, l'année précédente, par son valet de chambre.

On montrait dans la sacristie de l'église des Prêcheurs, une aube et une étole qui avaient, disait-on, servi à saint Dominique[1].

Deux cours publics étaient institués dans ce cou-

---

[1] Ruffi, Histoire de Marseille, t. II, p. 62-64. — L'Antiquité de l'église de Marseille, t. II, p. 59, et t. III, p. 127-128.

vent, l'un pour la théologie, l'autre pour la philosophie, et le monde religieux tenait en grande estime cet enseignement auquel plusieurs papes donnèrent des éloges et des priviléges[1].

Telle était à Marseille l'une des plus importantes maisons d'un ordre fameux dans l'histoire du catholicisme.

Les édifices publics, en traversant les siècles, sont les impassibles témoins des vicissitudes diverses qui laissent sur eux leur empreinte, et qui vont même quelquefois jusqu'à changer soudain une longue destination. L'église des Prêcheurs de Marseille en est un exemple mémorable. Certainement il faut s'attendre à tout de la part des hommes, et, dans ce monde, il n'est rien qui puisse étonner le philosophe habitué à voir de sang froid toutes les folies, tous les ridicules et tous les contrastes. Qui eût pu dire cependant que l'un des asiles des disciples de saint Dominique verrait des scènes de profanation inouïe qui auraient pour auteurs les organes de l'esprit public, les représentants du pouvoir, faisant parade de leurs outrages et de leurs blasphèmes dans tout l'éclat des fêtes nationales? C'est ce que je vais raconter, en parlant aussi des évènements dramatiques dont la place des Prêcheurs fut le théâtre.

C'était au commencement de 1789. Tout annonçait l'approche d'un nouvel ordre de choses, et les esprits impatients tressaillaient devant un avenir

[1] Calendrier Spirituel de Marseille, Leyde 1759, p. 226-230.

qu'embellissaient les prestiges de l'espérance. Toutes les classes de la société marseillaise, criant anathème aux anciens abus, sollicitaient de tous leurs vœux les bienfaits d'une réforme régénératrice. L'enthousiasme avait une fraîcheur dont l'expression est perdue de nos jours.

En attendant la discussion des grands intérêts nationaux et des questions constitutionnelles, on se formait à la vie publique par la critique des affaires de la cité. Il n'y avait qu'une voix pour flétrir le système des charges municipales. La taxe sur la viande et les farines était à peu près la seule imposition qui existât à Marseille; on ne la repoussait pas moins comme inique dans son principe, les aliments de première nécessité devant être affranchis de tout impôt.

Dans ces circonstances, la fourniture des boucheries fut mise aux enchères, et une compagnie offrit de s'en charger à des conditions plus avantageuses que le fermier Rebufel dont la fortune, disait-on, était un scandale public. La protection et l'argent écartèrent cette compagnie, s'il faut en croire le bruit qui courut alors. Rebufel ne se contentant pas du renouvellement de son bail, osa réclamer une augmentation de prix.

Alors on vit s'agiter bruyamment toute la jeunesse du barreau, du commerce et de la bourgeoisie. Les meneurs convoquèrent une assemblée générale dans l'église des frères prêcheurs. Les amis des idées nouvelles, les hommes passionnés pour cette liberté dont on saluait le prochain triomphe avec une ivresse entraînante, y accoururent en foule, et ce fut dans cette église que fut ainsi donné le premier signal des orages révolutionnaires. La plupart des membres de cette assemblée unissaient les sentiments les plus honnêtes à l'intempérance violente des idées et du langage. Ils avaient un cœur excellent avec une tête très-chaude, et plusieurs d'entre eux, dans les plus mauvais jours, furent martyrs de la noble cause à laquelle ils s'étaient dévoués. Mais quelques agitateurs dissimulaient fort mal des passions criminelles sous le masque du patriotisme, et tel fut Étienne Chompré qui était alors à Marseille l'homme le plus à la mode, le plus recherché et le plus applaudi.

Le Parisien Chompré, se disant homme de lettres et parent de l'auteur du Dictionnaire de la Fable, vivait à Marseille, depuis quelques années, en donnant des leçons de langue française, et il cumulait cet enseignement avec l'emploi de chancelier du consulat de Rome. Le tout suffisait à peine à l'entretien de sa nombreuse famille. Chompré, doucereux, insinuant, était vêtu avec l'élégance exagérée d'un fat satisfait de lui-même. Un Marseillais lui disait : « Vous êtes « doré comme une boîte à bonbons, tintant comme « une sonnette, le nez au vent, l'épée au côté[1] ». Chompré, aidé par une bonne mémoire et par un bavardage facile, avait auprès des dames, alors fort

---

[1] Lettre de M. Sarrazin à M. Chompré, officier municipal de Marseille. De l'imprimerie de Pain au Palais-Royal, n° 145, p. 7.

engouées de la prononciation pa*r*risienne les succès qu'obtiennent toujours auprès d'elles les agréables diseurs de riens. Cet histrion famélique, tourmenté du besoin de se mettre en scène, devint plus tard un jacobin froidement forcené, persécuteur atroce des meilleurs citoyens de Marseille aux pieds desquels il avait rampé. Il prit une large part aux assassinats politiques, sans avoir même pour excuse l'exaltation méridionale.

Chompré, qui pérorait toujours *ore rotundo*, fut l'orateur le plus goûté de l'orageuse assemblée des Prêcheurs. Les uns voulaient mettre tout à feu et à sang chez les protecteurs du fermier; d'autres étaient d'avis de faire rendre compte à tous ceux qui avaient eu la manutention des deniers publics; les plus modérés disaient qu'il fallait demander au conseil municipal une diminution du prix du pain et de la viande, sauf de revenir ensuite sur la reddition des comptes. Ce dernier avis prévalut.

L'agitation gagnait du terrain, et les ouvriers, à l'exemple des *messieurs*, voulurent avoir leur forum. Ils s'assemblèrent tumultueusement à la plaine Saint-Michel, et l'on y entendit des déclamations furibondes contre les abus de l'administration municipale. On passa vite des paroles aux voies de fait. Le 23 mars 1789, une bande de séditieux cassa les vitres de l'Hôtel-de-Ville, et la populace vint se ruer sur la maison du fermier Rebufel, à la rue Ventomagi. On la pilla, on la saccagea de fond en comble, et Rebufel, averti à temps, put se soustraire à la rage des malfaiteurs.

On se préparait à l'élection des députés aux États généraux du Royaume, au milieu d'une effervescence impossible à décrire. La pensée humaine venait de passer de l'état d'oppression à l'indépendance la plus complète, et la liberté de la presse n'avait pas de frein. Toutes les communautés, tous les corps d'arts et métiers manifestèrent leurs vœux, et proposèrent des réformes dans leurs cahiers des doléances. Rien de plus curieux que la collection des écrits publiés en ces jours d'émancipation. La discussion embrassait tout : organisation politique, économie sociale, système financier, magistrature, sacerdoce, devoirs et droits, tout ce qui tenait à la régénération d'un grand peuple livré jusques alors aux débauches du pouvoir absolu. L'esprit public était beau de jeunesse, de patriotisme et de puissance.

L'élection fut à deux degrés. C'était la seule manière de la faire libre et sincère. Les assemblées primaires du tiers État nommèrent les électeurs qui choisirent les députés.

L'abbé Raynal, proscrit par le parlement de Paris à cause des hardiesses déclamatoires de son histoire des établissements et du commerce des Européens dans les deux Indes, était venu s'établir à Marseille, dans une retraite studieuse où il se proposait de finir ses jours. Il y vivait en silence lorsque les premiers évènements de la révolution éclatèrent. Les assemblées primaires de Marseille nommèrent Raynal membre de l'assemblée électorale qui s'installa dans la grande salle du couvent des Prêcheurs.

Deux hommes, choisis pour illustrer la députation de Marseille, étaient adoptés par la sympathie générale et comme par acclamation : Mirabeau, le plus grand orateur des temps modernes; Raynal, écrivain philosophe qui, malgré quelques écarts, n'en brillera pas moins dans l'élite des intrépides défenseurs des droits de la raison et de la liberté. Mais si Mirabeau, jeune encore, ne demandait qu'à s'élancer, tout bouillant d'ambition et d'ardeur, dans les luttes de la vie publique, Raynal, au contraire, ennemi du bruit et des agitations, satisfait d'avoir été par ses écrits l'un des initiateurs du grand mouvement politique et social dont il voyait s'accomplir les premiers actes, ne sollicitait plus que le repos pour sa vieillesse fatiguée; il n'aspirait qu'à l'indépendance de l'étude et de l'isolement.

Cependant, comme l'esprit philosophique du dix-huitième siècle animait les citoyens les plus éclairés et les plus influents de Marseille, ils tenaient beaucoup à compter Raynal au nombre des députés aux États généraux. Ils insistèrent auprès de lui, espérant vaincre sa résistance. Chacun se prenait à dire : Mirabeau et Raynal, oh quelle gloire pour Marseille ! Les écrits se multiplièrent [1]. Plusieurs corps de mé-

---

[1] Voyez, entre autres, la lettre d'un citoyen de Marseille à un de ses amis, du 20 mars 1789, sans nom d'auteur ni d'imprimeur, et la lettre de M. Ber-

tiers s'associèrent à cette manifestation, et les ouvriers cordonniers exprimèrent leurs vœux en faveur de Raynal avec une chaleur bruyante[1]. Un électeur, dont le nom ne m'est pas connu, prononça, dans l'assemblée des Prêcheurs, un discours inspiré par l'enthousiasme le plus ardent pour cet écrivain[2]; et l'on fit circuler le quatrain suivant, plus recommandable par les bonnes intentions que par le style poétique :

> Si d'un vice national
> Nous voulons abréger le terme,
> Pour en développer et détruire le germe
> Recourons à l'abbé Raynal[3].

Le refus du philosophe fut invincible, et les Marseillais n'eurent ainsi que la moitié de la gloire qu'ils ambitionnaient[4].

En 1790, le système électif fut régularisé en France comme la seule source de la puissance publique, et la

---

trand, de la compagnie royale d'Afrique, à M. Raynal. Marseille, de l'imprimerie de Jean Mossy.

[1] Délibération du 9 mars 1789, brochure in-8º avec la signature d'Antoine Capelle, Sabourlin et Suchet, députés des compagnons cordonniers de Marseille.

[2] Discours prononcé à l'assemblée du tiers-état, dans la salle des R. P. prêcheurs. Marseille, sans nom d'auteur ni d'imprimeur.

[3] Réflexions morales et politiques d'un citoyen de Marseille sur les affaires présentes, 1789, sans nom d'auteur ni d'imprimeur.

[4] Après Mirabeau, les députés nommés furent de Villeneuve-Bargemont, comte de Saint-Victor, et Davin, chanoine de Saint-Martin, pour le clergé; de Cipières et de Sincty, chevaliers de Saint-Louis, pour la noblesse; Lejean, Roussier, Liquier et Labbat, négociants, pour le tiers-état. Peloux, aussi négociant, et Castelanet, notaire, leur furent adjoints comme suppléants.

Mirabeau nommé à Marseille et à Aix par le tiers-état, opta pour cette dernière ville.

commune de Marseille se vit divisée en trente-deux sections pour les assemblées primaires[1]. Chaque section eut son local, son président, son secrétaire, son bataillon de garde nationale et son drapeau. La section du populeux quartier des Prêcheurs porta le numéro onze, et siégea dans le couvent même.

Les délégués de tous les bataillons de la garde nationale de Marseille s'assemblèrent, le 25 juin 1790, dans l'église de ce monastère, sous la présidence des officiers municipaux et de Cabrol-Moncoussou, commandant général de cette milice citoyenne, pour nommer trois délégués par bataillon, qui devaient représenter l'armée marseillaise à la fête de la fédération nationale à Paris[2]. Des réunions officielles et des assemblées populaires tinrent aussi, en diverses occasions importantes, leurs séances dans cette ancienne église des dominicains.

La fatale journée du 31 mai 1793 eut en France un lugubre retentissement, et les chefs du parti Girondin entraînèrent dans leur chute l'éloquence, le patriotisme et la liberté, cette liberté qu'ils voulaient pure des excès révolutionnaires. Mais l'insurrection des départements contre la Montagne triomphante s'éteignit bientôt comme un feu sans aliment et sans force. Marseille, se levant aussi pour défendre les proscrits de la Gironde et secouer le joug d'une ca-

---

[1] Il y eut vingt-quatre sections dans la ville et huit dans la banlieue.
[2] Recueil des procès-verbaux des assemblées et des opérations électorales de la section des Picpus à Marseille, manuscrit en ma possession.

pitale oppressive, osa jeter le défi à la Convention nationale qui bravait les rois conjurés. Mouvement généreux, mais imprudent ; lutte d'un enfant débile contre un géant redoutable.

La section du quartier des Prêcheurs était celle qui comptait le plus de prolétaires, d'exaltés de bas étage, d'hommes sans lumières et sans dignité personnelle. Ils n'avaient pas la moindre idée des formes politiques, du jeu des institutions, mais ils caressaient par instinct les maximes républicaines. Entreprenants, pleins d'un cynisme audacieux, ils avaient tout à gagner dans les discordes civiles..

Le bataillon de ce quartier était commandé par Vidal. J'ai connu, dans ma jeunesse, ce personnage, qui n'était plus qu'un vieux bonhomme, vivant d'une modeste place au poids de la farine. Je sais que le temps et les circonstances peuvent modifier profondément nos habitudes, nos pensées, toutes nos facultés morales ; mais la vieillesse n'en conserve pas moins, ce semble, quelques traits de l'âge viril. En 1828, Vidal était tout métamorphosé. A voir ce vieillard si calme, si inoffensif et si timide, on ne pouvait pas croire qu'il eût été l'un des chefs des jacobins de Marseille, l'un des champions terribles de nos guerres civiles. Comme il avait sa mémoire entière, j'étais auprès de lui avide de renseignements, et, curieux infatigable, j'en demandais aussi à tous ceux qui avaient marqué dans nos troubles. Ils n'étaient plus qu'en bien petit nombre ces hommes épargnés par la révolution et par la mort. Leurs personnes et leurs récits me donnèrent la conviction que si les évènements furent grands, la plupart des acteurs furent bien petits.

Quand Marseille prit une attitude insurrectionnelle contre la Convention nationale, les sections se maintinrent en permanence, sous l'autorité d'un comité général qui eut le négociant Peloux pour président et le notaire Castelanet pour secrétaire. Leur qualité d'anciens députés du tiers-état de Marseille à l'Assemblée constituante détermina leur choix, fort malheureux assurément, car ces chefs, très-honorables comme particuliers, n'avaient qu'une capacité des plus médiocres, et leur valeur politique était nulle. Je dois en dire autant de tous ceux qui prirent le fardeau des affaires publiques dans ces circonstances difficiles. Pour résister à la Convention qui savait organiser la force et la victoire à l'aide de toutes les passions populaires, il fallait s'élever à la hauteur des cœurs vendéens, ou tout au moins égaler l'admirable consistance des Lyonnais qui surent se défendre avec le courage du désespoir, et l'insurrection marseillaise n'eut pour défenseurs que des hommes sans talent, sans énergie et sans enthousiasme.

Quel fut d'ailleurs le caractère de ce mouvement politique? Il n'eut pas la cohésion ni l'esprit d'unité qui fait la force des partis. Diverses couleurs s'y montrant à la fois s'y effacèrent toutes par nécessité. Programme girondin, démocratie modérée, royalisme absolu, royalisme constitutionnel, toutes les opinions s'y trouvèrent mêlées, à l'exception de celle des Montagnards contre laquelle on se ruait. L'insurrection n'en conserva pas moins le drapeau de la République. Ce n'était pas là de l'hypocrisie, vice de quelques hommes et non celui des masses; c'était simplement le besoin d'une situation pleine de faiblesse et de périls. Des qualités viriles et des vertus guerrières n'y eussent rien fait. Que pouvaient des esprits amollis par des habitudes de commerce et d'agiotage?

Toute révolte locale qui ne se propage pas est fatalement condamnée à périr, et elle se fait à elle-même un mal affreux parce qu'elle devient la cause ou le prétexte de vengeances d'autant plus cruelles qu'elles prennent les formes légales. Tel fut le sort d'une téméraire levée de boucliers.

Le comité de salut public ne s'en alarma pas. Sachant à qui il avait affaire, il mit à la tête d'une poignée de soldats[1] un ancien peintre qu'il venait d'improviser général, et le lança contre Marseille qui avait intéressé à sa cause le département des Bouches-du-Rhône.

Je n'ai pas à décrire ici les opérations de l'armée départementale. Le 19 août, cette armée campée sur le chemin d'Arles et sur celui d'Avignon, s'enfuit devant quinze cents hommes du corps de Cartaux,

---

[1] Le général Cartaux, en entrant à Marseille, avait 2031 hommes bien comptés.

comme une poussière balayée par un vent d'orage.

La situation de Marseille devint alors des plus critiques. L'alarme était générale. Les Anglais bloquaient le port, et les subsistances étaient tous les jours plus rares. Le 14 du même mois, le comité général des sections délégua tous ses pouvoirs à Peloux, à Castelanet et à cinq autres de ses membres, sous le titre de comité de sûreté générale. Ce comité traita avec les Anglais et leur envoya des députés pour réclamer des secours. Il alla jusqu'à supplier l'amiral Hood d'accorder assistance à la ville de Marseille pour proclamer Louis XVII. Le masque tombait. Le mouvement, se dessinant d'une façon plus nette, était décidément tout royaliste, et Marseille faisait cause commune avec Toulon. Hood adressa une proclamation aux habitants de ces deux villes pour les engager à se prononcer sans délai.

Dans ces circonstances, un désordre affreux régnait à Marseille. Tout s'agitait, tout se heurtait. Les républicains montagnards, jusque là comprimés, levèrent hardiment la tête. Dans la journée du 22 août, le fameux bataillon de la section n° 11, qu'on n'avait pas osé désarmer, pour conserver, comme je l'ai dit, la couleur républicaine, se retrancha dans son quartier des Prêcheurs avec un canon. On ne vit d'abord que trois cent cinquante hommes sous le drapeau de ce bataillon qui fut bientôt renforcé de plusieurs jacobins des autres quartiers de Marseille, et le commandant Vidal eut alors cinq cents volontaires sous ses ordres. On lui avait amené deux ou trois autres pièces d'artillerie, et sa position, protégée par les lieux, devint des plus formidables.

Ce corps députa vers la municipalité pour lui signifier qu'il ne voulait pas subir le joug des ennemis de la France, et qu'il mourrait républicain.

Tous les bataillons restés dans la ville, auxquels les marins du port vinrent se joindre, s'ébranlèrent pour attaquer les insurgés des Prêcheurs. Mais, avant d'ouvrir le feu, on leur envoya des officiers municipaux pour les inviter à se soumettre. Gaillard et Garoute, l'un président et l'autre secrétaire de la section montagnarde, firent cette réponse : « Nous nous re- « tirerons lorsque l'armée de la République viendra « nous relever ».

Les choses cependant restèrent dans cet état, et les deux partis se fortifièrent dans la nuit du 22 au 23, nuit d'angoisses indicibles. Un détachement d'insurgés, à la faveur des ténèbres, alla s'emparer du poste de la porte d'Aix, mais il abandonna bientôt cette position et retourna aux Prêcheurs.

Le 23, à midi, les insurgés, attaqués à force ouverte du côté des rues Belsunce, Saint-Jaume, Saint-Victoret, des Consuls et de la Croix-d'Or, furent resserrés dans la place et l'église des Prêcheurs, mais là on ne put les forcer. Après vingt heures d'un feu continuel, leur position n'était pas entamée. Alors on porta des mortiers sur la place dite *Cul-de-Bœuf* représentée aujourd'hui par celle de la Bourse, et on recourut au bombardement dirigé par des officiers de marine, sous le commandement de l'un d'eux nommé Boulouvard. Les assiégés résistèrent encore pendant sept heures à une lutte si inégale ; mais les cris des vieillards, des femmes, des enfants, et l'aspect des désastres que le quartier avait éprouvés, les décidèrent enfin à une retraite plus avantageuse aux succès de l'armée conventionnelle qu'une résistance prolongée. Ils se firent jour à travers leurs ennemis, et sortirent de la ville avec leurs canons par la rue Sainte-Marthe, par celle de l'Observance et par la porte de la Joliette, pour aller joindre les troupes de Cartaux, et accélérer leur marche sur Marseille. Par le bruit des bombes, des canons et de la fusillade, on eût dit que la moitié de la ville était détruite et que des milliers de cadavres jonchaient le sol. Cependant les républicains n'eurent que cinq morts, et du côté des sectionnaires un seul capitaine marin perdit la vie. Quant aux blessés, le nombre en fut assez considérable.

Le même jour, 24 août, la petite armée de la convention attaqua, sur les hauteurs de Fabregoule, les troupes départementales commandées par le général de Villeneuve[1]. Une partie des canonniers section-

---

[1] De Villeneuve, gentilhomme, avait été colonel du régiment d'Artois-infanterie avant 1789. Il avait quitté le service et jouissait d'un repos honorable lorsque le comité général des sections de Marseille lui donna le commandement de l'armée des Bouches-du-Rhône. Le brave et judicieux officier accepta cette difficile mission par devoir et par esprit chevaleresque, sans se faire illusion sur les résultats désastreux de la plus téméraire des entreprises.

naires abandonna ses pièces d'artillerie et se mit à fuir. L'armée du département, cédant à la panique du *sauve qui peut*, se replia sur tous les points, et entra pêle-mêle dans Marseille.

La désorganisation y était complète et la terreur générale. Les rues se couvrirent d'abord d'une foule désespérée qui poussait des clameurs confuses, et présentèrent ensuite l'image d'une ville déserte et plongée dans un silence de mort. Tous les magasins, toutes les portes et toutes les fenêtres étaient fermés. De Villeneuve ne songea pas à défendre une ville qui s'abandonnait ainsi. Il ordonna la retraite sur Toulon, et les débris de l'armée départementale y entrèrent en désordre le lendemain, suivis d'une foule de malheureux qui abandonnaient leurs foyers.

Cartaux savait qu'il n'avait pas à combattre des troupes aguerries; il n'en fut pas moins étonné de son facile triomphe, et il fit son entrée à Marseille le 25 août à neuf heures du matin. C'était le jour de Saint-Louis, jour d'une ancienne fête chère aux royalistes. Grand Dieu, quelle fête pour eux!

Le succès grossit les rangs de tous les vainqueurs, et les derniers venus, ceux-là même qui n'ont rien fait, se montrent toujours les plus ardents. Quinze cents républicains marseillais, ou se disant tels, étaient allés au-devant de Cartaux. Ils marchaient, en vociférant, à la suite du bataillon des Prêcheurs, et ils ouvraient ainsi la marche de l'armée conventionnelle dont le général était entouré des représentants du peuple Albitte, Gasparin, Salicetti, Escudier et Nioche.

La municipalité de Marseille, suspendue par le comité général des sections, reprit aussitôt son poste. Le club rentra en séance et prit le titre de Société populaire régénérée. Le 27, la ville fut désarmée et l'on organisa une administration de sans-culottes qui sacrifia quelques victimes. Mais le règne de la terreur proprement dite ne fut organisé que quelque temps après, avec le tribunal révolutionnaire, surtout avec la commission militaire présidée par Brutus[1] et avec la guillotine en permanence.

L'un des premiers et des plus beaux arbres de la liberté avait été planté sur la place des Prêcheurs. A chaque instant du jour, des bandes de jacobins venaient lui présenter leurs hommages en dansant la carmagnole.

Le gouvernement de la France présentait alors un spectacle unique dans l'histoire des peuples. La convention était asservie à la puissance révolutionnaire du comité de salut public qui, lui-même, luttait d'influence avec le pouvoir anarchique de la commune de Paris. On insultait la religion catholique; on traînait dans la boue ses signes et ses attributs. Ses temples étaient fermés ou consacrés à de profanes

---

[1] On comprend facilement que *Brutus* n'était qu'un nom d'emprunt et de circonstance. Le président de l'atroce commission militaire s'appelait Leroi. Les quatre juges étaient Lefèvre, Thiberge, Lespine et Vauchez, mercenaires obscurs envoyés de Paris pour obéir aveuglément à une consigne d'assassinat.

usages. Plusieurs de ses ministres vinrent déposer leurs lettres de prêtrise sur l'autel de la patrie, et déclarèrent à la face du ciel et des hommes qu'ils abjuraient toutes leurs jongleries. Emmanuel de Bausset, chanoine de Saint-Victor, fut l'un de ceux qui, à Marseille, donnèrent cet exemple. Il était dit que tous les excès se montreraient dans tous les genres.

La plupart des conventionnels professaient le déisme philosophique. C'était surtout le culte de Robespierre qui exerçait une influence considérable sur le comité de salut public et qui était en même temps l'idole du club des jacobins. Aux yeux de Robespierre, le déisme était la seule religion des sages, et le fameux tribun, passionné pour J.-J. Rousseau, cherchait, sans y réussir, à s'inspirer de son admirable éloquence et à lui dérober quelques formes de style.

Mais dans le conseil de la commune de Paris un parti s'était formé qui niait Dieu et n'admettait d'autre culte digne de l'homme que celui de la raison et de la nature. Ce parti, dont Hébert et Chaumette étaient la personnification, eut un moment de succès, et la religion nouvelle prévalut dans la France entière.

Partout on lui éleva des temples. A Marseille, l'église des Prêcheurs subit ce changement incroyable. Les sectaires ne pouvaient pas mieux choisir, car l'ancienne église des Dominicains se trouvait placée au foyer même du jacobinisme marseillais, et sa grande nef se prêtait fort bien au déploiement des cérémonies pompeuses. Les décorateurs officiels se mirent à l'œuvre. Des pins furent plantés des deux côtés intérieurs du temple. Une montagne s'éleva dans le sanctuaire. La chaire devint la tribune, chose toujours obligée en ce temps de bavardage déclamatoire. On voyait çà et là des ornements divers, des guirlandes de verdure et de fleurs, des représentations allégoriques, des peintures rappelant le génie des temps anciens et la gloire des vertus républicaines.

Tel était, à Marseille, le temple de la raison; en voici maintenant le culte.

Les jours de décade on faisait, sous le nom de Promenade civique, une procession qui partait de la Maison-commune[1] et parcourait les principales rues. Des troupes étaient en mouvement; les tambours et les trompettes retentissaient. Un corps de cavalerie ouvrait la marche. Un héraut d'armes à cheval portait une bannière sur laquelle on lisait les droits de l'homme et du citoyen. Des femmes enrubanées aux trois couleurs marchaient deux à deux, tenant chacune à la main une branche de laurier, sous la conduite de deux mégères, la Fassy et la Cavale, fine fleur du jacobinisme féminin. Venaient ensuite des hommes armés de piques et coiffés du bonnet rouge. Puis les membres du club liés les uns aux autres avec des rubans tricolores en signe d'union fraternelle; toutes les administrations locales; les fonctionnaires publics de tous les degrés; le tribunal du district; la troupe

---

[1] Le nom d'Hôtel-de-Ville était trop aristocratique. Hôtel! fi-donc. Maison Commune, parlez-moi de cela. C'est beaucoup plus plébéien.

dramatique des deux sexes en costume romain : les représentants du peuple, en mission, qui précédaient un char de forme antique sur lequel apparaissait une actrice aux robustes appas, mademoiselle Rivière, transformée en déesse de la Raison. Des cavaliers terminaient le cortége qui se rendait au temple de cette divinité nouvelle.

Là on prononçait des discours pleins de grandes phrases, mais généralement vides d'idées. On déclamait contre les superstitions et contre les tyrans. On chantait des hymnes patriotiques. Un chœur terminait la cérémonie.

Deux strophes donneront une idée de cette poésie blasphématoire :

Air : *Allons, enfants de la patrie.*

Français, quelle métamorphose
Transforme nos saints en lingots !
La raison est enfin éclose ;
Elle anéantit les cagots.
De leurs ridicules mystères
Effaçons jusqu'au souvenir ;
Que notre dogme à l'avenir
Soit d'être heureux avec nos frères.
Français, la vérité qui brille à tous les yeux
La liberté,
L'égalité,
Voilà quels sont nos dieux.

Sur le tombeau du fanatisme
Et d'une absurde trinité,
Eclairons le patriotisme
Du flambeau de la vérité.

> Aux discordes du culte antique
> Faisons succéder l'union,
> Et que notre religion
> Soit d'adorer le république.
>
> Français, etc [1].

Mais bientôt la scène changea. Ce culte de la Raison, qui dissimulait assez mal l'athéisme, importunait Robespierre dont les passions jalouses et dominatrices ne pouvaient supporter l'influence de Chaumette et d'Hébert, lesquels d'ailleurs abusaient trop de la patience du peuple français. Que quelques esprits isolés se refusent à reconnaître une intelligence créatrice, cela s'est vu et se verra encore; mais cette contagion ne saurait atteindre une nation entière. L'homme subjugue les éléments, il façonne à son gré la matière morte, celle du moins qui est à sa portée. mais la matière animée!.... Dites donc au plus grand génie de faire seulement un papillon. S'il est difficile de comprendre l'univers avec Dieu, cet univers, sans Dieu, est tout à fait incompréhensible, et c'est ainsi que la raison s'unit au sentiment pour embrasser une vérité consolante.

La faction des athées succomba, et Robespierre se vit à l'apogée de sa puissance. Se déclarant alors l'appui et le vengeur de la morale publique, il fit décréter par la Convention la reconnaissance de l'Être-

---

[1] Supplément au n° 10 du journal républicain de Marseille rédigé ci-devant par le citoyen Lacroix et continué par Mittié fils.

Suprême et l'Immortalité de l'âme. Dieu mis aux voix passa ; ce fut très-heureux pour lui.

Paris nous envoyait tout : les actes, les idées, les formules du pouvoir et de l'esprit public, les phrases toutes faites. On acceptait tour à tour les choses les plus opposées ; et les mêmes hommes qui avaient offert leurs hommages à la déesse de la Raison célébrèrent, avec l'apparence du même entrain, la fête de l'Être-Suprême. La servitude, courbant tous les fronts au nom de la souveraineté populaire, se moquait de l'indépendance individuelle sans laquelle il n'est point de dignité humaine.

Maignet, représentant du peuple, envoyé dans les départements des Bouches-du-Rhône, de Vaucluse et de l'Ardèche, pour y organiser le gouvernement révolutionnaire, se trouvait alors à Marseille. Ce proconsul farouche ferma le temple de la Raison dont il avait été l'un des grands-prêtres, et, par ses ordres, on fit le programme d'autres cérémonies solennelles. Le 8 juin 1794, on dressa sur la place Castellane un autel de forme ronde. On s'y rendit processionnellement et dans l'éclat d'un appareil jugé digne de Dieu qu'on allait proclamer. Maignet, debout sur cet autel, parla de la puissance du Créateur, des charmes de la vertu, de l'horreur du vice, de nos destinées immortelles. Un héraut d'armes conduisit à ses pieds quatre taureaux domptés ; les nourrices y portèrent les enfants nés dans la décade ; de jeunes filles, couronnées de fleurs, promirent de ne recevoir pour époux que des défenseurs de la patrie ; un char traîna dans la poussière les attributs de la royauté abolie. On brûla de l'encens en l'honneur du grand Être dont la puissance merveilleuse éclate dans un brin d'herbe comme dans l'harmonie des mouvements célestes, et les artistes dramatiques chantèrent des hymnes à sa gloire.

Ces fêtes républicaines, dont le bruit se mêlait, au milieu des orages, à la voix du canon qui célébrait les victoires de nos soldats héroïques, étaient éblouissantes, mais impures et vertigineuses, car leurs ordonnateurs sacrifiaient des victimes humaines à ce Dieu de miséricorde et de bonté qui nous embrasse tous dans ses bras paternels. Je sais tout ce qu'on a dit pour expliquer et même pour justifier le système de la terreur. Mais la cause la plus juste se souille par la cruauté. La plus belle conquête politique ne vaut pas une goutte du sang de nos semblables, et maudits soient à jamais les barbares qui ne respectent pas l'inviolabilité de la vie de l'homme.

# RUE DUPRAT.

La rue Duprat, l'une des plus tortueuses, des plus malpropres et des plus raides de la vieille ville, aboutit de la rue Castillon à celle de Sainte-Marthe, en face même de la porte d'entrée de l'ancien Collége de l'Oratoire. Les plus anciens titres latins la nomment *Via ad Collem*, rue de la Colline, dénomination parfaitement appropriée à la situation des lieux[1].

Le nom de Duprat lui vint d'une famille dont l'un des membres fut procureur à la sénéchaussée de Marseille dans le dix-septième siècle. En 1634, ce procureur fut nommé second syndic de sa corporation, et premier syndic en 1643. Sa postulation fut très-longue, et, en 1664, on le voit encore en

---

[1] La rue Duprat fut de nouveau appelée rue de la Colline pendant la révolution. Cette fois, les novateurs eurent le sens commun. Comme cela ne leur arriva pas souvent pour les changements de noms, ils ont droit ici à une mention honorable.

fonction [1]. Mais il résigna sa charge ou il mourut peu de temps après, car son nom n'est plus inscrit sur le tableau des procureurs de Marseille en 1666. La famille Duprat habitait encore cette rue en 1749, et deux officiers du génie, chevaliers de Saint-Louis, portaient, en 1782, le nom de cette famille à laquelle ils appartenaient [2].

[1] Registre des créations et audiences des roys de la bazoche de la présente ville et cité de Marseille, fol. 68 recto, 90 recto et 123 recto.
[2] Grosson, Almanach historique de Marseille, 1782, p. 189.

# RUE SAINTE-MARTHE.

Les Marseillais, tout pétris de passions mobiles, mais facilement entraînés par des émotions généreuses, furent toujours sensibles au spectacle de la misère et des douleurs. La bienfaisance forma l'un des traits distinctifs de leur caractère. Cette vertu éclata de bonne heure dans des œuvres miséricordieuses. Il est probable que, par suite des relations de commerce de Marseille avec le Levant, des maisons d'assistance publique furent fondées dans cette ville sur le modèle des hospices établis à Jérusalem durant les Croisades.

L'histoire nous a conservé le souvenir de plusieurs de ces institutions hospitalières de Marseille parmi lesquelles je dois ranger la maison de Sainte-Marthe. S'il faut en croire Ruffi[1], elle fut fondée, avec la cha-

---

[1] Histoire de Marseille, t. II, p. 72 et III.

pelle de ce nom, par les religieux de Cruïs de l'ordre de Saint-Augustin, au diocèse de Sisteron.

Le plus ancien titre qui fasse mention de cet hôpital est la transaction du 23 janvier 1220 entre Pierre de Montlaur, évêque de Marseille et seigneur de la ville haute, et les douze recteurs de la ville inférieure qui venait de se constituer en république, après avoir racheté de ses derniers vicomtes les faibles restes de leurs droits féodaux. Ces recteurs étaient Pierre de la Font ou de la Fontaine, Giraud Audroen, Guillaume Auriol, Raimond Cominal, Bernard Gratibert, Guillaume de Castellane, Pierre Bonet, Dominique Long, Bernard Hugolen, Imbert de la Mure, Raimond Abeille, Aimé Balistier. L'acte fut passé pour terminer les différends qui existaient entre les deux villes régies chacune par une administration différente et se gouvernant par des principes opposés. Les magistrats de la ville républicaine avaient fait quelques entreprises sur la ville épiscopale. Ils s'étaient emparés d'une partie de Roquebarbe et de la Tour Juive du palais de Pierre de Montlaur. Ils refusaient de reconnaître les droits dont les vassaux de l'évêque jouissaient dans la ville inférieure. Ils les empêchaient d'y faire le commerce, levaient sur eux diverses tailles et ne leur épargnaient pas les avanies.

L'évêque eut assez de force pour se faire rendre justice, et les recteurs de la ville basse se virent obligés de céder. Ils convoquèrent dans l'église des Accoules un parlement au petit pied, car les grands parlements municipaux, composés de tous les citoyens actifs, se réunissaient dans le vaste cimetière de cette église. L'assemblée du 23 janvier 1220 compta quatre cent quarante-six habitants notables. Elle approuva les propositions qui lui furent faites par les recteurs; la délimitation des deux villes y fut tracée exactement, et l'on en dressa l'acte en la forme authentique. L'hôpital et la chapelle de Sainte-Marthe y sont désignés comme un des points de repère de la ligne divisoire [1]. Le texte de cet acte rappelle ici des bâtiments qui sans doute ne dataient pas de la veille [2]; et tout prouve que cet hôpital avait une existence beaucoup plus ancienne.

Il est bien difficile d'en connaître le régime administratif et la destination spéciale, car le nom d'Hôpital n'eut jamais un sens rigoureusement déterminé, et cette appellation ne s'appliquait pas seulement aux maisons qui soignaient les malades, mais encore à toutes les œuvres de bienfaisance et d'hospitalité.

Cependant nous savons qu'au commencement du quatorzième siècle l'hôpital Sainte-Marthe de Marseille était un prieuré qui avait pour titulaire Pierre Garibert, *physicien*, c'est-à-dire médecin [3]. Ce Garibert mourut en 1305, et Durand, évêque de Mar-

---

[1] L'Antiquité de l'église de Marseille, t. II, p. 85 et suiv.

[2] Transit per porticum Sanctæ-Marthæ... ita quod dicta ecclesia cum medietate dicti portici est de jurisdictione episcopali, et hospitale Sanctæ-Marthæ cum aliâ medietate ejusdem portici est de jurisdictione vicecomitali. Même ouvrage, t. II, p. 86.

[3] La médecine s'appelait alors physique, *pour s'estudier à la conservation de la nature*. Voyez Claude Fanchet, origines des dignités et magistrats de France, seconde édition, p. 43 verso. Voyez aussi le Glossaire de du Cange, verbo *phisici*, et le Lexique roman par Raynouard, t. IV, p. 533. Voyez encore une foule de chartes.

seille, à qui la collation du prieuré appartenait nomma Pons Gauvelli qui faisait ses études dans la ville d'Avignon[1].

Il y avait, en 1381, des hospitaliers attachés à l'établissement de Sainte-Marthe, et ces serviteurs des pauvres pouvaient s'engager dans les liens du mariage comme les frères donats de l'hôpital Saint-Esprit. A peu près à la même époque, quelques femmes pieuses étaient préposées à la surveillance des divers services et même à l'emploi des fonds.

En 1410, Jacques Murri était prieur de Sainte-Marthe. Le 28 janvier, il comparut devant Étienne Marroan, bachelier *in utroque jure*, vicaire-général et official de Paul de Sade, évêque de Marseille. Il exposa que les directrices de l'hôpital avaient négligé d'y faire des réparations indispensables, à tel point que l'édifice tombait en ruine. Murri pria le vicaire général d'accéder sur les lieux. Marroan s'y rendit le lendemain, et, convaincu de la nécessité de remédier promptement à ce fâcheux état de choses, il autorisa le prieur à céder l'hôpital à bail emphythéotique et à vendre les meubles inutiles pour appliquer à la restauration des bâtiments le produit de la vente et le montant des redevances[2].

Ce n'était là qu'un triste expédient qui, loin d'assurer l'avenir de Sainte-Marthe, devait au contraire, augmenter ses embarras. Cette maison hospitalière

[1] L'Antiquité de l'église de Marseille, t. II, p. 339.
[2] M. Mortreuil, l'hôpital Sainte-Marthe, Marseille, 1856.

n'eut jamais une grande importance, et ses revenus furent toujours des plus bornés. Elle n'alla qu'en déclinant, comme tant d'autres institutions de bienfaisance que les pouvoirs publics ne soutenaient pas et qui ne trouvaient dans la charité privée que des ressources insuffisantes. Dans les premières années du seizième siècle, l'hôpital de Sainte-Marthe, étranger à toute pratique des bonnes œuvres, n'offrait plus qu'un spectacle de délabrement et d'abandon. Le temps, dont le passage n'est marqué que par des ruines, n'avait presque rien laissé de ce vieux hôpital, et son nom était à peu près effacé de la mémoire des hommes, lorsque sur ses débris s'éleva un établissement dont je vais écrire l'histoire.

# MAISON ET COLLÉGE DE L'ORATOIRE.

### I.

J'aime à reposer ma pensée sur l'un des plus nobles asiles de la prière et de l'étude. C'est l'ancien établissement où se forma l'esprit de nos aïeux éclairés des lumières d'une instruction solide. L'édifice ne brillait point par ses qualités architecturales, car le style en était des plus lourds et les formes des plus massives. Mais il exhalait un parfum de vertus utiles; il rappelait le souvenir de grands services rendus à la religion, à la science et à la société. Tout, en un mot, recommandait sa mémoire à l'estime des hommes de bien.

Son histoire doit être précédée d'une courte notice rétrospective.

Il y avait à Marseille, dans le quatorzième siècle, plusieurs écoles particulières, et j'ai donné les noms de quelques instituteurs, quand j'ai eu à parler de la rue Castillon. Toutefois ce n'est qu'en 1401 que je vois des vestiges d'enseignement communal. Un maître d'école, dont le nom ne nous a pas été transmis, se trouvait alors à Marseille avec l'intention de s'y fixer, si la ville lui donnait un secours pour l'aider à vivre. Le 7 mai, le conseil municipal délibéra de lui accorder dix florins[1].

Nous voyons, en l'année 1434, un écolier, *un escoliar*, mourir dans l'hôpital du Saint-Esprit de Marseille[2].

Tout fait supposer qu'une véritable école communale existait dans cette ville en 1437. Guillaume Caradet, dit Bourgogne, figure à cette époque dans un acte public avec la qualité de maître des écoles, *magister scholarum*[3]; et, comme c'est là le titre que l'on donna plus tard au régent du collège de Marseille, il est logique de croire que Guillaume Caradet était placé à la tête de l'enseignement communal. Il y était encore en 1440[4]. Quelques années après, maître

[1] Quia eruditione puerorum presentis civitatis unus magister, aptus et sufficiens est necessarius, et quia unus magister scholarum aptus et sufficiens est hic qui remanere intendit pro eruditione dictorum puerorum, facto sibi adjutorio certa pecunie quantitate sibi necessaria pro sustentatione vite sue, placuit dicto consilio reformare quod domini sindici tractare habeant cum eodem quod si remanere volet quod dicta civitas dabi sibi decem florenos et non ultra; et usque ad illam summam sibi promittere teneatur. Registre des délibérations municipales, 1399 à 1481, sans pagination chiffrée aux archives de la ville.

[2] Lo capitol della taula dels malauts, dans le registre coté C des recettes et dépenses de l'hôpital Saint-Esprit de Marseille, 1434, fol. 98 recto, aux archives de l'Hôtel-Dieu.

[3] Il fut l'un des témoins du testament fait à Marseille, le 23 avril 1437, par le jardinier Bernard Allard, aux écritures du notaire Louis Duranti. Aux archives de la ville, Chartier.

[4] Il figure encore comme l'un des témoins d'un acte fait le 20 décembre 1440 par le même notaire, archives de la ville, Chartier.

Yves Lefrète occupait cette place. On l'appelait dans une autre ville, mais comme il aimait beaucoup Marseille, il déclara qu'il y resterait si on lui assurait la même position. Le 19 juillet 1469, le conseil municipal le retint pour l'année suivante, aux mêmes gages qui étaient de quarante florins par an [1].

Yves Lefrète fut ensuite remplacé par un maître-ès-arts nommé Gilbert de Villebrune, qui avait une grande renommée de science et qu'on appelait *doctissimus* [2]. En 1475, Gilbert de Villebrune eut pour successeur Jean de Favathon qui était aussi maître-ès-arts et de plus bachelier en théologie. On le remplaça bientôt par Honoré de Trimond; mais comme celui-ci n'était pas, en théologie, simple bachelier mais professeur, on porta ses appointements à soixante-dix florins [3]. Le maître-ès-arts Pierre Pelissier succéda à de Trimond en 1479, et l'on en revint alors aux gages de quarante florins par an [4].

L'année suivante, le chef d'institution communale était Jean Trulier, remplacé, en 1482, par Raimond André qui exerçait le même emploi en 1489 [1], et sans doute longtemps après.

Au commencement du seizième siècle, la ville de Marseille organisa l'enseignement public sur une base

---

[1] Registre contenant des délibérations municipales de 1469 à 1485, second cahier, fol. 13 verso, aux archives de la ville.

[2] Bulletaire de 1475 à 1391, aux archives de la ville.

[3] Même Bulletaire de 1475 à 1491, fol. 11 recto, 26 verso, 39 verso, 74 verso, 87 recto.

[4] Même Bulletaire, fol. 97 verso, et partie non paginée du registre.

plus large, et chaque année, le jour des élections municipales, le conseil nommait deux ou trois commissaires pour la surveillance des écoles. L'instituteur communal eut le titre de *rector gobernador de la grant escola de grammatica*, et quelquefois aussi on l'appela *lo grant magister de las escolas*. On lui donna un traitement de cent cinquante florins. Un peu plus tard, on lui adjoignit deux bacheliers qui firent chacun une classe, et l'institution en eut ainsi trois [1]. Les exercices grammaticaux étaient composés de lectures sur Donat, *legir lo Donat*. Jacques de Oliolis était régent en 1516 [2], et il l'était encore en 1532. Son premier adjoint s'appelait Blaise Gueyroard et son second Antoine Roman. La ville donnait à l'un quarante florins de gages, et vingt-cinq à l'autre [3].

Maître Gilles dirigeait le collège de Marseille en 1543, lorsque le conseil municipal délibéra de mettre cet emploi au concours public. Les juges furent deux médecins fort renommés, Louis Serre et Jean Gentilis, alors commissaires des écoles. Maître Antoine Bellaud l'emporta comme *plus souffizant en toutes sciences et bonnes espérances* [4], et, le 4 juillet, les

---

[1] Bulletaire du 1er novembre 1516 au 30 octobre 1526, sans pagination chiffrée, aux archives de la ville. — Article du 24 février 1532 dans le Bulletaire de 1526 à 1529, aux mêmes archives.

[2] Bulletaire du 1er novembre 1516 au 30 octobre 1526, sans pagination chiffrée, aux archives de la ville.

[3] Article du 24 février 1532 dans le Bulletaire de 1526 à 1539, aux mêmes archives.

[4] Séance du conseil municipal de Marseille du 25 mai 1543 dans le registre des délibérations de 1542 à 1546, fol. 45 verso, aux mêmes archives.

consuls, assistés de Serre et de Gentilis, passèrent pour deux ans, avec ce professeur, une convention qui nous fait connaître la nature et les règles de l'enseignement communal à cette époque.

Les gages annuels du régent sont fixés à cent écus d'or au soleil, plus dix écus pour son logement. On lui imposa l'obligation d'avoir trois bacheliers « de « bon exemple et bien morigénés, un pour les petits « enfants, et les aultres deux pour les grammairiens « et les humanistes ». L'enseignement comprend la grammaire, la poésie et l'art oratoire. Il est tout-à-fait gratuit pour les Marseillais. Quant aux étrangers, la rétribution est fixée à deux sous par mois; elle est de quatre, si on leur donne des leçons de grec. Les consuls s'engagent à user de tout leur pouvoir pour interdire dans la ville tous les établissements particuliers d'instruction, et pour obliger ainsi les écoliers à suivre les cours du collége [1].

Les instituteurs privés résistèrent, et le conseil municipal, dans sa séance du 14 septembre 1543, autorisa les consuls à poursuivre judiciairement « ces « pédagots qui vouloient tenir chambre d'escolle par « la ville, sans volloir aller à l'escolle commune [2] ». La ville renouvela plus tard ces défenses; mais il paraît qu'elles n'eurent aucun succès, car je vois, dans le seizième siècle, des instituteurs, à Marseille, diriger librement des écoles privées, et parmi eux je dois

[1] Registre des délibérations municipales de 1542 à 1546, fol. 52 recto et verso, et 53 recto.
[2] Séance du 14 novembre 1543 dans le même registre, partie non paginée.

citer en première ligne Honorat Rambaud, natif de Gap[1], qu'un ouvrage fort singulier met au rang des auteurs qui firent, à cette époque, des efforts à peu près infructueux pour réformer plus ou moins radicalement la grammaire et l'orthographe[2]. Rambaud avait dans son école des élèves de très-bonne maison, et même des enfants de famille consulaire[3].

Baptiste d'Arène, docteur en théologie à Marseille, remplaça Bellaud en 1546. Puis Gilbert Girard, l'Italien Simonassy, Jean Flégier, Nicolas, le carme Bertrand Anfossy et Claude Franc, régirent tour à tour le collége de Marseille aux mêmes conditions qui présidèrent, en 1557, à l'engagement du prêtre Pierre Columby, ancien régent des écoles d'Aix. Columby fut, pendant treize ans, à la tête du collége de Marseille[4]. Par acte du 11 novembre 1570, les consuls de cette ville traitèrent avec leur compatriote François Lantelme, bachelier en médecine de la faculté de Paris où il résidait. On lui donna quarante écus pour ses frais de voyage et des gages annuels de deux cents écus[5].

---

[1] Théodore Gautier, Précis de l'histoire de la ville de Gap, p. 152.

[2] La déclaration des abus que l'on commet en escrivant, et le moyen de les éviter, et représenter naïvement les paroles, ce que jamais homme n'a faict ; par Honorat Rambaud, mestre d'escole à Marseille. Lyon par Jean de Tournes, 1578.

[3] Dans la dédicace de son livre aux consuls de Marseille, Rambaud dit : « Mettant entre mes mains vos propres enfants qui est la chose la plus précieuse qu'ayez en ce monde. »

[4] Diverses délibérations municipales et divers actes aux archives de la ville de Marseille.

[5] Registre 9 des délibérations municipales, 1570-1574, fol. 145 recto et verso, et 146 recto, aux archives de la ville.

Par lettres-patentes du 15 août 1571, le roi Charles IX autorisa, sur leur demande, les consuls de Marseille à ériger dans cette ville un collége semblable à ceux de Paris. Il prohiba en même temps les écoles particulières[1]; mais cette défense ne réussit pas mieux que les précédentes, et le collége de Marseille resta à peu près ce qu'il était. Seulement, en 1579, on obligea Lantelme à avoir cinq bacheliers, et son traitement fut porté à deux cent quatre-vingt-huit écus[2].

L'administration municipale de Marseille, pensant à fortifier les études dans le sens des idées religieuses de l'époque, conçut, en 1591, le projet de séculariser l'abbaye de Saint-Victor et de la convertir en collégiale dans l'église du monastère de Saint-Sauveur, avec l'institution de docteurs en théologie et d'autres professeurs salariés par la ville de Marseille, pour l'instruction de la jeunesse[3]. A la demande des consuls de cette ville, une bulle du souverain pontife érigea, l'année suivante, un collége dans l'abbaye de Saint-Sauveur[4]; mais tous les maux dont Marseille fut affligée sous le règne de la Ligue, ne permi-

---

[1] Brochure in-4° de trois pages, sans nom de ville ni d'imprimeur, aux archives de la ville.

[2] Accords du 30 mars 1570 entre les consuls de Marseille et François Lantelme dans le registre des délibérations municipales de 1574-1579, aux mêmes archives.

[3] Acte du 12 décembre 1591 dans le registre 19 des délibérations municipales de 1591 à 1593, fol. 39 recto et verso, et 40 recto, aux archives de la ville. — Séance du conseil municipal du 12 août 1592, fol. 148 recto et verso, dans le même registre.

[4] Ruffi, Histoire de Marseille, t. 2, p. 61.

rent pas de fonder cet établissement auquel bientôt personne ne pensa plus.

François Lantelme mourut, en 1605, dans l'exercice de ses fonctions de principal du collége communal de Marseille, et les consuls donnèrent cet emploi à messire Honoré Rouvier, prêtre, avec un traitement de neuf cent soixante livres, qui fut fixé à treize cent cinquante livres l'année suivante[1]. Les bacheliers professeurs furent, dès cette époque, appelés Régents. Il y eut un cours de philosophie, un cours de rhétorique et quatre cours d'humanités et de grammaire. Rouvier se chargea lui-même de la classe de philosophie. En 1612, le professeur de rhétorique était Honoré Seignoret, docteur en médecine[2].

Le 25 août 1614, Jean Lantelme, docteur en droit à Marseille, fut adjoint à Rouvier pour la direction du collége, et chacun d'eux eut le titre de Principal[3]. On se plaignait alors de cette direction, que l'on accusait de négligence. On ajoutait que l'esprit public et les habitudes générales des habitants de Marseille étaient aussi la cause de la décadence des bonnes études, cette ville, entièrement adonnée au commerce, ayant perdu le goût des belles-lettres qui firent sa gloire dans l'antiquité. On pensa aussi qu'il n'était

---

[1] Registre 24 des délibérations municipales, 1599-1606, fol. 434 verso, aux archives de la ville. — Registre 25, 1606-1610, fol. 18 verso, aux mêmes archives.

[2] Registre 26 des délibérations municipales, 1610-1613, fol. 118 recto et verso, aux mêmes archives.

[3] Registre 27, 1613-1614, fol. 99 verso, aux mêmes archives.

pas juste de mettre la subvention municipale à la disposition absolue du principal du collége, et qu'il valait mieux porter plus haut le chiffre de cette subvention, et fixer en même temps les honoraires de chaque régent. C'est ce que fit le conseil municipal le 8 novembre 1615. Il augmenta beaucoup la subvention annuelle qui fut de deux mille six cent cinquante livres, et laissa aux consuls le soin de fixer la part du principal et celle des régents. Le conseil supprima en même temps la pension de trois cents livres que la ville payait, depuis quelques années[1], à un chef d'institution dont je vais parler.

Il s'appelait Maurice Delaye, et tenait à Marseille une école assez considérable, lorsqu'il conçut le projet d'un plus grand établissement d'instruction pour la jeunesse. Le 9 novembre 1608, il présenta au conseil municipal une demande qui formulait ainsi ses idées : « Le requérant offre dresser une académie
« publique à laquelle se pourront mouller tous les
« enfants de la ville et les étrangers, moyennant la
« pension de mille livres tous les ans, qu'il plaise au
« conseil lui octroyer pour l'entretien des hommes
« qui enseigneront, laquelle académie sera composée
« de six classes, savoir :

« En la première, sera enseigné à escrire toutes
« sortes de lettres quy sont à nostre usaige et les
« principes de pourtraicture ;

[1] Registre 28, 1614-1616, fol. 200 verso et 201 recto.

« En la seconde, s'apprendra l'art de la navigation « et cosmographie, la langue latine et espaignole [1];

« En la troisième, sera montrée l'arithmétique « jusques aux mathématiques, et à tenir les libvres « en parties doubles ;

« En la quatrième, s'apprendra de jouer sur toutes « sortes d'instruments et à chanter ez musique ;

« En la cinquième, sera enseigné la danse, avec « toutes sortes de civilités pour l'advancement du « corps ;

« En la sixième, sera montré à tirer aulx armes, « et oultre ce sera permis à ung escuyer d'y aller ap- « prendre les escoliers. »

Ce programme d'études et d'arts d'agrément parut plaire beaucoup au conseil municipal qui le renvoya pourtant à l'examen et à la décision des consuls en exercice, de l'assesseur, des syndics [2] et des commissaires aux requêtes [3]. Les consuls étaient Marc-Antoine de Vento, sieur des Pennes; Louis de Monier, sieur d'Aiglun; François Lascours, bourgeois. L'avocat Jacques Vias avait le chaperon d'assesseur. Les syndics étaient Pierre de Sabatéris, Pierre d'Aquillenqui, François Boisson; les commissaires s'appe-

---

[1] L'influence de la domination espagnole sous le règne de Charles-Quint et sous celui de Philippe II avait répandu dans le midi de l'Europe, au seizième siècle, l'usage de la langue de cette nation. Elle était encore fort répandue à Marseille au commencement du dix-septième siècle. Une troupe de comédiens espagnols vint y donner des représentations en 1619.

[2] Les consuls de l'exercice précédent avaient alors le titre de Sindic.

[3] Registre 25 des délibérations municipales de Marseille 1606-1610, fol. 165 recto, aux archives de la ville.

laient Pierre Vieu, sieur des Noyers, Étienne Arquier, sieur de Charleval, Pierre Pascal, Bendiiton Datti, Jean François. Le 12 mars 1609, cette assemblée adopta à l'unanimité le projet de Maurice Delaye, et délibéra qu'une pension annuelle de trois cents livres lui serait payée par la ville, « Delaye estant teneu de « montrer et apprendre tous les susdits exercices aux « enfants de la ville, pour un escu tous les mois, en- « core qu'ils ne se mettent en pension dans sa maison ; « et là où ne vouldraient apprendre tous les susdits « exercices, ains l'un d'iceulx, ledit Delaye se con- « tentera d'estre payé raisonnablement, remettant « cela à sa discreption ; et néantmoins sera tenu d'ins- « truire à tous les susdits exercices, sans rien prendre, « ung pouvre garçon, tel que lui sera donné par les « sieurs consuls présents et advenir. »

On était alors avide de représentations théâtrales ; on jouait encore des *mystères* à Marseille, et les élèves du collége communal se livraient à ces amusements sous forme d'exercices littéraires. La délibération municipale du 12 mars 1609 tint compte, en ces termes, des dispositions de l'esprit public : « Sera ledit « sieur Delaye teneu faire jouer annuellement, le jour « et feste de Saint-Lazare, un jeu public soit de la « vie de Saint-Victor ou de Saint-Lazare, patron de « cette ville, ou bien sur les aultres subjects qu'il « trouvera bons[1]. »

Il paraît que cet établissement, pour la direction

---

[1] Même registre 25, fol. 211 recto et verso.

duquel Maurice Delaye avait un associé nommé Girard, fonctionna à la satisfaction générale, car la ville continua de lui payer la pension de trois cents livres jusques à la fin de 1615. J'ai dit qu'alors on la supprima en faveur du collége communal ; mais sur la réclamation de Delaye, le conseil municipal, dans sa séance du 28 décembre de la même année, revint sur sa détermination, et rétablit dans son budget la subvention de trois cents livres, sans rien enlever à celle du collége[1]. L'institution de Maurice Delaye put ainsi se soutenir pendant quelque temps encore.

Dans le quinzième siècle, l'école communale de Marseille n'appartenait pas à la ville, qui prenait à bail une maison particulière pour les classes des écoliers et pour le logement de l'instituteur. De 1476 à 1480 la ville eut en location la maison de Jacques de Ramesan, au loyer annuel de vingt-quatre florins[2]. En 1480, elle occupa, pour la même destination, la maison de Jacques de Cépède, dans la rue de la Fontaine-Juive[3], au prix de trente florins par an[4]. L'école communale fut transportée, en 1482, dans la maison de Pierre Crote dont rien n'indique la situation, et le loyer fut de vingt-cinq florins[5]. La ville

---

[1] Registre 28 des délibérations municipales, 1614-161616, fol. 215 recto et verso, aux archives de la ville.

[2] Bulletaire de 1475 à 1491, fol. 50 recto et 91 verso, aux archives de la ville.

[3] In carreria Fontis Judaice. C'est la rue du Grand-Puits.

[4] Séance du conseil municipal de Marseille, du 27 septembre 1480, dans le registre de 1390 à 1480, aux archives de la ville.— Bulletaire de 1475 à 1491, fol. 109 recto et 121 recto.

[5] Même Bulletaire, partie non paginée.

loua ensuite la maison de Louis Bouquier[1], et en 1485 celle d'Antoine Caussemille, toujours au même loyer[2].

Depuis 1476, la ville de Marseille cherchait à acheter une maison pour ses écoles, mais sans jamais y réussir. Elle jeta d'abord les yeux sur celle de la dame Silon qui ne voulut pas vendre[3]. En 1480, le conseil municipal accorda à Pierre Andrau de Cabriès les droits de citadinage, à la charge par lui de faire l'avance de vingt-cinq florins pour servir à l'acquisition d'un immeuble destiné à l'usage de l'enseignement communal[4]. Mais ce projet ne réussit pas mieux que celui de l'achat de la maison du forgeron Étienne Sestrina, lequel ne voulut pas accepter le prix qu'on lui proposa[5].

Mais au commencement du seizième siècle la ville possédait pour ses écoles une maison qui n'était autre que l'ancien établissement de Sainte-Marthe approprié à sa nouvelle destination. Un siècle après, c'est-à-dire en 1617, l'administration municipale conçut le dessein de reconstruire ce vieux collége qui tombait en ruine, et les consuls de Marseille traitèrent avec les recteurs de l'Hôtel-Dieu pour la location de l'ancien hôpital Saint-Jacques de Galice, situé tout

---

[1] Même Bulletaire, partie non paginée.
[2] Même Bulletaire, partie non paginée.
[3] Registre contenant des délibérations municipales de 1469 à 1485, fol. 88 recto, aux archives de la ville.
[4] Bulletaire de 1475 à 1491, fol. 112 recto.
[5] Registre cité de 1469 à 1485, fol. 121 verso.

près l'église Saint-Martin. On fixa le loyer à quatre cent vingt livres par an [1], et le collége fut provisoirement placé là, en attendant la fin de la construction de la nouvelle maison de Sainte-Marthe.

Le 28 février 1627, le conseil municipal de Marseille, sur la proposition du premier consul Louis de Cabre, sieur de Saint-Paul, délibéra d'employer neuf mille livres à l'achèvement du collége communal de Sainte-Marthe et à son agrandissement par l'achat de quelques maisons contiguës [2]. Mais les travaux de construction ne marchèrent qu'avec une lenteur excessive.

Depuis quelques années, l'administration municipale de Marseille s'intéressait au succès des bonnes études, usait de tous ses moyens pour améliorer l'enseignement fourni par le collége communal. En 1616, elle en avait donné la direction à messire Antoine Olivier, docteur en théologie, à la charge par lui d'entretenir huit régents, et il y eut alors deux classes de philosophie, une de rhétorique, une d'humanités et quatre de grammaire. Il fut dit qu'il y aurait, par jour, deux leçons de deux heures chacune, et que les régents, « soit aux classes, soit hors d'icelles, de« vraient être en habits décents et convenables ».

---

[1] Registre 29 des délibérations municipales, 1616-1617, fol. 151 verso et 152 recto, aux archives de la ville.— Livre Trésor B de l'hôpital Saint-Esprit et Saint-Jacques de Galice, de 1616 à 1654, fol. 28 recto, aux archives de l'Hôtel-Dieu de Marseille.

[2] Registre 35 des délibérations municipales, 1627-1629, fol. 4 verso et 5 recto, aux archives de la ville.

Enfin l'acte de nomination d'Antoine Rouvier s'exprimait ainsi : « Le grec et le latin seront enseignés « à toutes les classes respectivement pour habituer « les escoliers et les rendre capables en l'une et l'autre « langue. Les régents seront tenus faire parler en « latin et non en langue vulgaire, depuis la cinquiè- « me en hault, fors les jours et heures de récréation... « Le principal sera obligé de tenir la main à ce que « les régents de rhétorique et des humanités fassent « déclamer leurs escoliers en chascun mois à tout le « moins alternativement ; que deux fois l'an se feront « actions publiques auxquelles seront employés les « escoliers dudit collége et non aultres. »

L'enseignement fut déclaré tout-à-fait gratuit, et cette fois on ne fit aucune exception. Les écoliers étrangers jouirent de cette faveur aussi bien que les fils de famille marseillaise. On renouvela les défenses contre les instituteurs privés, mais seulement en ce qui concernait la philosophie, la rhétorique et les humanités [1].

La ville ne donnait à Olivier que deux mille cinquante-cinq livres par an. En 1619, elle y ajouta soixante livres pour un régent de septième, classe qui n'existait pas encore, et le collége de Marseille eut ainsi un principal et neuf régents [2].

---

[1] Acte du 25 juin 1616, aux écritures du notaire Boyer, aux archives de la ville.

[2] Les 2115 livres furent ainsi réparties : 600 pour le principal; 300 pour chaque professeur de philosophie; 300 pour le professeur de rhétorique; 189 pour celui d'humanités. Voici le chiffre alloué aux autres régents : troisième

Plusieurs Marseillais de diverses conditions, gentilshommes, bourgeois et marchands, avaient pensé, en 1610, que les religieux minimes pourraient rendre de grands services dans l'enseignement des belles-lettres et de la théologie, et demandèrent en conséquence au conseil municipal que les classes du collége leur fussent données. Le conseil délibéra sur cette affaire le 28 décembre; mais avant d'émettre un vote définitif, il voulut consulter le président du Vair[1]. J'ignore ce que ce magistrat répondit. Toujours est-il que le projet n'eut aucune suite.

Quelques années après, on vit une congrégation célèbre grandir rapidement à l'aide de ses succès dans l'instruction de la jeunesse. C'était là sa vocation principale. Ce but utile et noble suffisait à son ambition[2]. Pierre de Bérulle, qui devint plus tard cardinal, avait été frappé des vices du sacerdoce. On ne recevait les saints ordres que pour jouir de la graisse de la terre, sans s'occuper de la rosée du ciel, et la chaire de vérité retentissait de légendes payennes et du récit de miracles apocryphes[3]. De Bérulle fonda, en 1611, la compagnie des Pères de l'Oratoire. L'institution était séculière et l'on n'y faisait point de

classe, 150 livres; quatrième classe, 120; cinquième, 90; sixième, 70; septième, 60. Registre 30 des délibérations municipales. 1618-1620, fol. 33 recto et verso, 35 recto et verso, aux archives de la ville.

[1] Registre 26 des délibérations municipales, 1610-1613, fol. 21 recto, aux archives de la ville.

[2] L'Abbé Fleury, l'Institution au droit ecclésiastique, nouvelle édition revue par Boucher d'Argis, t. 1. p. 205 et 206.

[3] La vie du cardinal de Bérulle, fondateur de la congrégation de l'Oratoire en France. Paris, 1764, p. 65 et 66.

vœux[1]. C'était une retraite toujours volontaire où les regrets n'habitaient point. Les riches y vivaient à leurs dépens, les pauvres aux frais de la compagnie. La liberté donnait du prix et de la noblesse au dévouement. Les petitesses superstitieuses n'y dégradaient pas l'âme et n'y déshonoraient pas la vertu[2]. Les oratoriens, ennemis du faste, du bruit et des vaines parades, repoussaient comme un empoisonneur l'esprit de domination et d'intrigue qui ne pouvait que nuire au sacerdoce et au catholicisme lui-même ; et ils savaient que ceux-là seuls étaient les meilleurs prêtres qui se mêlaient le moins des affaires publiques et ne se souillaient pas au contact des passions humaines si peu compatibles avec la paix du sanctuaire.

Dès l'année 1611, le P. Romillon, né à Lisle, au comtat Venaissin[3], avait jeté, dans la ville d'Aix, les fondements d'une maison pour les pères de l'Oratoire. A la prière de Pierre de Bérulle, il se rendit auprès de lui à Paris pour s'entendre sur le projet d'unir les maisons de cette capitale avec celles de Provence. Les articles d'union furent signés à Tours en 1619, et tous les oratoriens reconnurent le P. de Bérulle pour leur premier supérieur général[4].

---

[1] De Bezieux, arrêts notables de la cour du parlement de Provence, p. 439.
[2] Voltaire, Essai sur les mœurs et l'esprit des nations, chap. cxxxix.
[3] Achard, Histoire des hommes illustres de Provence, t. II, p. 108. — Barjavel, bio-bibliographie vauclusienne, t. II, p. 355. — Courtet, Dictionnaire des communes du département de Vaucluse, p. 203.
[4] La Vie du P. Romillon, prestre de l'Oratoire de Jésus, par Bourguignon prestre de Marseille, 1669, p. 325 et suiv.

Le P. Romillon avait déjà fait venir à Marseille quelques-uns de ses confrères qui logèrent dans une maison particulière. Ils disaient la messe dans la chapelle de la congrégation des Ursulines dont Romillon était fondateur[1]. Par acte du 26 mai 1620, le chapitre de la cathédrale leur donna l'église et l'hôpital de Sainte-Marthe. Les pères Arnaud, de Coreys et Jaubert furent les premiers qui vinrent y fixer leur demeure[2].

Des citoyens considérables de Marseille avaient pris en grande estime les pères de l'Oratoire, et ils disaient bien haut que leur congrégation pouvait seule régir convenablement le collége communal. Ce sentiment avait de l'écho dans la province. En 1618, la petite ville de La Ciotat confia son collége aux oratoriens, et Toulon suivit cet exemple en 1625[3].

Le 18 février de la même année, on lut au conseil municipal de Marseille la requête de MM. de Bausset, Nicolas Perrin et Delestrade, commissaires des écoles, qui demandaient que le collége de la ville fût remis aux prêtres de l'Oratoire. Louis de Vento, premier consul, soutint vivement ce vœu, et le conseil, séance tenante, l'accueillit à l'unanimité des suffrages. L'assemblée, « faisant considération aux mérites des « révérends pères de l'Oratoire qui font profection « d'endoctriner le peuple, délibère que l'exercice,

[1] Guesnay, Provinciæ Massiliensis ac reliquæ annales, p. 536.
[2] L'Antiquité de l'église de Marseille, t. III. p. 317.
[3] Achard, Géographie de la Provence et du Comté-Venaissin, t. I, p. 456, et t. II, p. 502.

« conduite et direction du collége leur sera remis et
« donné à perpétuité, à condition qu'ils seront teneus
« de tenir toutes les classes de philosophie, rhétori-
« ques et aultres des humanités à toujours garnies
« et pourveues de bons docteurs et capables régents;
« qu'ils ne pourront establir pour régents aulcuns
« étrangers, et establiront des François de nation et
« subjects du roy[1]. Le conseil soumit en outre les
oratoriens à l'obligation d'indemniser messire Antoine
Olivier, principal du collége dont j'ai déjà parlé, et
le conseil ajouta que la ville payerait chaque année
aux pères de l'Oratoire la somme de deux mille quatre
cents livres. C'était alors la subvention municipale
touchée par le principal et par les régents.

Le contrat de cession perpétuelle du collége de
Marseille fut passé le 26 du même mois entre les
consuls de Marseille et le père Pierre de Coreys, supérieur de la maison de l'Oratoire de la même ville,
assisté de Paul Matezeau, docteur en théologie, sti-
pulant tous les deux pour leur congrégation, en vertu
du pouvoir dont ils étaient capitulairement investis.
Il fut dit que les pères de l'Oratoire payeraient à Olivier quatre cents livres par an pendant les trois années qu'il avait encore à courir pour son exercice de
principal, en exécution de son traité avec la ville[2].
L'acte du 26 février 1625 fut ratifié par Pierre de

---

[1] Registre 33 des délibérations municipales, 1623-1625, fol. 108 verso et 109 recto, aux archives de la ville.
[2] Même registre 33, fol. 111 et 112 recto et verso.

Bérulle, et confirmé par lettres-patentes du roi Louis XIII[1]. Mais le collége communal de Marseille n'en continua pas moins d'être établi dans l'ancien hôpital de Saint-Jacques de Galice où les régents oratoriens eurent dès-lors leur logement. Ce ne fut qu'en 1635 que le local de Sainte-Marthe fut complètement disposé pour sa nouvelle destination, et l'on y transporta le collége[2], lequel fut encore agrandi et amélioré par la ville à diverses époques[3]. L'ancienne église de Sainte-Marthe fut comprise dans cet agrandissement[4]. Le 26 août 1657, Étienne de Puget, évêque de Marseille, bénit la première pierre de la nouvelle église, et les consuls Louis de Vento, Jean-Baptiste de Marquésy et Jourdan Fabre, assistés de l'assesseur Jean-Martin de Champourcin, la posèrent le même jour avec solennité[5].

Les oratoriens de Marseille distingués par leur at-

---

[1] L'Antiquité de l'église de Marseille, t. III, p. 317, à la note.

[2] Ruffi, Histoire de Marseille, t. II, p. 72-74.

[3] Registre 36 ci-dessus cité, fol. 275 recto et verso. — Registre 39 des délibérations municipales, 1632-1633, fol. 90 et suiv., 192 recto et verso, 240 recto et verso. — Registre des mandats pour les dépenses ordinaires et extraordinaires de la communauté de Marseille, de 1616 à 1625, sans pagination chiffrée, passim. — Registre 38 des délibérations municipales, 1631-1632, fol. 2 verso, fol. 34 verso et 35 recto, 40 recto et verso, 41 verso, 42 verso. — Registre 39, 1632-1633, fol. 79 recto et verso, 178 verso et 179 recto. — Registre 40, fol. 100 verso et 101 recto, 121 verso et 122 recto. — Registre 45, 1640-1641, fol. 58 et suiv., fol. 166 verso et 167 recto. — Registre 46, 1641-1642, fol. 55 recto et verso. — Registre 53, 1652-1653, fol. 52 verso. — Registre 56, 1655-1656, fol. 28 verso, 52 recto et verso.

[4] Séance du conseil municipal, du 12 août 1657, dans le registre 57 des délibérations municipales, fol. 349 verso et suiv. Voyez aussi dans le même registre l'acte du 23 du même mois, fol. 354 verso et suiv., aux archives de la ville.

[5] Grosson, Almanach historique de Marseille, année 1770, p. 55 et 56.

tachement aux maximes de l'Église gallicane, comme tous les membres de leur compagnie, se trouvèrent fortement engagés, autant par conviction que par esprit de corps, dans les querelles théologiques qui, après avoir agité l'âge mûr de Louis XIV, fatiguèrent encore sa vieillesse. Le P. Quesnel de l'Oratoire avait publié, vers la fin du dix-septième siècle, un ouvrage [1] contre lequel les jésuites se déchaînèrent, sous prétexte qu'il renfermait des erreurs du même genre que celles de Jansénius dans son Commentaire de Saint-Augustin. Une vingtaine d'années s'écoulèrent au milieu de ces disputes stériles, et, en 1713, le pape Clément XI condamna le livre du P. Quesnel dans la fameuse bulle *Unigenitus* que lui arracha Louis XIV sous l'influence des jésuites plus puissants par la faveur du roi que par celle de l'opinion. Cette bulle devint un brandon de discorde. Elle trouva une opposition des plus vives dans une partie du clergé et de la magistrature. Le cardinal de Noailles, archevêque de Paris, ennemi des doctrines ultramontaines, osa résister à la cour de Rome, et Louis XIV, qui avait déjà taché son règne par les dragonnades et par l'expulsion de plusieurs milliers de familles protestantes, eut encore le malheur, après avoir détruit la maison des solitaires de Port-Royal, de prendre contre les nouveaux jansénistes de si tristes mesures de violence qu'il augmenta leur nombre et leur zèle.

---

[1] Cet ouvrage était intitulé : Réflexions morales sur le Nouveau Testament.

C'est le résultat ordinaire des persécutions religieuses. Nous nous moquons des Grecs du Bas-Empire qui disputaient sur la nature de la lumière du Mont-Thabor ; et nous, en plein dix-huitième siècle, nous nous livrions à d'ardentes controverses sur la prédestination et sur la grâce. On a beaucoup plus écrit sur la fameuse bulle *Unigenitus* que sur les questions les plus importantes de la politique, de l'administration et de la philosophie.

Après la mort de Louis XIV, le régent, qui ne s'échauffait point en matière de religion, rendit à la liberté les Jansénistes que le P. Letellier, confesseur du roi, avait jetés dans les prisons[1]. C'était un temps propice aux actes de réparation et de justice, car les Français étaient alors ivres de plaisirs et fatigués de querelles. Mais un vieux levain de controverse fermentait dans quelques esprits ardents qui paraissaient appartenir à une autre époque, et parmi eux Belsunce, évêque de Marseille, se rangea au premier rang.

Au fond, son cœur était excellent, mais son esprit était des plus faibles, et sa conscience intraitable ne transigeait pas sur des questions qu'il considérait comme intéressant la foi religieuse. Les jésuites, dont il était l'instrument, le faisaient penser, parler, agir, écrire, et le P. de la Fare fut celui, entre tous, qui eut sur l'âme du pontife l'influence la plus domina-

---

[1] Lacretelle, Histoire de France pendant le XVIIIe siècle, cinquième édition t. I, p.

trice[1]. Belsunce n'y tint pas quand il vit, le 18 novembre 1718, la communauté des prêtres de l'Oratoire de Marseille appeler comme d'abus de la constitution *Unigenitus* au pape mieux conseillé et au futur concile général[2]. L'appel se fondant sur les règles canoniques et sur les lois de l'État, les moyens de défense à l'appui de cet acte étaient d'une légalité incontestable. Cependant l'irritation de Belsunce ne connut plus de bornes. Il interdit les oratoriens de la confession et de la prédication; il défendit à toutes les communautés religieuses de son diocèse d'avoir commerce avec eux; il les frappa des censures les plus véhémentes, les traitant d'hérétiques, de loups couverts de la peau d'agneaux et d'ouvriers de Satan[3].

Alors les oratoriens de Marseille invoquèrent à leur appui les lois du royaume et l'autorité des saints Canons qui n'offraient pas de ressource plus assurée aux clercs opprimés que le recours à la justice du prince. Ils se placèrent sous la protection du parlement d'Aix dont les maximes et la haute indépendance arrêtèrent les abus et les empiètements du pouvoir ecclésiasti-

---

[1] Lettre à Monseigneur l'évêque de Marseille pour servir de réponse à un écrit intitulé : Requête en cassation de messire Henri-François-Xavier de Belsunce de Castelmoron, évêque de Marseille, contre un arrêt du parlement d'Aix, 1720, in-12, introduction.

[2] Voyez l'acte d'appel de la constitution *Unigenitus* interjeté par la communauté des prêtres de l'Oratoire de la ville de Marseille, 1719, sans nom d'imprimeur, in-12 de huit pages.

[3] Réponse des PP. de l'Oratoire de Marseille aux calomnies qu'on répand contre eux en cette ville et lettre de leur supérieur écrite à Monseigneur l'évêque au sujet de leur appel de la constitution *Unigenitus*, in-4° sans nom d'imprimeur.

que. Cette cour, qui avait déjà rendu, à la date du 22 mai 1716 et du 7 décembre 1718, deux arrêts contre l'évêque de Marseille, en lança contre lui, le 14 janvier 1719, un troisième beaucoup plus sévère qui lui fit itératives défenses de procéder contre les suppliants au préjudice de leur appel comme d'abus, et prononça en même temps la saisie de son temporel[1], c'est-à-dire les rentes et les revenus de l'évêché qui se montaient à plus de trente mille livres[2].

Sur ces entrefaites, l'une des pestes les plus cruelles dont l'histoire ait gardé le souvenir remplit d'épouvante et d'horreur la ville de Marseille. La maison de l'Oratoire avait alors pour directeur un saint prêtre sur la vertu duquel la calomnie n'avait aucune prise. C'était le P. Gautier, auteur d'un recueil de cantiques très-populaires ; il se mit au service des pauvres et des malades, et, à son exemple, tous les oratoriens fournirent aux malheureux les secours de leur charité[3]. Gautier et quelques-uns de ses ouvriers apostoliques succombèrent à l'atteinte du fléau[4], et cependant Belsunce poussa son aveugle passion jusques

---

[1] L'arrêt du parlement de Provence, du 14 janvier 1719, a été imprimé à Aix, chez Joseph David, in-4º.

[2] Vers le milieu du XVIIIe siècle ces revenus étaient de 30,000 livres, d'après *l'Europe ecclésiastique* ou *état du clergé*, etc., Paris, chez Duchesne, 1757, un vol. in-12, p. 191. — Piganiol de la Force, dans sa *Nouvelle description de la France*, porte à 40,000 livres les revenus de l'évêché de Marseille, t. V, p. 64.

[3] Pichatty de Croissainte, journal abrégé de ce qui s'est passé dans la ville de Marseille depuis qu'elle est affligée de la contagion, in-4º, p. 56.— Bougerel, relation de ce qui est arrivé au PP. de l'Oratoire pendant la peste de 1720, manuscrit en ma possession.

[4] Achard, Histoire des hommes illustres de la Provence, t. I, p. 352.— Rela-

à accuser les uns d'avoir pris la fuite et les autres de s'être enfermés dans leur maison pour ne penser qu'à leur sûreté personnelle[1]. Cet évêque fut grand par son courage, mais il le fut sans humilité ; il le fut avec bruit, avec faste, et en voulant rapetisser les autres, il chercha trop à s'élever lui-même. S'attribuant tous les mérites et tous les sacrifices, il exalta les ardeurs de son zèle, il provoqua partout des applaudissements en sa faveur, et confia aux cent bouches de la renommée la célébration de sa gloire. Pendant qu'il se vantait ainsi lui-même outre mesure, il répandait des libelles contre les oratoriens. La mort de ses adversaires ne put le désarmer, et il ne respecta pas la mémoire du P. Gautier qui, d'après lui, avait mis la peste dans la maison par une imprudence dont la cupidité était la source[2].

Le moyen le plus sûr d'être agréable à cet irascible pontife était de dire du mal des Jansénistes en général et des pères de l'Oratoire en particulier. Il osa, dans un mandement, attribuer la peste de Marseille

---

tion historique de ce qui s'est passé à Marseille pendant la dernière peste, seconde édition, 1723. p. 175 et 176. La vie et les lettres de messire Jean Soanen, évêque de Senez, t. I, p. 66, 67 et 97. — Biographie des hommes remarquables des Basses-Alpes, par une société de gens de lettres, p. 158-160.

[1] Réponse des PP. de l'Oratoire de Marseille aux calomnies, etc. — Justification des PP. de l'Oratoire de Marseille contre les accusations de l'évêque de cette ville, 1721, in-12. — Lettre d'un gentilhomme de Provence à monsieur de M. D., au sujet des lettres de monsieur de Marseille contre les PP. de l'Oratoire, 1721, in-12.

[2] Réponse de Monsieur l'évêque de Marseille à une lettre de Madame de ***, in-4º.

à la colère du ciel contre les uns et les autres[1]. Dans un autre mandement publié, en temps de sécheresse, pour demander à Dieu de la pluie, « Le ciel est fermé, « disait Belsunce ; il ne pleut pas parce qu'il y a des « gens qui ne reçoivent pas la constitution *Unigeni-* « *tus*[2] ». Les emportements de la haine ne pouvaient pas se permettre une plus injuste licence.

Les oratoriens, à leur tour, n'étaient pas sans avoir des torts. Pendant qu'ils reprochaient aux jésuites leur morale trop relâchée, ils se montraient eux-mêmes trop difficiles dans les voies du salut. Ils affichaient des maximes trop raides, un rigorisme conciliable sans doute avec les dispositions de quelques esprits solitaires et méditatifs, mais assurément peu compatible avec les mœurs générales de la société qui ne demande pas à être gouvernée comme un institut monastique. Quoi que nous fassions, il faut toujours compter avec les passions humaines, et la sagesse consiste, non pas à les étouffer, mais à les ennoblir, en les dirigeant vers un but utile et honorable. C'est le triomphe de la morale, car l'homme sans passions serait sans mouvement ; il se verrait réduit à l'instinct de la brute.

Les oratoriens de Marseille reprochèrent à Belsunce, pasteur complaisant et commode, d'avoir béni

---

[1] Lacretelle, Histoire de France pendant le XVIIIe siècle, cinquième édition, t. I, 319.

[2] Défense du discours de M. de Gaufridy, avocat général au parlement d'Aix, 1716, sans nom de ville ni d'imprimeur, p. 110 et suiv.

avec pompe, en 1719, l'inauguration de l'Académie de musique de cette ville[1]; ils lui firent un crime d'avoir ainsi voulu sanctifier, au nom de la religion, une école publique de chants voluptueux,

> Et tous ces lieux communs de morale lubrique
> Que Lully réchauffa des sons de sa musique[2].

Les oratoriens ne comprirent pas qu'il faut amuser les hommes, et que les plaisirs innocents les détournent de ceux qui le sont beaucoup moins. L'Académie de musique de Marseille eut, entre autres motifs de son institution, celui d'affaiblir la passion du jeu qui causait des maux inouïs[3].

Le clergé, par ses discordes peu édifiantes, prêtait, en ce siècle de scepticisme, des armes à une philosophie audacieuse qui grandissait en s'efforçant de battre en brèche tous les monuments de la foi chrétienne, tantôt à l'aide du raisonnement et de la science, tantôt, et plus souvent, avec les traits du ridicule qui blessent toujours quand ils ne tuent pas. A Marseille, le feu des querelles religieuses s'éteignit peu à peu, et le temps, qui calme les passions les plus vivaces, amena l'apaisement des esprits. Mais les oratoriens, toujours interdits d'une partie de leurs fonctions sacerdotales, vivaient séparés de leur pas-

---

[1] Lettre à Monseigneur l'évêque de Marseille pour servir de réponse à un écrit intitulé : *Requête en cassation*, etc., p. 168-169.

[2] Boileau, Satire X.

[3] C'est le témoignage fourni par le maréchal duc de Villars, gouverneur de Provence, dans son approbation donnée à Paris le 17 février 1719. Voyez les règlements de l'académie de musique de Marseille, chez J.-B. Boy, 1719, in-4º.

teur. Toutefois les anciens appelants n'existaient plus, et l'esprit de leurs successeurs avait changé suivant les conjonctures. Mais Belsunce, malgré son grand âge, était inébranlable dans ses sentiments. La paix ne fut faite qu'en 1750. Le P. Dardène, supérieur de la maison de l'Oratoire de Marseille, s'adressa à un prêtre des plus respectables, Boniface Dandrade, directeur du second séminaire de Marseille, sous le titre de Sacré-Cœur-de-Jésus, et le pria d'employer ses bons offices auprès de Belsunce pour en obtenir les bonnes grâces. L'entremise de Dandrade prépara la réconciliation. Au jour convenu, le P. Dardène et tous les membres de sa communauté se transportèrent auprès de l'évêque, lui témoignèrent leur soumission aux décisions de l'église et en particulier à la constitution *Unigenitus*. Le prélat, au comble de la joie, les reçut avec bonté. Il les visita ensuite, et leva l'interdit qui les frappait depuis si longtemps[1].

---

[1] Livre contenant en forme d'annales l'origine et le progrès de l'établissement des prêtres du Sacré-Cœur-de-Jésus dans le faubourg Saint-Lazare, manuscrit in-folio, sans pagination chiffrée, à la bibliothèque de la maison des oblats de Marie à Marseille.

# COLLÉGE DE L'ORATOIRE.

## II.

Les anathèmes fulminés par Belsunce contre les oratoriens de Marseille les avaient vivement émus, et ils avaient cru que leur honneur exigeait qu'ils donnassent à la défense une vigueur proportionnée à celle de l'attaque. Ils accomplirent ce pénible devoir avec l'esprit d'indépendance qui faisait, à cette époque, la grandeur des caractères, et ils n'eurent pas lieu de s'en repentir, car l'opinion publique, dont la puissance grandissait chaque jour, se déclara pour eux et leur rendit pleine justice. Hommes et choses furent mis à leur place. L'estime et la confiance des pères de famille les plus éclairés ne se retirèrent pas un instant des sages disciples de Bérulle qui, sans rien demander à l'intrigue, à la faveur, aux voies mondaines, ne se recommandèrent que par l'austérité de leurs mœurs, par le mérite d'une instruction solide, et surtout par l'habileté d'un enseignement dont l'éclat frappe encore nos yeux.

Cet enseignement, toujours gratuit pour les externes, eut le caractère des temps et des circonstances.

La grande érudition du seizième siècle, distinguée par l'étude des langues anciennes, fut surtout hérissée de grec. Après la prise de Constantinople par Mahomet II, en 1453, des hellénistes habiles se réfugièrent dans l'Occident, y répandirent la connaissance de la langue d'Homère[1], et l'imprimerie, qui naquit à peu près à la même époque, concourut à faciliter le goût de cette belle langue[2]. Le grec, naturalisé en France, y fut mis en honneur, y devint la passion dominante des lettrés, y fit des progrès rapides et presque incroyables[3].

Après les Érasme, les Gesner, les Budé, les Étienne, qui enrichirent l'Europe de leurs travaux et de leurs trésors, on peut citer Claude de Seissel, évêque de Marseille, parmi les érudits qui obtinrent le plus de succès dans l'étude des lettres grecques[4].

Mais après plusieurs siècles de sommeil et d'oubli, cette langue, qui avait fait la gloire de l'antique fille de Phocée, se réveilla, brillante et jeune encore, sur

---

[1] De Sismondi, Histoire des Français; Paris, 1833, t. XI, p. 362.—Ginguené, Histoire littéraire d'Italie, t. III, p. 263 et 264.— Gaillard, Histoire de François Ier, t. VII, p. 224 et suiv.

[2] Francis Wey, Histoire des révolutions du langage en France, Paris, 1848, p. 376 et 377.

[3] Rollin, Traité des études, édition de 1732, t. I p. 107 et suiv.

[4] Ruffi, Histoire de Marseille, t. II, p. 34.

les mêmes rivages ravis de ses accents harmonieux et purs. Nous avons vu qu'on enseigna le grec au collége de Marseille vers le milieu du seizième siècle. Cette étude y fut forte et persévérante ; elle marcha, dans tous les cours, parallèlement avec celle du latin, et, dès l'année 1646, l'idiôme de l'ancienne Rome était cultivé, non-seulement comme une langue savante, mais encore comme une langue usuelle, car les élèves se virent obligés, depuis la cinquième classe, de ne parler que latin, excepté les jours de congé et les heures de récréation.

L'enseignement du grec continua d'être pratiqué dans le cours du dix-septième siècle ; mais il alla s'affaiblissant tous les jours, et les leçons en furent enfin tout-à-fait perdues au commencement du siècle suivant. L'instruction se généralisant, gagnait alors en superficie ce qu'elle perdait en profondeur. La science se dégageait de ses formes lourdes et pédantesques ; elle demandait beaucoup moins à la mémoire des mots et beaucoup plus à l'intelligence des choses. Le goût s'était formé. Ce n'était pas sans doute une raison pour abandonner, dans le collége de Marseille, l'étude du grec, idiôme littéraire s'il en fut jamais, et les oratoriens eurent le tort, à cette époque, de se borner, pour les langues anciennes, à l'enseignement du latin, mais ils surent du moins en donner des leçons excellentes.

Ils y joignirent les éléments des mathématiques et quelques parties de la physique expérimentale et de la chimie, deux sciences qui, dans ce temps, étaient à peu près dans l'enfance. Ils professèrent encore la métaphysique cartésienne et la philosophie scholastique, laquelle périssait d'impuissance et de vieillesse dans un siècle où l'étude n'avait de prix que lorsque on l'employait pour mûrir les fruits de la raison humaine.

Le cours de cette métaphysique et de cette philosophie n'en durait pas moins deux années entières, et il y avait, pour un tel enseignement, treize bourses d'élèves internes données au concours et fondées, en 1719, par un de ces hommes inspirés du ciel, qui savent élever leur fortune à la hauteur de leur âme, et donner à leurs actes de bienfaisance les grandes proportions d'utilité publique. Cet illustre fondateur fut Jacques de Matignon, abbé de Saint-Victor de Marseille, qui fit aussi des dons considérables aux hôpitaux et à toutes les œuvres de charité de cette ville.

Les treize boursiers étaient appelés *Matignons*[1]; c'était tout à la fois un titre d'honneur et un témoignage de reconnaissance.

Les membres du bureau, pour l'examen des concurrents, étaient trois députés du chapitre de la cathédrale, trois de l'abbaye Saint-Victor, deux du grand séminaire dirigé par les prêtres de la mission

---

[1] Grosson. Almanach historique de Marseille, 1772, p. 249 et almanachs suivants.— Tableau historique de Marseille et de ses dépendances, Lausanne, 1789, p. 210.

de France [1], un de l'Hôtel-de-ville, le supérieur de l'Oratoire et le préfet du collége [2].

Le professeur de rhétorique avait le titre d'orateur de Marseille [3].

La maison possédait une assez belle bibliothèque [4], enrichie de manuscrits parmi lesquels on remarquait les autographes que le P. Arcère lui avait légués en mourant, et qui formaient cinq volumes in-folio, sans compter un demi-volume [5] servant de table à tout le recueil, lequel forme une compilation considérable et une masse de mélanges sous le titre d'*Arceriana* [6]. L'auteur professa avec distinction les humanités au collége de Marseille, et se livra à la culture des lettres qui firent le bonheur de sa longue vie [7]. Il rem-

---

[1] Agneau. Calendrier spirituel, p. 205-208.

[2] Le préfet du collége de l'Oratoire avait des attributions à peu près semblables à celles du censeur des études dans un lycée d'aujourd'hui.

[3] Grosson. Almanach historique de 1770, p. 195.

[4] Achard, Géographie générale de la Provence, t. II, p. 100.

[5] Les manuscrits du P. Arcère sont aujourd'hui à la bibliothèque publique de Marseille. — Achard, dans son Dictionnaire des hommes illustres de la Provence et les auteurs de la Biographie universelle se sont trompés en ne mentionnant que quatre volumes.

[6] *Seu fasciculus rerum variis è libris excerptarum, cui fasciculo identidem adnectere libuit notulas et animadversiones à meo penu depromptas, et non nullas è lucubrationibus meis.* Cette collection trop volumineuse ne pourrait supporter l'impression, mais il serait possible d'en extraire deux in-8º assez piquants. C'est ce que dit le Conservateur marseillais, t. 1, p. 14.

[7] Louis Etienne Arcère, né à Marseille en 1698, entra dès l'âge de dix-neuf ans dans la congrégation de l'Oratoire. Fixé à la Rochelle, vers l'année 1743, il travailla, d'abord avec le P. Jaillot, son confrère, et seul ensuite, après la mort de celui-ci, à l'*Histoire de la Rochelle et du pays d'Aunis*, qui valut à l'auteur une pension de la province et le titre de correspondant de l'Académie des Inscriptions et Belles-Lettres. Le P. Arcère mourut à la Rochelle, supérieur de la maison de sa congrégation, le 7 février 1782, dans sa 84e année.

porta plusieurs prix d'éloquence et de poésie dans quelques académies de province. Il se distingua aussi dans l'étude de l'archéologie et des langues.

En 1770 et postérieurement, le bibliothécaire de l'Oratoire de Marseille était le P. Papon[1], auteur d'une Histoire de Provence et de quelques autres ouvrages moins importants.

Cette maison avait aussi une collection d'antiques qu'elle tenait de la libéralité de Benat, gentilhomme marseillais, l'un de ses anciens élèves. Elle y joignit un petit médailler et des objets d'histoire naturelle[2].

Le philosophe Montaigne, plus avancé que son époque, avait désapprouvé les punitions corporelles[3]; mais à Marseille, comme partout ailleurs, on ne les infligeait pas moins aux écoliers, et souvent même sans mesure. Dans une pièce dramatique du seizième siècle, les petits compagnons d'un grand personnage répondaient en chœur :

> Je ne puis mettre dans ma tête
> Ce meschant latin estranger
> Qui met mes fesses en danger[4].

Le maître d'école de Marseille dont j'ai déjà parlé, Honorat Rambaud, voulant dire qu'il a trente-huit ans de service dans l'enseignement public, déclare

---

[1] Grosson, Almanach historique de 1771, p. 252, et 253.
[2] Grosson, Almanach historique de 1770, p. 195. — Almanach de 1775, p. 220.
[3] Essais, liv. I, chap. xxv.
[4] Sainte-Beuve, Tableau historique et critique de la poésie française et du théâtre français au seizième siècle, t. II, p. 316.

avec naïveté qu'il *fesse* les enfants depuis trente-huit ans¹.

Beaucoup plus tard, Rollin n'approuva ni ne rejeta d'une manière absolue le châtiment des verges. Après tout ce qui en est dit en plusieurs endroits de l'Écriture et surtout chez les Prophètes, le bon recteur est fort embarrassé et se met à faire du juste milieu. Il en conclut que ce genre de punition peut être employé, mais qu'on doit en user rarement et pour des fautes graves².

L'administration municipale de Marseille recourait quelquefois aux connaissances des pères de l'Oratoire pour des objets spéciaux qui exigeaient des études savantes, et en 1667 elle fit payer à Jean Morel, supérieur de cette maison, la somme de trois cents livres, pour avoir traduit du latin en français les statuts, les priviléges et les règlements de cette ville³. Les oratoriens étaient toujours chargés de la partie littéraire du programme des fêtes publiques. Leurs élèves allèrent débiter des vers latins à Christine, reine de Suède, à son passage à Marseille en 1656, et cette princesse leur donna huit jours de congé⁴.

---

¹ Il y a magister si patient qui ne se fasche de tant souvent inculquer lesdites difficultés, et les enfants s'en faschent encore davantage, lesquels sont fessés et tourmentés à cause d'icelles. Ce que je sçay fort bien, et non par ouïr dire, ains pour les avoir jà fessés depuis trente-huit ans, à cause d'icelles. Ouvrage cité, p. 232.

² Traité des études, édition de 1732, Paris, t. IV, p. 463 et suiv.

³ Article du 20 janvier 1627 dans le registre des mandats pour les dépenses ordinaires et extraordinaires de la communauté de Marseille, de 1616 à 1635, aux archives de la ville.

⁴ Extrait de la relation de Gaspard Garnier, notaire à Marseille, mort le 17

En 1671, on fit dans le collége un poëme en la même langue à la gloire de Toussaint de Forbin-Janson, évêque de Marseille. On y chantait les vertus du pontife et les services de son illustre race [1].

Les pères de l'Oratoire ne négligèrent rien pour mettre leurs élèves en scène et pour leur faire réciter des compliments à de grands personnages, dans des circonstances solennelles. Les professeurs composèrent les emblêmes et les inscriptions des arcs de triomphe dressés à l'occasion de l'arrivée des princes [2], et toutes les années il y avait, pour les écoliers, dans l'intérieur du collége, des thèses, des actes publics, divers exercices littéraires, en présence des familles et des premiers magistrats de la cité, qui se faisaient ainsi un devoir d'entretenir l'émulation de la jeunesse studieuse. Le 6 septembre 1679, de Rouillé, intendant de Provence, commandant en l'absence du comte de Grignan, arrive à Marseille et va descendre à l'évêché où les échevins, en chaperon, vont lui faire visite. Le lendemain, dit le cérémonial, « M. de « Rouillé assiste à des énigmes qui ont esté expli- « quées au collége et qui lui ont esté dédiées [3] ».

En 1687, de toutes les fêtes célébrées à Marseille

---

mai 1681, manuscrit in-folio ayant appartenu à feu Henri Luck de cette ville, p. 105 et suiv.

[1] *Illustrissimo ecclesiæ principi Tussano de Forbin Janson Massiliensium episcopo, è sacris comitiis Massiliam redeunti, congratulatur collegium massiliense presbyterorum Oratorii domini Jesu.* Massiliæ, ex typographià Claudii Garcin, 1671, in-4º.

[2] Relations diverses des fêtes données à Marseille pour des entrées de prince.

[3] Cérémonial et fêtes publiques, p. 865, aux archives de l'Hôtel-de-Ville.

pour se réjouir du rétablissement de la santé de Louis XIV, celle du collége de l'Oratoire fut la plus belle. L'éloge du roi fut prononcé en latin, dans l'église, par le P. Coste, professeur de rhétorique. Les personnes les plus considérables de la ville se rendirent dans la cour qu'on avait ornée de belles tapisseries et d'arcs de triomphe avec des devises à la louange du prince. Dès que les échevins y furent arrivés, on représenta une pastorale française qui contenait un récit ingénieux des actions les plus éclatantes de Louis XIV. Quelques autres pièces sur le même sujet furent aussi déclamées. Après quoi, une brillante cavalcade de près de deux cents écoliers vint défiler devant le collége, aux acclamations de la foule[1].

Je pourrais multiplier les exemples de compositions littéraires sur divers sujets, et je n'en citerai que deux qui sont de nature bien différente.

Le 18 août 1738, les élèves du collége de l'Oratoire représentèrent, devant les échevins, *Le Jugement d'Apollon sur les anciens et les modernes*. Les interlocuteurs furent, pour les anciens, Boileau et Dacier; et, pour les modernes, Perrault et de la Motte. Le P. Coriot, professeur de rhétorique, avait composé ce poëme dramatique[2].

Les échevins assistèrent dans le même collége, le

---

[1] Relation de tout ce qui s'est passé à Marseille à l'occasion des réjouissances qu'on y a faites pour le rétablissement de la santé du roi. Marseille, chez Pierre Mesnier, 1687, p. 11 et 12.

[2] Dictionnaire portatif des théâtres. Paris, 1754, p. 199 et 414.

18 novembre 1754, à un exercice sur la naissance du duc de Bourgogne [1].

Le goût des représentations scéniques était général au moyen-âge et au temps de la renaissance. Ces spectacles occupèrent une place considérable dans l'éducation de la jeunesse. Nous voyons les écoliers de l'université de Caen jouer, sur un théâtre, des pièces satiriques en 1492 [2], et les élèves de l'école de médecine de Montpellier représentèrent de petits drames, à peu près à la même époque [3]. Rabelais mentionne certaine pièce qui fut jouée dans cette école célèbre. C'était *La morale Comédie de celluy qui avoyt espousé une femme mutte*. L'auteur de Pantagruel remplit lui-même un rôle, et « Oncques, dit-il, je « ne rys tant que je feys à ce patelinage [4]. »

Dans le seizième siècle, le collége de la Trinité à Lyon [5] et celui du Plessis [6], jouèrent diverses pièces dramatiques, et Montaigne nous apprend que lors-

[1] Cérémonial et fêtes publiques de Marseille, registre n° 3, p. 408 verso, aux archives de la ville.

[2] La Farce des pates ouaintes, pièce satirique, représentée par les écoliers de l'université de Caen, au carnaval de 1492; publiée par Bounin, Évreux, 1843, in-8°.

[3] Germain, Histoire de la commune de Montpellier, t. III, p. 123.

[4] Pantagruel, lib. III, chap. XXXIV, édition Ledentu, 1833

[5] Lyon marchant, satyre française sur la comparaison de Paris, Rohan, Lyon, Orléans et sur les choses mémorables du pays l'an MDXXIV, soubs allégorie et énigmes par personnages mystiques, jouée au collége de la Trinité à Lyon. 1541, par Barthélemy Aneau. On les vend à Lyon, par Pierre de Tours, 1542, petit in-8°.

[6] Néron, tragédie de Guy de Saint-Paul, jouée au collége du Plessis en 1574. On ne la croit pas imprimée. Voyez le Dictionnaire portatif des théâtres, 1754, p. 238.

qu'il était au collége de Guienne, on lui donnait le premier rôle dans des tragédies latines[1]. Les écoliers du collége de la ville d'Aix jouaient quelquefois la comédie sur la place des Prêcheurs, l'après-midi du jour de la procession de la Fête-Dieu, pour amuser le public et remplir le vide de la journée[2].

Les élèves du collége de Marseille représentèrent, en 1562, pendant les trois fêtes de Pentecôte, le mystère de *Joseph le Juxte* (sic), avec l'approbation de l'évêque[3], et j'ai déjà dit que le conseil municipal prescrivit, en 1608, à l'instituteur Maurice Delaye de faire, chaque année, représenter par ses élèves la vie de Saint-Victor ou celle de Saint-Lazare.

Le cours du temps maintint la passion des jeux dramatiques, mais il en changea l'objet, et le goût du public se prononça fortement pour les tragédies, sans préjudice des spectacles d'un genre moins sérieux. Tous les ans, chaque collége joua une tragédie nouvelle[4], et l'on vit même des pensions de jeunes filles céder à cet entraînement et payer tribut à cette mode. Madame de Maintenon s'avisa un jour de faire jouer *Andromaque* par les demoiselles de la pieuse maison de Saint-Cyr, lesquelles ne représentèrent que trop bien ce drame passionné. Les scrupules de l'amie

---

[1] Essais, liv. I, chap. xxv.
[2] Manuscrit ayant appartenu à M. Roux-Alphéran. Voyez l'Eloge historique de la vie et des travaux de cet écrivain par M. Mouan. Aix, 1859, p. 66.
[3] Registre 6 des délibérations du conseil municipal de Marseille, 1558-1562, fol. 187 recto, aux archives de l'Hôtel-de-ville.
[4] Monteil, Histoire des français de divers états, troisième édition, t. IV, p. 14

de Louis XIV s'en alarmèrent. Racine, tout dévot, avait alors renoncé à la composition des pièces de théâtre, et ces œuvres profanes n'étaient plus à ses yeux que des péchés mortels. Madame de Maintenon pressa le grand homme de donner une forme dramatique à des sujets tirés des livres saints. Racine put ainsi concilier son génie et sa foi ; et de ces circonstances naquirent deux créations immortelles, *Esther* et *Athalie*[1].

Au mois de mai 1713, plusieurs jeunes demoiselles de Marseille, distinguées par leur naissance et par leur rang, jouèrent *Absalon*, tragédie en cinq actes[2], sous les auspices de l'évêque Belsunce qui fut toujours passionné pour les spectacles pompeux. Jeanne de Chaviquot, Marie Mulchy, Claire de Bastin, Madeleine Robert, Anne de Guiton, Thérèse Dupuy, Françoise Anselme, Madeleine Dumon, Marianne de Calaman et les deux sœurs Marianne et Thérèse de Pont-le-Roy, se distribuèrent les rôles[3], et la tragédie fut représentée devant une société brillante.

Les jeux scéniques des colléges avaient un grand avantage. Les écoliers y exerçaient leur mémoire ; ils se formaient à une prononciation un peu déclamatoire sans doute, mais cependant nette et correcte ;

---

[1] Henri Martin, Histoire de France, 1850, t. XVI, 321.

[2] Cette tragédie dont l'auteur m'est inconnu n'a rien de commun avec la tragédie d'*Absalon* par le P. Marion de la compagnie de Jésus, chez la veuve J.-P. Brebion, 1740. Elle fut représentée à Marseille en cette même année. C'est du moins ce qu'assure le Dictionnaire portatif du théâtre, 1754, p. 2.

[3] A Marseille, chez la veuve d'Henri Brebion, in-4º.

enfin ils s'habituaient à parler en public. L'administration municipale de Marseille favorisa de tout son pouvoir ces amusements littéraires qui flattaient la vanité de bien des pères ravis et chatouillaient le cœur de bien des mères émues de joie et de tendresse. En 1648, la ville dépensa quatre-vingt-dix livres pour la charpente du théâtre dans la cour du collége[1]. Chaque année, elle donnait aux oratoriens, pour les frais de distribution des prix, une somme qui fut d'abord de soixante-quinze livres, puis de cent, ensuite de cent cinquante, qui s'éleva encore dans quelques circonstances, et alla même deux ou trois fois jusqu'à quatre cent cinquante livres[2].

Les échevins de Marseille, revêtus de leurs chaperons, assistaient toujours à ces solennités classiques, et ces bons magistrats du peuple avaient besoin de s'armer d'une grande patience, car le spectacle était fort long. Il s'ouvrait par un compliment qu'un élève leur adressait. Un autre venait réciter un prologue. L'inévitable tragédie en cinq actes, avec des intermèdes, était ensuite jouée. Elle était suivie d'une pièce comique, d'une pastorale ou d'un ballet; après quoi venait la distribution des prix. Une demi-journée y passait, mais tous les spectateurs en étaient heureux et se félicitaient de cet emploi du temps.

---

[1] Article du 30 juillet 1648 dans le Bulletaire de 1635 à 1660, aux archives de la ville.

[2] Divers Bulletaires, contrôles des mandats et pièces diverses aux mêmes archives.

On joua, le 17 août 1672, une tragi-comédie intitulée : *Emma, reine d'Angleterre, ou l'innocence reconnue*[1]. Le jeune Jean Mazerat y parut dans le rôle de la reine, et son condisciple François Venture représenta celui d'Étheldred, roi d'Angleterre. Les autres acteurs furent François de Cabre, Joseph Mignot, Gaspar d'Agoult, Jean de Mazenod, de Bausset de Roquefort, François Fabre, Jean Bartholon et Joseph de Tournier.

Vint ensuite un ballet composé par J.-B. Besson, de Marseille, sous le titre de *La Félicité*. Quelques-uns des élèves qui avaient joué dans la tragédie figurèrent encore dans la seconde représentation, où l'on vit apparaître plusieurs divinités de la mythologie, la Renommée et d'autres personnages allégoriques. Démosthènes, Cicéron, Épicure, Aristote et Zénon y sont mis en scène. Trois troubadours viennent aussi frapper à la porte du temple de la Félicité, où Minerve amène des mathématiciens, un géomètre, un musicien et un cosmographe. Un très-grand nombre d'écoliers jouent un rôle dans ce ballet en trois parties qui ont chacune plusieurs tableaux. Je dois citer entre autres acteurs Étienne de Saint-Jacques, Antoine de Leuze, J.-B. Nègre, Claude Garcin, Jérome Caire, Antoine Goufre, Jean de Lisle, Joseph Franchiscou, Rodolphe Brun, Joseph Roboly, Antoine de Trébillane de Cabriez, tous enfants des meilleures familles du pays.

[1] A Marseille, chez Claude Garcin, in-4°.

Les élèves du collége de Marseille jouèrent, le 21 août 1684, la tragédie de *La Levée du siége de Vienne, ou le Grand Visir*[1], et il y eut dans les entr'actes des scènes comiques où figurèrent Apollon en la personne du jeune Louis d'Imonier, et Mercure représenté par Antoine de Pellicot.

La tragédie d'*Orode* fut jouée, le 13 mai 1697, par les écoliers du même collége, avec une grande solennité, devant le marquis de Forville-Pilles, viguier de Marseille et chef d'escadre des galères de France. Orode, roi des Parthes, ayant à soutenir la guerre contre les Romains qui voulaient s'emparer de la Syrie, fut vaincu dans tous les combats; mais, un jour, la fortune lui fut favorable, et Crassus, général de l'armée romaine, perdit la bataille et la vie. Pacore, fils d'Orode, fit jeter de l'or fondu dans la bouche de Crassus, pour se moquer de son avarice. Les Parthes, indignés de cet abus de la victoire, conspirèrent contre Orode, et Phrahate, son fils naturel, ne pensa plus qu'à s'élever sur les ruines de son père. Il inspira au roi des soupçons contre la fidélité de Pacore, et le porta ensuite à lui ôter le commandement de l'armée. Quelque temps après, le roi, convaincu de l'innocence de son fils, l'envoya dans la Syrie pour en chasser les Romains qui y étaient entrés une seconde fois. Ce prince, vaincu, périt sous les coups d'un meurtrier armé par Phrahate qui, se rangeant alors du côté des Romains, se fit déclarer roi. Orode,

---

[1] Aussi à Marseille chez Claude Garcin, in-4º.

au désespoir, voulut lui-même s'arracher la vie, mais son fils dénaturé le fit enlever et massacrer par ses gardes[1].

Tel est le sujet de cette tragédie dont le fond est tiré de Justin[2], et dont voici les derniers vers :

ORODE à Phrahate.

Et toi, traître, perfide,
Toi qui viens d'ordonner un si lâche homicide,
Viens-tu pour achever tes horribles desseins?
Pourquoi dans mes États appeler les Romains?
Pourquoi si lâchement m'arracher la couronne?

PHRAHATE.

Je ne l'arrache pas, le peuple me la donne ;
Le peuple a droit, seigneur, de se faire des rois.
Il vient de me choisir pour lui donner des lois,
Et pour son souverain il veut me reconnaître.
Il me donne le sceptre, il me fait votre maître.
Ainsi, Seigneur, il faut, pour assurer vos jours,
Vous soumettre à mes lois.

ORODE.

Je comprends tes discours.
Ta brutale fureur ne peut être assouvie.
Tu demandes mon sang, tu demandes ma vie ;
Et tu croirais, cruel, ton triomphe imparfait
Si tu n'y parvenais par ce nouveau forfait.
Il te faut contenter ; il faut que je périsse.
Aux mânes de mon fils je dois ce sacrifice;

---

[1] Orode, tragédie, dédiée à M. le marquis de Forville-Pilles, etc., qui se doit représenter dans la cour du collége de cette ville par les escoliers des prestres de l'Oratoire, le 13 mai 1697, à deux heures après-midi. A Marseille, chez la veuve de Henri Martel, in-4°.

[2] Livre XLII, chap. IV.

Mais sache que ma main ne te cédera pas
L'honneur que tu prétends trouver dans mon trépas.
Grands Dieux, Dieux tout-puissants que l'univers adore,
Vous, mânes offensés, vous, mânes de Pacore,
Recevez de mon sang l'offre que je vous fais.

###### SINNACE [1].

Ah ! Seigneur arrêtez.

###### ORODE.

Si par quelques bienfaits
J'ai su gagner ton cœur, ton zèle, ton estime,
Laisse-moi terminer un destin qui m'opprime.

###### PHRAHATE.

Non, prince, votre main n'aura pas cet honneur.
Je veux vous accorder cette insigne faveur.
Il faut que je me venge et qu'Orode périsse.

###### ORODE.

Dieux, quelle cruauté !

###### PHRAHATE.

Gardes, qu'on le saisisse.
Et vous tous, suivez-moi. Grâce aux Dieux; les destins
Ont couronné mes vœux et comblé mes desseins.

Il y eut, dans cette tragédie, des intermèdes en l'honneur du marquis de Forville-Pilles. Les personnages furent :

Pan, dieu des bergers. — Philippe Gros.
Mélibée. — Joseph Carfueil.
Tircis. — François Goujon.
Damon. — Jean-François Battagliny.
Hilas. — Benoit Castor.

---

[1] Confident d'Orode.

Dans la tragédie de *Démétrius*, représentée le 2 septembre 1700, les jeunes Nicolas de Curet, François de Luminy, Pierre de Bausset, Trophime Guillermy, Dominique Demande, jouèrent les principaux rôles. Ensuite Antoine Rodet, Gabriel Remusat, Joseph Varage et deux autres élèves du nom de Rigord se firent applaudir dans la pastorale [1].

Je ne déroulerai pas le tableau des représentations dramatiques données par les élèves de l'Oratoire de Marseille dans le dix-huitième siècle. Ces détails m'entraîneraient trop loin et dépasseraient les limites de mon ouvrage. Je ne dois pourtant pas passer sous silence un fait assez curieux. Le spectacle de 1729 commença par la tragédie d'*Annibal* dans les intermèdes de laquelle figurèrent Charles de Montolieu, Louis de Villemandy, Bardon et quelques autres écoliers. On joua ensuite le *Bourgeois gentilhomme*, de Molière, mis en vers par les PP. de l'Oratoire[2]. Leur versification gâta la pièce de notre grand comique. On a vu, par l'échantillon d'*Orode*, que les bons pères, au demeurant professeurs excellents, n'étaient que des poètes assez médiocres.

L'élève Guys fut l'un de ceux que l'on goûta le plus dans ces amusements scéniques. Il eut, en 1733, un grand succès dans le principal rôle de la comédie *Sancho dans son île*, jouée après la tragédie de *Ré-*

---

[1] Marseille, chez la veuve de Henri Martel, in-4º.

[2] A Marseille, de l'imprimerie de J.-B. Boy, 1729, in-4º. — Voyez la première lettre de l'évêque de Marseille à l'évêque de Montpellier, etc. Marseille, de l'imprimerie de J.-P. Brebion, 1730; p. 13.

*gulus*[1]. En 1737, il représenta *Brutus*, à la satisfaction générale, dans la tragédie de ce nom, et joua ensuite avec distinction un rôle de valet dans la comédie *Le Crédule*[2]. Guys est l'auteur du *Voyage littéraire de la Grèce*; de *Marseille ancienne et moderne* et de quelques autres ouvrages assez peu estimés du reste.

Parmi les autres jeunes acteurs du collége de Marseille, nous voyons Sauvaire, Truilher, Vernede, Pagy, Fouquier, Cauvière, Magalon, Jouvene, Boule, Aulanier, Moulard, Raimond, Porry, Boze, Couturier, Dieudé, Perrache, Berluc, Seren, Compian, Maurellet de la Roquette, Barrigue, de Villiers, Grosson, Biscontin, Dageville, Verdillon, Hermitte, Nadaud, Guigoni, Mourgues, de Benat, Laflèche, Crudère, Baux, Gallicy, Serane, Eymin, La Bussière, Chaudon, Francesqui, Decugis, Escalon, Belleville. Ces noms appartiennent généralement au commerce et à la bonne bourgeoisie de Marseille. A cette époque, les nobles envoyaient leurs enfants à Paris.

Plusieurs élèves de l'Oratoire de Marseille devinrent des hommes distingués qui honorèrent leur patrie dans diverses carrières. Tels furent François Marchetti[3], esprit investigateur mais un peu trop crédule, qui fournit pourtant des matériaux fort utiles à l'étude de nos fastes locaux; Louis-Antoine de

---

[1] Marseille, de l'imprimerie de Pierre Boy, 1733, in-4º.
[2] Marseille, chez Dominique Sibié, 1737, in-4º.
[3] Achard, Dictionnaire des hommes illustres de Provence, t. I, p. 477.

Ruffi, historien de Marseille, consciencieux et fidèle, que l'on consultera toujours avec fruit, bien qu'il soit sans art littéraire, sans style et sans critique [1]; Arcère, auteur d'une bonne histoire de la Rochelle et du pays d'Aunis [2]; Jules Mascaron, évêque de Tulles, qui se fit dans l'éloquence de la chaire une grande réputation que la postérité n'a pas confirmée [3]; Jean de la Roque, collaborateur du Mercure de France [4]; Laurent d'Arvieux, qui fit des progrès surprenants dans la connaissance des langues orientales [5].

Je dois une mention particulière à l'un des hommes les plus éminents et les plus modestes du dix-huitième siècle. Du Marsais, penseur vertueux, a prouvé, par des ouvrages lumineux et profonds, que la grammaire peut devenir une véritable science, et que la philosophie a présidé, plus qu'on ne le croit, à l'art de la parole dont on peut établir les règles sur les lois immuables du raisonnement [6]. L'Académie française,

[1] Le jeune Ruffi joua le rôle de Jonathas dans un exercice littéraire dont le programme est intitulé : *Paternæ pietatis victimas in gemina Jonathæ stirpe dabunt secundani* |Massilienses. La date est du 23 juin, mais l'année n'est pas désignée. Feuille d'une seule page format in-4°, sans nom d'imprimeur, en ma possession.

[2] Achard, ouv. cité, t. I, p. 30 et 31.

[3] Voltaire qualifie Mascaron de *médiocre* et *célèbre orateur*, et Voltaire a ici raison. Voyez son Dictionnaire philosophique, au mot ordination. Voyez aussi le siècle de Louis XIV, catalogue de la plupart des écrivains français au mot Mascaron.

[4] Achard, Dictionnaire des hommes illustres de Provence, t. II, p. 171.

[5] Mémoires du chevalier d'Arvieux, 1735, t. I, préface, p. 7.

[6] Palissot, Mémoires pour servir à l'histoire de notre littérature, Paris, 1803, t. I, p. 281. et t. II, p. 151.— Chénier, Tableau historique de l'état et des progrès de la littérature française depuis 1789, p. 5 et 18.— Henri Martin, Histoire de France, 1853, t. XVIII, p. 283-84.

qui bien des fois ouvrit ses rangs à des médiocrités intrigantes, n'admit pas du Marsais dans son sein. Instituée par Richelieu pour fixer les principes de la langue et pour en maintenir la pureté, elle laissa dans l'obscurité un grammairien incomparable qui mourut pauvre, mais plein de dignité, comme un sage des temps antiques. Fontenelle disait de l'illustre marseillais qui n'avait aucun savoir-faire : « C'est le ni-« gaud le plus spirituel et l'homme d'esprit le plus « nigaud que je connaisse [1] ».

Jean-André Peyssonnel, docteur en médecine et célèbre naturaliste, fit sur la formation du corail des découvertes qui rendront son nom immortel dans le monde scientifique. Il eut pour condisciple au collége de l'Oratoire à Marseille, son frère Charles, d'abord avocat, puis voué aux fonctions diplomatiques et consulaires [2].

Le docteur Darluc se fit honorablement connaître par son *Histoire naturelle de Provence*, ouvrage instructif et substantiel [3].

Barthe, l'auteur des *Fausses infidélités*, publia aussi des poésies légères pleines de goût, de charme et d'enjouement [4]. Salomon jeta les traits du ridicule sur *la querelle des médecins* [5] qui s'étaient divisés en

---

[1] Bouche, Essai sur l'histoire de Provence, t. II, p. 382.

[2] Flourens, secrétaire perpétuel de l'Académie des sciences, dans ses Éloges historiques lus aux séances publiques de cette Académie, premier volume de la seconde série. Paris, 1857, p. 420 et 421.

[3] Achard, Dictionnaire des hommes illustres de la Provence, t. I, p. 361.

[4] Même ouvrage, t. I, p. 569.

[5] Poëme héroï-comique, à Cologne, chez Pierre Marteau, 1722, petit in-4°.

deux camps au sujet du système de contagion de la peste de 1720. Le poète satirique emprunte quelques formes au *Lutrin* de Boileau. Toussaint Gros réussit admirablement dans la poésie provençale. Il prouva qu'on peut aller à la postérité avec un petit bagage, et quelques-unes de ses fables, rappelant celles de Lafontaine, survivront à presque tous les vers provençaux que leur médiocrité précipite dans l'éternité de l'oubli [1].

Les pères de l'Oratoire élevèrent aussi l'auteur du *Voyage du jeune Anacharsis* qui fit honneur à leur enseignement. Ici je ne puis mieux faire que de laisser parler Barthélemi lui-même. « A l'âge de douze ans, « mon père me plaça au collége de l'Oratoire, à Mar-« seille, où j'entrai en quatrième. J'y fis mes classes « sous le P. Raynaud qui, depuis, se distingua à « Paris dans la chaire. Il avait beaucoup de goût et « se faisait un plaisir d'exercer le nôtre. Ses soins re-« doublèrent en réthorique. Il nous retenait souvent « après la classe, au nombre de sept ou huit ; il nous « lisait nos meilleurs écrivains, nous faisait remar-« quer leurs beautés, et nous demandait notre avis. « Quelquefois il nous proposait des sujets à traiter. »

« Un jour il nous demanda la description d'une « tempête en vers français. Chacun de nous apporta « la sienne, et le lendemain elles furent lues en petit « comité. Le P. Raynaud parut content de la mienne. « Un mois après, il donna publiquement un exercice

---

Achard, ouvrage cité, t. I, p. 384.

« littéraire dans une grande salle du collége. J'étais
« trop timide pour y prendre un rôle. J'allai me
« placer dans un coin de la salle où bientôt se réu-
« nit la meilleure compagnie de Marseille en hom-
« mes et en femmes. Tout à coup je vis tout le monde
« se lever. C'était à l'arrivée de M. de la Visclède,
« secrétaire perpétuel de l'Académie de Marseille ; il
« jouissait d'une haute considération. Le P. Raynaud,
« son ami, alla au-devant de lui et le fit placer au
« premier rang. J'avais alors quinze ans. Dans cette
« nombreuse compagnie se trouvaient les plus jolies
« femmes de la ville très-bien parées. Mais je ne
« voyais que M. de la Visclède, et mon cœur palpitait
« en le voyant.

« Un moment après, le voilà qui se lève, ainsi que
« le P. Raynaud qui, après avoir jeté les yeux de
« tous les côtés, me découvre dans un coin et me
« fait signe d'approcher. Je baisse la tête, je me rac-
« courcis et veux me cacher derrière quelques-uns
« de mes camarades qui me trahissent. Enfin le Père
« Raynaud m'ayant appelé à très-haute voix, je crus
« entendre mon arrêt de mort. Tous les regards
« étaient tournés vers moi. Je fus obligé de traverser
« la salle dans toute sa longueur, sur des bancs
« étroits et très-rapprochés, tombant à chaque pas
« à droite, à gauche, par devant, par derrière, ac-
« crochant robes, mantelets, coiffures, etc. Après
« une course longue et désastreuse, j'arrive enfin
« auprès de M. de la Visclède qui, me prenant par la

« main, me présenta à l'assemblée et lui parla de la
« description d'une tempête que j'avais remise au
« P. Raynaud. De là, l'éloge pompeux de mes pré-
« tendus talents. J'en étais d'autant plus déconcerté,
« que cette description je l'avais prise presque tout
« entière dans l'Iliade de la Motte. Enfin M. de la Vis-
« clède se tut, et l'on jugera de mon état par ma
« réponse que je prononçai d'une voix tremblante :
« Monsieur, monsieur, j'ai l'honneur d'être... votre
« très-humble et très-obéissant serviteur Barthé-
« lemy. Je me retirai tout honteux, et au déses-
« poir d'avoir tant de génie[1]. »

Après avoir fait sa rhétorique au collége de l'Oratoire de Marseille, Barthélemy entra au séminaire de
la même ville. « J'y trouvai, dit-il, un professeur de
« théologie qui était assez raisonnable, et tous les
« matins, à cinq heures, une méditation qui ne l'était
« pas toujours ; elle était tirée d'un ouvrage de Bon-
« valet. Le lendemain de mon arrivée, on nous lut len-
« tement et par phrases détachées le chapitre où ce Bon-
« valet compare l'église à un vaisseau. Le pape est le ca-
« pitaine ; les évêques sont les lieutenants. Viennent
« ensuite les prêtres, les diacres, etc. Il fallait réflé-
« chir sérieusement pendant une demi-heure sur ce
« parallèle. Sans attendre la fin du chapitre, je trou-
« vai que dans ce vaisseau mystérieux je ne pouvais

[1] Mémoires sur la vie et sur quelques uns des ouvrages de J.-J. Barthélemy écrits par lui-même en 1792 et 1793, dans l'introduction du Voyage du Jeune Anacharsis. Paris, 1824, chez Étienne Ledout, p. 21.

« être qu'un mousse. Je le dis à mon voisin qui le
« dit au sien ; et tout à coup le silence fut interrompu
« par un rire général dont le supérieur voulut savoir
« la cause. Il eut aussi le bon esprit d'en rire[1]. »

Deux élèves de l'Oratoire de Marseille, Gensollen et Portalis, acquirent au barreau d'Aix un nom justement célèbre. Jusques alors les avocats n'avaient plaidé que par écrit. Gensollen fut le premier qui parlât d'abondance sur de simples notes. Mais l'improvisateur n'était rien à côté de l'érudit[2]. Gensollen acquit d'immenses trésors de science dans l'amour persévérant de l'étude, et le barreau de nos jours ne se forme pas même une idée de cette science forte, saine et profonde. Quant à Portalis, il lui fut donné de vivre dans un temps où la domination appartenait aux maîtres de la parole, et il mit en lumière ses grandes connaissances juridiques sur une scène éclatante qui attirait les regards du monde entier. Assesseur de la ville d'Aix et procureur du pays de Provence, puis membre du conseil des Anciens, conseiller d'État, législateur de nos codes, ministre des cultes, il déploya des qualités éminentes dans chacune de ces hautes fonctions[3]..

Je ne puis mieux terminer la glorieuse liste des élèves de l'Oratoire de Marseille que par le nom d'Antoine Aubert. Ce docteur consacra à une œuvre

[1] Ibid. p. 24,
[2] Gensollen est l'auteur du *Franc-aleu de Provence*, Aix, chez Joseph David, 1732, in-4º.
Voyez l'Éloge de Portalis, imprimée à Paris en 1807, chez P. Lerouge, in-8º.

considérable de charité la fortune qu'il avait honorablement acquise dans l'exercice de la médecine. Il fonda à Marseille, en 1774, l'hôpital du Sauveur [1]. Les hommes qui nous éclairent et nous charment par leurs écrits, par leur éloquence et par leurs travaux ont des titres à notre estime ; mais les bienfaiteurs de l'humanité ont plus de droits à nos hommages, car si la science est d'un grand prix, les vertus miséricordieuses valent davantage.

[1] Mémoire manuscrit sur le docteur Aubert, fait par Charles Signoret, son neveu d'alliance, aux archives de l'Hôtel-Dieu de Marseille.

# RUE SAINT-JAUME, RUE DU PONT, RUE BELSUNCE ET COLLÉGE DE CE NOM.

L'église de Saint-Jacques, *Sant-Jaume* en provençal, près la Corroyerie ou Cuiraterie-Vieille, en latin *ecclesia Sancti-Jacobi de Corrigeriâ*, était fort ancienne. Ruffi avait vu un acte de transaction fait, en 1204, entre le prévôt de la cathédrale et les curés de Saint-Martin et de Saint-Jaume [1].

Cette dernière église donna son nom à la rue [2].

Dès l'année 1567, les consuls de Marseille avaient prié François de Borgia, général des jésuites, de leur envoyer quelques sujets pour le collége communal. Ils demandèrent au moins une maison professe de cette société; mais Borgia refusa parce qu'il n'avait pas un assez grand nombre de religieux.

---

[1] Ruffi, Histoire de Marseille, t. II, p. 54.
[2] Acte du 10 mai 1322 dans le Cartulaire du notaire Raimond Noé, greffier du juge Arnaud de Vaquiers, 1322, aux archives de la ville.

Ce projet fut repris, en 1572, par plusieurs citoyens des plus considérables de Marseille parmi lesquels on comptait Joseph de la Seta, sieur de Nans; Jean Doisat, sieur de Venelles, et Pierre Albertas, sieur de Saint-Chamas. Ils sollicitèrent auprès du conseil municipal l'appel des jésuites « pour entre-« tenir les bonnes lettres, arts libéraux et aultres « sciences en la présente ville, et y faire florir icelles ». Le conseil délibéra, le 16 novembre, de ne statuer définitivement sur cette demande que « là et quand « le chapitre de la Major, Saint-Victor et le révéren-« dissime évêque bailleront cent escus chacung an, « comme lesdits jésuites advancent et se jactent[1] ».

L'affaire, pour le moment, en resta là.

Cependant Charles IX autorisa, en 1574, l'établissement d'une maison professe des jésuites à Marseille. Antoine Long, bénéficier de la cathédrale, leur donna, à cet effet, une maison, et le conseil municipal, dans sa séance du 28 juin 1579, émit un vote favorable à ce projet[2] que les troubles religieux firent échouer[3]. D'ailleurs les jésuites avaient déjà amassé contre eux des haines redoutables; le parlement de Paris les voyait de très-mauvais œil, et l'université ne leur pardonnait pas le tort que lui faisait la concurrence de leurs écoles. En 1594, l'attentat de Chatel

---

[1] Registre des délibérations du conseil municipal de Marseille du mois de novembre 1570 au mois d'octobre 1574, fol. 221 recto, aux archives de la ville.

[2] Registre de novembre 1574 au mois d'octobre 1579, fol. 445 recto, aux mêmes archives.

[3] L'Antiquité de l'église de Marseille, t. III, p. 311 et 312.

à la vie d'Henri IV précipita leur disgrâce. Ils furent chassés de France; mais l'un d'eux, le père Coton, par son esprit, sa souplesse, ses manières insinuantes, vint à bout de gagner les faveurs du roi qui aimait, disait-on, la vérité, mais qui *avait du Coton dans ses oreilles*[1]. Un édit de 1603 rappela la Compagnie de Jésus.

En 1614, deux membres de cette société, les pères Possevin et Mathieu, prêchèrent à Marseille avec un grand succès, et bien des personnes pieuses désirèrent avoir une maison de leur institut. L'évêque Jacques Turricella accueillit ce vœu à la réalisation duquel concoururent les libéralités de Pierre Riqueti, sieur de Négreaux et de Thomas de Riqueti, son frère, qui prit, plus tard, l'habit de Jésuite. Les nouveaux religieux logèrent d'abord pendant deux ans chez un bénéficier de la Major nommé Benoît; ils louèrent ensuite une maison près de cette cathédrale, puis une autre derrière le monastère de l'Observance, et ils obtinrent enfin, en 1621, l'église de Saint-Jaume qui leur fut cédée par le recteur Bremond, du consentement du chanoine prieur de cette église, laquelle fut unie à perpétuité à la compagnie de Jésus par une bulle de 1623[2].

Les jésuites acquirent du sieur de Beissan, en 1628, une maison à peu près située où est aujourd'hui l'Observatoire, et ils continuèrent de desservir Saint-

---

[1] Millot, éléments de l'histoire de France, 1774, t. III, p. 153.
[2] L'Antiquité de l'église de Marseille, t. III. p. 352 et 353.

Jaume. En 1630, le duc de Guise, gouverneur de Provence, fit jeter, près de la maison des jésuites, les fondements de la belle église de Sainte-Croix, et pendant qu'on y travaillait, les jésuites allèrent demeurer près de Saint-Jaume. Quand l'édifice fut terminé, c'est-à-dire en 1646, ils se partagèrent en deux communautés, dont l'une resta près de Saint-Jaume et l'autre s'établit à Sainte-Croix [1].

Plus tard, la vieille église de Saint-Jaume fut construite sur l'emplacement de l'ancienne par les jésuites avec l'assistance de leurs congréganistes. On l'agrandit aux dépens d'une petite rue de traverse, et l'on conserva l'ancienne chapelle inférieure où les membres de la compagnie de Jésus avaient des caveaux pour leur sépulture.

Ces religieux étendaient à merveille leur crédit et leur puissance. Leur organisation, leur discipline, leur esprit de corps, leur adresse, leurs pensées d'envahissement, leurs doctrines flexibles qui se réglaient suivant le temps et les conjonctures, leur habileté dans l'art de manier les caractères, de toucher les fibres les plus sensibles du cœur humain et de se concilier la faveur des hommes qui pouvaient leur être le plus utiles, leur faisaient acquérir tous les jours un pouvoir plus grand encore. Mais, comme tout ce qui s'élève et domine, ils avaient de chauds partisans et des ennemis implacables. On leur reprochait la capta-

---

[1] Même ouvrage, t. III, p. 352 et 353.

tion des legs et des héritages. En 1656, un grave avocat de Marseille ne leur épargnait pas les accusations flétrissantes[1].

Mais les jésuites poursuivaient leur route sans paraître plus émus de la critique que de la louange. Les considérations sur l'utilité des richesses avaient entièrement prévalu chez eux. Ce n'est pas qu'ils aimassent l'argent par avarice; ils ne l'aimaient que par ambition. Ils consentaient facilement à la pauvreté personnelle, pourvu qu'ils en fussent dédommagés par la puissance du corps. Ils comprirent que, pour jeter de plus profondes racines, il fallait se rendre maîtres des hautes études dans les écoles publiques, et l'emporter, si c'était possible, sur les oratoriens voués avec modestie, mais avec succès, à l'enseignement de la jeunesse.

Une dame riche et pieuse de Marseille offrit aux pères de l'Oratoire une somme suffisante pour fonder dans leur collége une chaire de théologie; mais le mauvais vouloir de Vintimille du Luc, évêque de Marseille, opposa, sous de vains prétextes, un obstacle insurmontable à l'exécution de ce projet[2]. Vintimille du Luc, créature du fameux P. de la Chaise, confesseur du roi, ne pensa qu'à procurer aux jésuites l'enseignement public de la théologie. On en donnait

[1] Les statuts municipaux et coustumes anciennes de la ville de Marseille, commentés par François d'Aix, advocat au parlement et jurisconsulte de Marseille, p. 355.
[2] Le philosophisme des jésuites de Marseille, Avignon, 1692, p. 7 et 8.

bien des leçons dans quelques communautés religieuses, mais la plupart des professeurs avaient des opinions contraires à celles des disciples de Loyola, et ils ne paraissaient pas assez dévoués aux doctrines ultramontaines. Ce fut au commencement de 1688 que l'évêque en fit la première proposition aux échevins. Il s'agissait de mettre à la charge de la ville la dépense d'une chaire occupée par trois professeurs aux appointements de trois cents livres chacun. L'administration municipale ne s'opposa pas à cet établissement, mais elle demanda que la ville ne fût pas chargée de la dépense[1].

Mais l'intendant Lebret, courtisan de tous les pouvoirs, caressait les jésuites dont l'influence allait croissant à la cour, dans la magistrature et dans les administrations provinciales. Son nom seul faisait trembler la Provence entière, et il conduisit au gré de ses désirs l'affaire relative à la chaire de théologie. Il fit si bien, de concert avec l'évêque Vintimille du Luc, que l'opposition fut vaincue. On avait fait entendre au roi que la ville de Marseille était infectée d'erreurs et de vices ; que les jésuites étaient seuls capables de rétablir la pureté des mœurs et le règne des saines doctrines[2]. Le 27 janvier 1689, le conseil de ville fut assemblé, mais pour la forme seulement,

---

[1] Lettres des échevins de Marseille à de Villeneuve, agent de la ville de Marseille à Paris, du 11 mai et 20 septembre 1688, dans le registre des copies des lettres de ces magistrats, du 11 avril 1687 au 16 juin 1692, aux archives de la ville.

[2] Le philosophisme des jésuites p. 33.

car d'avance on s'était assuré de la majorité des suffrages. Sur la proposition du premier échevin César Napollon, le conseil délibéra que la ville prenait à sa charge la dépense de l'enseignement de la théologie chez les jésuites, attendu que « cet établissement re-« gardait la gloire de Dieu, le service du roi et le bien « public [1] ».

Ce fut là une grande affaire qui souleva bien des passions et bien des murmures. On accusa d'immoralité les doctrines du P. Béon, l'un des trois professeurs de théologie, et quelques-unes de ses opinions sur le péché *philosophique* [2] firent beaucoup de bruit et de scandale. Presque tous les théologiens de France en furent indignés. Les jésuites de Paris condamnèrent cette opinion, et la cour de Rome prononça contre elle une sentence, le 24 août 1690. L'évêque de Marseille s'en émut alors, et le 25 juin 1691, Béon fut obligé de se rétracter [3].

Le pouvoir des jésuites ne connut plus de bornes à Marseille sous l'épiscopat de Belsunce. En 1726, ce pontife parla au roi de la nécessité qu'il y avait d'établir pour eux un collége dans la maison de Saint-

[1] Registre 90 des délibérations municipales de 1688 à 1689, fol. 37 verso, aux archives de la ville.

[2] Béon le définissait ainsi : si l'on commet une action mauvaise et qui de soi déplait à Dieu, en sorte toutefois qu'on ignore qu'elle lui déplaise, soit parce qu'on ne connait pas Dieu, soit parce qu'on ne sait point que le péché lui déplaise, ou enfin parce qu'on ne fait pas attention à cette *déplaisance*, il peut arriver que ce ne soit point une offense personnelle et que l'on ne commette qu'un péché philosophique.— Le Philosophisme des jésuites de Marseille, p. 74. et 75.

[3] Le Philosophisme des jésuites de Marseille, p. 81 et 86.

Jaume, et par la protection du cardinal de Fleury il obtint des lettres-patentes pour cet établissement autorisé sous le nom de Belsunce. L'ouverture du nouveau collége fut faite le 15 janvier 1727 en présence des échevins qui n'en protestèrent pas moins contre la nouvelle institution créée malgré leur opposition formelle. Ils réservèrent en même temps les droits de la ville qui, dans aucun cas, n'aurait à concourir à aucune dépense [1].

L'évêque acheta une maison contiguë qui appartenait à Rigord, chevalier des ordres du roi, et il acquit plus tard l'ancien hôtel des Quatre-Tours dont j'ai déjà parlé. Cet hôtel, approprié au logement des élèves internes, fut joint à la maison de Saint-Jaume par un pont [2] qui traversait, à la hauteur du premier étage, la rue étroite à laquelle le nom de rue *du Pont* fut donné.

Ce fut dans ces circonstances que la rue des Nobles changea aussi de nom. Dans le quatorzième siècle, elle s'appelait *Neuve* et quelquefois aussi du *Grand-Mazeau* [3]. On lui donna indistinctement, dans le dix-septième siècle, les noms de Neuve, de Grand-Mazeau, de Droite [4], et ce ne fut qu'à la fin de ce siècle qu'on l'appela des Nobles parce que plusieurs familles de

---

[1] Le Cérémonial de la ville de Marseille, p. 568.
[2] Grosson, Almanach historique de Marseille, année 1780, p. 568.
[3] Registre A des censes et directes de l'hôpital Saint-Jacques de Galice, p. 339 et 313, aux archives de l'Hôtel-Dieu de Marseille.
[4] Nouveau registre C. I. des censes et directes de l'hôpital de Saint-Jacques de Galice, p. 31.

gentilshommes y avaient fixé leurs demeures¹. Au milieu du même siècle, le collége Belsunce donna son nom à la rue qui fut régularisée, de 1748 à 1759, au moyen du coupement de quatre maisons dont la saillie nuisait à l'alignement².

Belsunce ne borna pas ses libéralités à celles dont je viens de parler. Aucun sacrifice ne lui coûtait quand il s'agissait de favoriser la compagnie de Jésus dont il était lui-même l'un des membres les plus fervents. Il augmenta le nombre des jésuites de Saint-Jaume, leur donna des sommes considérables, sa bibliothèque, des tableaux, des meubles précieux, et ne négligea rien pour maintenir le collége dans un état brillant³.

Bientôt l'établissement de Saint-Jaume et celui de Sainte-Croix ne suffirent plus aux vues ambitieuses des jésuites de Marseille. Ils voulurent avoir dans la nouvelle ville une troisième maison pour un séminaire des missions du Levant et pour une école des langues orientales.

L'exécution de ce projet était des plus coûteuses et des plus difficiles. Mais les jésuites n'étaient-ils pas habitués à vaincre toutes les résistances? Ne parvenaient-ils pas toujours à leurs fins? Ils agirent si bien

---

¹ En 1682, on l'appelait *rue Neuve, dite des Nobles*. Registre G, 1, p. 8.

² Articles du 26 novembre 1748 et du 4 septembre 1750 dans le Bulletaire de 1747 à 1750; du 13 février 1758 dans le Bulletaire de 1756 à 1759, et du 18 octobre dans le Bulletaire de 1759 à 1761, aux archives de la ville.

³ Agneau, Calendrier spirituel de Marseille, Leyde, 1759, p. 273 et suiv.

en cette circonstance que tous les obstacles disparurent à la fois et qu'ils n'eurent pas même à faire la moindre dépense. En 1724, le roi leur avait cédé en pur don deux mille toises de terrain dans la vaste place d'armes dite le Camp-major, qui comprenait le quartier occupé plus tard par la place Monthion et par les rues voisines jusques à la rue Paradis, laquelle venait d'être ouverte. Un particulier, qui voulut rester inconnu, s'offrit, avec l'aide de quelques autres bienfaiteurs, pour faire à ses frais toutes les constructions, et l'on mit de suite la main à l'œuvre, sous la direction du P. Gérin. Les travaux annonçaient une maison belle, grande, commode, et bientôt sa façade s'éleva sur la rue Paradis. Le nom de Saint-Régis lui fut donné.

Belsunce continuait de prodiguer toutes ses faveurs au collége de Saint-Jaume, mais il ne pouvait améliorer sa mauvaise situation au milieu de rues étroites et de maisons hautes, sans aucun de ces agréments dont les hommes d'étude ont tant besoin. Pas de jardin, pas de vue; partout l'aspect le plus triste et le plus sombre. Mais les jésuites acquirent de M. Jean Samatan, au lieu de Montcault, quartier de Saint-Just, une propriété rurale dite la *Padouane*, où ils bâtirent une belle et grande maison pour les retraites qu'ils y firent plusieurs fois par an[1], et où ils condui-

---

[1] Calendrier spirituel et perpétuel pour la ville de Marseille, 1713, p. 173.— Registre E, 2, des censes de l'Hôtel-Dieu dans le territoire de Marseille, fol. 103, aux archives de cet établissement.

sirent aussi leurs élèves pensionnaires les jours de congé [1].

Les régents de Saint-Jaume rivalisèrent avec ceux de l'Oratoire, et il y eut là une puissance d'émulation qui tourna au profit des études classiques dont le niveau fut à peu près le même dans les deux colléges. Quant aux jeux littéraires et aux représentations théâtrales, le goût en fut beaucoup plus prononcé chez les disciples de Loyola que chez ceux de Bérulle, et cette différence venait des tendances et des maximes de chacune des deux compagnies. Les jésuites donnaient une importance considérable aux formes extérieures qui captivent l'imagination et les sens; ils aimaient passionnément la pompe des spectacles mondains, tandis que les oratoriens, à l'exemple des autres jansénistes, plaçaient leur ambition dans la simplicité des pratiques, dans la gravité des mœurs et dans le dédain du prosélytisme.

Rollin blâme, dans les exercices publics des écoliers, l'usage du ballet que l'université n'adopta jamais [2]. Les oratoriens de Marseille recoururent quelquefois à ces danses comme accompagnement des pièces dramatiques; mais on reprocha aux jésuites d'en faire un trop fréquent usage.

Les échevins de Marseille, mus par un excellent esprit de bienveillance et d'impartialité, assistèrent

---

[1] Description des réjouissances qui ont été faites à Marseille à l'occasion de l'heureuse convalescence du roi, 1744, sans nom d'imprimeur, p. 21 et 22.
[2] Traité des études. Paris, 1732, t. IV, p. 615.

aux représentations scéniques du collége de Belsunce[1] comme à celles du collége de l'Oratoire ; et nous voyons figurer dans la maison de Saint-Jaume des écoliers dont les noms sont aussi des plus honorables: Miraillet, Magi, Audouin, Feraud, Piquet, Ferrari, Tourniaire, Caire, Vague, Marion, Roussier, Germain, Carbonel, Fléchon, Seigneuret, Bezaudin, Bouffier, Parrot, Valbonet, Vence, Guérin, d'Anselme, Aubin, Reboul, Lombardon, Capus, Castagne, Croze-Magnan. On voit que les premières familles de Marseille, dans le commerce et la bourgeoisie, se divisaient d'une manière à peu près égale pour le choix du collége de Saint-Jaume ou de celui de l'Oratoire[2]. Il paraît cependant que la maison des oratoriens forma de meilleurs élèves ; du moins beaucoup plus d'hommes distingués y firent leurs études. Il est vrai que l'institution de Saint-Jaume n'eut, comme on va le voir, qu'une courte existence.

Belsunce, frappé d'apoplexie, mourut le 4 juin 1755, à l'âge de quatre-vingt-quatre ans. La vieillesse n'avait point refroidi ses ardeurs ultramontaines. En 1751, l'un de ses mandements avait fait un

---

[1] Le Cérémonial, passim, aux archives de la ville.

[2] En 1724, le nombre des élèves du collége de l'Oratoire de Marseille était de 260. Il atteignit, en 1726, le chiffre de 356, et ce fut le plus élevé. Depuis lors, le nombre des élèves de ce collége diminua progressivement par l'effet de la concurrence du collége de Belsunce. Le premier de ces établissements ne compta que 88 écoliers en 1749, mais il en eut 248 en 1755, époque de la mort de Belsunce. Ce nombre monta à 364 en 1763 au moment des poursuites judiciaires contre la compagnie de Jésus.

bruit extraordinaire en France et même dans l'Europe entière[1]. L'année suivante, une de ses lettres, dénoncée au parlement de Paris, y fut brûlée par la main du bourreau[2]. Ce pontife, qui avait pris l'entêtement pour la force et l'orgueil pour la dignité[3], ne laissa qu'une fortune des plus médiocres[4], bien que ses facultés patrimoniales eussent été assez considérables et qu'il possédât la riche abbaye de Saint-Arnoul de Metz, dont le roi disposa en sa faveur, en récompense de son dévouement pendant la peste[5]. Mais il s'était à peu près dépouillé pour les jésuites; d'ailleurs il vivait en grand seigneur, et Lachau, son chef de cuisine, faisait somptueusement les honneurs de sa table[6].

L'évêché de Marseille fit à Belsunce des funérailles pompeuses[7], et la ville n'épargna rien pour la ma-

---

[1] Lettre de Voltaire au comte d'Argental, datée de Postdam le 13 juillet 1751, dans sa Correspondance, t. VII, p. 363, édition des frères Baudouin, 1825.

[2] Voltaire, siècle de Louis XV, chap. XXXVI.

[3] Mémoires du duc de Saint-Simon. Paris, 1857, t. IV, p. 341. — Voyez aussi Sismondi, Histoire des Français. Paris, 1842, t. XXVII, p. 429-430.

[4] Belsunce, par testament du 18 février 1750, institua l'Hôpital-Général de la Grande-Miséricorde de Marseille son héritier universel. Il fit des legs particuliers en faveur de ses officiers et domestiques, et des pauvres des terres, seigneuries et prieurés de son évêché, ainsi que ses deux abbayes de Saint-Arnoul de Metz et de Notre-Dame-des-Chambons. Voyez le livre coté FF, du trésor de Notre-Dame-de-Miséricorde de 1745 à 1765, fol. 235 verso, 236 recto et verso, et suivants, aux archives du bureau de Bienfaisance de Marseille.

[5] Diverses biographies et divers éloges historiques de Belsunce.

[6] Lettre à Monseigneur l'évêque de Belsunce pour servir de réponse à un écrit intitulé : *requête en cassation etc.*, contre deux arrêts du parlement d'Aix. 1720, p. 5.

[7] Voyez le livre-trésor M de l'Hôtel-Dieu de Marseille, de 1751 à 1760, premières pages.

gnificence du service funèbre qu'elle fit célébrer dans la cathédrale [1]. Quant aux jésuites, ils donnèrent un éclat inouï au témoignage de leur douleur. L'un d'eux, le père Lanfant, professeur de rhétorique et prédicateur distingué, prononça, dans l'église de Saint-Jaume, une oraison funèbre en latin, et, pour honorer davantage la mémoire du pontife qui méritait si bien leur reconnaissance, ils firent graver au-dessus de la porte de l'église une épitaphe conçue en ces termes : *D.D. Henrico episcopo cujus beneficio vivimus gloriam immortalem precamur*[2].

Cependant les jésuites touchaient au terme de leur puissance. A la suite d'un attentat à la vie du roi du Portugal, dans la nuit du 3 septembre 1758, les membres de la compagnie de Jésus furent chassés de ce royaume, et l'orage se déclara en France contre eux avec une violence inouïe. Ils avaient à lutter contre des ennemis conjurés pour les perdre : jansénistes jaloux, philosophes ardents, jeunesse incrédule, enthousiaste et frivole, toute une génération qu'ils avaient eux-mêmes élevée. Malheureusement pour la compagnie, elle avait toujours compté des caractères sombres, et plus encore des esprits artificieux et brouillons, au milieu d'un grand nombre d'hommes aussi éclairés qu'estimables. On leur reprochait des maximes horribles contenues dans quel-

---

[1] La ville dépensa pour ce sevice 1849 livres 12 sous. — Voyez le Bulletaire de 1750 à 1755, aux archives de la ville.
[2] Agneau, Calendrier spirituel, p. 275.

ques-uns de leurs livres ; mais ces livres, peu connus, avaient été publiés par des jésuites étrangers, et les jésuites français ne les avouaient point. D'ailleurs la guerre faite à leurs écrits n'avait pas toujours été d'une loyauté parfaite. Pascal lui-même, jaloux de les vaincre à tout prix, avait donné prise de ce côtélà. On forçait quelquefois le sens de leurs doctrines, et des pensées extravagantes, échappées au délire de quelques cerveaux malades, étaient mises sur le compte de la société tout entière. Au fait, les jésuites, comme le commun des hommes, n'avaient pu se garantir de cet esprit de vertige et d'orgueil qu'enfantent la jouissance d'une longue prospérité et l'habitude d'une domination habile. C'était là leur principal tort, et c'est toujours celui qu'on pardonne le moins.

Lorsque tout se réunissait pour avertir les jésuites des périls qui les menaçaient, ils fournirent à leurs ennemis l'occasion et les moyens de les perdre. Un membre de la compagnie, le P. Lavalette, visiteur-général et préfet apostolique à la Martinique, y dirigeait un établissement immense qui produisit à la compagnie de Jésus jusqu'à 280,000 francs par an. Il posséda cinq cents nègres, se livra à de vastes opérations commerciales, et répandit son papier dans l'Europe entière[1].

Il se lia d'affaires, en 1753, avec la maison Lioncy

---

[1] Mémoire à consulter et consultation pour Jean Lioncy, créancier et syndic de la masse des créanciers de la raison de commerce établie à Marseille sous le nom de Lioncy frères et Gouffre contre le corps des PP. jésuites. Paris, 1761.

frères et Gouffre de Marseille, laquelle accepta des lettres de change pour quinze cent mille francs, dans l'attente de deux millions de marchandises. En 1755, le P. Lavalette expédia en effet plusieurs vaisseaux à cette maison de commerce ; mais les Anglais, avec lesquels la France était alors en guerre, les prirent presque tous, et le crédit des frères Lioncy et Gouffre tomba en un instant. Après avoir inutilement sollicité les jésuites, ils se virent forcés, en 1758, de tout abandonner à leurs créanciers. Je n'ai pas à raconter ici les nombreux incidents de cette affaire ; qu'il me suffise de dire que, le 17 août 1760, le roi évoqua par-devant la grand chambre du parlement de Paris toutes les demandes contre les jésuites français, et notamment celles que le syndic des créanciers de la maison Lioncy et Gouffre avait formées devant le tribunal consulaire de Marseille.

Cette cause célèbre fut plaidée solennellement, et Gerbier, l'avocat le plus éloquent de son siècle, défendit les intérêts des créanciers de la maison de Marseille. Il soutint, comme on l'avait déjà fait devant les juges-consuls de cette ville, que, dans le gouvernement des jésuites, tout était soumis au pouvoir du général, seul dispensateur des biens de la compagnie. Le 6 août 1762, le parlement de Paris rendit l'arrêt qui condamnait l'institut des jésuites, les sécularisait, et prononçait la vente de leurs biens[1].

---

[1] Lacretelle, Histoire de France pendant le XVIIIe siècle, cinquième édition, t. IV, p. 30.

La plupart des parlements du royaume entamèrent des poursuites contre les jésuites de leur ressort, et l'on vit la magistrature assiéger la puissance religieuse et politique, appelée par ses propres membres : *La tour d'Ignace bâtie par Dieu même*[1].

Le parlement d'Aix se prononça l'un des premiers. Son procureur général était ce Ripert de Monclar qui a laissé si belle renommée. Après les meilleures études dans la maison paternelle où tout lui retraçait l'image de la science et de la vertu, il avait été envoyé à Paris et placé au collége d'Harcourt où il fit sa rhétorique sous l'excellent père Porée qui avait été le professeur de Voltaire, seize années auparavant. Mais l'élève des jésuites, pénétré de l'esprit parlementaire, devint hardi gallican. De Monclar avait un sens droit et fin, une mémoire admirable, l'amour du travail et des études fortes. Nul ne sut mieux régler l'emploi du temps. La justice était pour lui un sacerdoce, et il savait qu'il lui faut le calme, la méditation, le silence. Noble dans son langage, sévère dans ses mœurs, étranger du reste à tout esprit de coterie et de secte, il avait l'ambition de bien dire et de bien faire. Tel était le magistrat qui se levait pour combattre les jésuites ; d'autant moins vulnérable dans sa dialectique et dans son éloquence que ses sentiments religieux le couvraient d'un bouclier

---

[1] De Ségur, Mémoires, ou souvenirs et anecdotes. Paris, Alexis Eymesy, libraire-éditeur, 1826, t. II, p. 20.

sur lequel ses adversaires ne pouvaient que briser leurs meilleures armes.

Mais ils ne s'en servirent même pas, et les jésuites, appelés à se défendre, laissèrent le champ libre à Ripert de Monclar. Un arrêt du 5 juin 1762 ordonna la communication de tous les livres et documents relatifs au régime de la compagnie de Jésus. Il lui défendit provisoirement de recevoir de nouveaux sujets, suspendit tous ses exercices religieux et scolastiques, plaça tous les jésuites du ressort sous la juridiction de l'ordinaire, et mit tous leurs biens sous le séquestre.

Ce n'était là qu'un arrêt provisoire, mais il préjugeait l'arrêt définitif, et personne ne s'y trompait. Le 4 janvier 1764, le procureur-général qui, dans son premier réquisitoire, s'était livré à l'examen développé des statuts de Loyola, commença au fond même un autre réquisitoire dont l'exorde finissait ainsi : « Je prouverai que les lois constitutives de la compa-« gnie des jésuites sont essentiellement répugnantes « aux maximes de l'Église gallicane, directement op-« posées au véritable esprit de la religion, inadmis-« sibles dans toute société civile, et qu'elles sont la « source de cette morale qui a scandalisé et effrayé « l'univers ». De Monclar employa plusieurs audiences au développement de son réquisitoire où l'érudition puisée aux bonnes sources le disputait à la véhémence peut-être trop excessive dans une cause des plus considérables, il est vrai, mais qui ne pouvait pas avoir le mouvement d'un débat contradictoire. Il faut, dit avec énergie l'organe du ministère public, « Il faut que les Français cessent d'être Fran« çais, ou que les jésuites cessent d'être jésuites [1] ».

Par arrêt du 28 janvier de la même année, le parlement d'Aix prononça la suppression définitive de ces religieux, comme l'avaient déjà fait plusieurs autres parlements du royaume. Il confisqua, au profit du roi, leurs biens sur lesquels on réserva à chacun d'eux une pension alimentaire. La compagnie de Jésus fut ensuite chassée d'Espagne, des Deux-Siciles, de Parme, de Malte, de presque tous les pays qu'elle avait fatigués du poids de sa puissance. On attendait de cette compagnie une résistance plus énergique, mais elle ne montra dans sa chûte que de l'irrésolution et de la faiblesse, et fut loin de soutenir sa vieille réputation d'habileté.

Un autre arrêt du parlement de Provence, à la date du 18 novembre 1764, bannit de la ville d'Aix et de celle de Marseille les *ci-devant soi-disant* jésuites, qui n'en étaient pas originaires ou qui n'y avaient pas leur famille.

Les grands corps judiciaires firent un malheureux abus de la victoire. En s'acharnant sur les proscrits, ils donnèrent à penser que la passion, et non pas la justice, avait dicté leurs arrêts. On n'épargna aucune persécution à des hommes qui s'étaient consacrés à

[1] Plaidoyer de Ripert de Monclar dans un recueil de pièces relatives à l'affaire des jésuites.

l'enseignement public, à des vieillards respectables par leurs travaux littéraires ou scientifiques.

Presque tous les jésuites établis à Marseille se réfugièrent dans le Comtat-Venaissin, sous la protection de l'autorité pontificale. On remarquait parmi eux deux hommes distingués : le P. Pezenas et le P. Feraud. Le premier prit un rang honorable dans le monde savant par ses travaux d'hydrographie, de physique et d'astronomie ; le second consacra ses veilles à des œuvres de lexicographie et d'analyse grammaticale.

L'expulsion de la compagnie de Jésus fut loin de satisfaire les adeptes de l'école philosophique, et Voltaire, leur chef, ne put s'empêcher de dire : « On « s'est trop réjoui de la destruction des jésuites. Je « savais bien que les jansénistes prendraient la place « vacante. On nous a délivrés des renards et on nous « a livrés aux loups [1] »…. « Les jansénistes sont de-« venus plus persécuteurs et plus insolents que les « jésuites [2].

La communauté de Marseille prit possession des biens meubles et immeubles de la maison de Saint-Jaume, en vertu d'un arrêt rendu par le parlement de Provence le 20 décembre 1765.

Le conseil municipal eut à délibérer, le 22 février de l'année suivante, sur la question de savoir quelle était la meilleure destination à donner à ces biens

---

[1] Lettre de Voltaire à Marmontel, du 7 août 1767, dans sa Correspondance.
[2] Lettre du même au comte d'Argental, à la date du même jour.

dont la régie fut confiée à Émérigon, procureur de la ville. Quarante-trois membres assistèrent à la séance, sous la présidence d'Antoine Anthoine, écuyer, subdélégué de l'intendant de Provence à Marseille, tenant en main le bâton du roi, en l'absence du viguier. Mathieu Lombardon soutint qu'il fallait respecter l'œuvre de Belsunce ; l'intérêt des Marseillais exigeait d'ailleurs que deux colléges fonctionnassent en même temps afin de maintenir l'émulation si nécessaire pour former de bons professeurs qui pussent à leur tour former de bons élèves. Lombardon ajouta que si l'état financier de la ville ne lui permettait pas de faire de nouvelles dépenses pour le collége de Belsunce, et si, d'un autre côté, personne ne voulait le régir, avec ses revenus actuels, on pourrait attendre des temps plus favorables, l'augmentation des biens de ce collége par l'accumulation des revenus devant créer plus tard une situation assez encourageante pour inspirer à des professeurs habiles le désir de se charger de la direction des études[1].

Les conseillers Latil, Aubert et Charbonier partagèrent l'avis de Lombardon.

Sur la proposition du premier échevin Noël-Justinien Remusat, le conseil nomma André Beaussier, Maria, Conil et Alexandre-Balthasar Rouvière, pour étudier, avec les échevins et l'assesseur, cette affaire

---

[1] Registre 167 des délibérations du conseil municipal de Marseille, année 1766, fol. 30 et suiv., aux archives de la ville.

importante, et pour en faire ràpport à l'une des prochaines séances.

Sur ces entrefaites, une parente de Belsunce, la dame Gabrielle de Belsunce de Castelmoront, comtesse d'Arcussia, signifia aux échevins un acte portant que si la destination du collége de Saint-Jaume était changée, la famille du fondateur se croirait en droit de revendiquer toutes les donations en faveur de cet établissement.

L'échevin Escalon lut au conseil, le 5 avril, le rapport de la commission nommée le 22 février. Les commissaires pensaient tous, à l'exception de Conil rangé à l'avis de Lombardon, qu'un seul collége suffisait à Marseille; que celui de la ville devait être transféré dans la maison de Saint-Jaume qui subsisterait seule sous le nom de collége de Marseille et de Belsunce, et que les oratoriens le régiraient, sous l'inspection des échevins. Escalon déclara que, de cette manière, on ne violerait pas les généreuses intentions d'un pontife dont la mémoire et les bienfaits seront à jamais précieux. Sa fondation, accrue des revenus du collége de la ville, n'en aurait que plus de lustre.

Le conseil, à la majorité des voix, adopta l'avis de sa commission [1].

Cependant des difficultés sérieuses retardèrent la solution de cette affaire. Il fallait le consentement des

---

[1] Registre 167 ci-dessus cité, p. 50 verso et suiv.

pères de l'Oratoire, et ils se montraient peu favorables au projet de translation de leur collége à Saint-Jaume. L'administration municipale elle-même, renouvelée par les élections annuelles, alla jusqu'à mettre en question l'utilité de ce projet. Mais le collége de Sainte-Marthe était dans un état de délabrement complet, et il fallait le reconstruire en grande partie. D'ailleurs il n'était plus situé convenablement, et la maison de Saint-Jaume valait mieux sous ces deux rapports. Une commission municipale composée de de Combis, Capus, Guien et Roussier, fut chargée de concilier toutes choses et d'aplanir les difficultés. Les oratoriens de Sainte-Marthe adressèrent un mémoire à l'intendant de Provence dont la haute intervention facilita un arrangement définitif.

Au mois de janvier 1779, des lettres-patentes du roi réunirent l'ancien collége de Belsunce à celui de Sainte-Marthe pour être perpétuellement dirigé par la congrégation de l'Oratoire [1], et le 22 juin suivant le maire, les échevins et l'assesseur mirent cette compagnie en possession de la maison de Saint-Jaume et de son église [2]. Cependant les Oratoriens ne s'empressèrent pas d'aller s'y établir, car ce ne fut que le 6 novembre 1782 qu'ils firent l'ouverture publique du nouveau collége en présence des magistrats municipaux et de Martin, prévôt du chapitre de la cathé-

---

[1] A Aix, chez Esprit David, 1779, in-4º.
[2] Registre 180 des délibérations municipales, année 1779, fol. 101 et suiv., aux archives de la ville.

drale¹. Le P. Duvaublin fut le dernier supérieur du collége de Marseille, qui cessa d'exister lorsque les lois de la révolution prononcèrent la suppression de tous les ordres religieux.

C'en fut fait des bonnes études classiques. En 1793, la maison de Saint-Jaume fut le foyer du fédéralisme départemental. Le comité général des sections soulevées contre la convention y établit le siége de ses assemblées et de ses bureaux. Le tribunal populaire, présidé par Pierre Laugier, y tint aussi ses audiences. Là furent condamnés à la peine de mort les deux frères Jean et Laurent Savon, portefaix, chefs exécrables des pendeurs de 1792 et le vieux Amant Gueit, leur conseil². Là, quelques jours après, comparut un homme remarquable qui n'eut rien de commun avec ces scélérats. Barthélemy, fabricant de savon, à la parole ardente, à l'âme fortement trempée, avait été l'un des orateurs les plus applaudis du club de Marseille. Envoyé par cette assemblée dans plusieurs communes voisines pour y propager les principes révolutionnaires, il fut, quelque temps après, accusé par les sectionnaires d'avoir prêché des maximes subversives de l'ordre social, et des juges peut-être trop sévères en cette circonstance le condamnèrent au dernier supplice. Aux époques troublées par l'esprit de faction, le plus difficile n'est pas

---

¹ Grosson, Almanach historique de 1783, p. 316; de 1787, p. 262.
² Le tribunal populaire des sections de Marseille condamna aussi à la peine de mort les nommés Paulet, Grimaud, Bazin, Abeille et quelques autres jacobins

de faire son devoir, c'est de le connaître. La modération et l'indulgence, bonnes en tout temps, le sont davantage encore dans les discordes civiles où la fortune a des jeux si cruels et des retours si imprévus, alors que bien souvent les vainqueurs de la veille sont les vaincus du lendemain [1].

On dressa l'échafaud à la plaine Saint-Michel. Jean Savon et Amant Gueit moururent comme des lâches. Laurent Savon se montra résigné. Quant à Barthélemy, le spectacle de son supplice eut une grandeur qu'il ne semblait pas donné à la nature humaine d'atteindre. Jamais le stoïcisme ne poussa plus loin la sérénité de l'âme et le mépris de la mort. En ce moment suprême, l'héroïque Barthélemy, la tête haute, le regard assuré, eut l'attitude d'un triomphateur. Il saluait à droite et à gauche les spectateurs pressés sur son passage, et l'échafaud ne fut à ses yeux qu'un théâtre où la gloire allait couronner un martyr. Il y monta solennellement, en fit ensuite le tour en saluant aux quatre coins la foule émue qui couvrait la place, et se livra froidement au bourreau. Ses ennemis eux-mêmes l'admirèrent et le plaignirent. Mais pour les cœurs républicains, cette condamnation y amassa des sentiments de haine et de vengeance qui firent, peu de temps après, une explosion épouvantable.

[1] Pierre Langier fut l'une des premières victime immolées à Marseille après l'entrée des troupes conventionnelles. Il fut guillotiné à la Plaine Saint-Michel, comme l'avait été quelques jours auparavant Barthélemy dont il avait prononcé l'arrêt de mort.

En 1793, le parti montagnard, maître de Marseille après l'entrée des troupes de Cartaux, nomma une municipalité qui s'occupa d'un plan d'éducation et de l'établissement d'un collége national dont l'ouverture fut fixée au 8 novembre de la même année [1]. Mais ce nouveau collége ne fut que très-mal organisé dans l'ancienne maison de Saint-Jaume dont l'état intérieur avait subi des changements considérables par suite de l'installation des autorités sectionnaires. Le 25 mars 1794, la municipalité délibéra de demander à l'administration du district l'hôtel de Roux de Corse [2] pour y transporter le collége, et le 2 avril suivant, elle sollicita auprès de la même administration l'achat d'une maison contiguë au jardin de cet hôtel pour le logement des professeurs [3], presque tous oratoriens de Marseille, parmi lesquels on comptait Beraud, Rigordy, Latil et Abeille [4].

Les choses en étaient là, lorsque la Convention, par décret du 25 février 1795, supprima tous les col-

---

[1] Séance du seizième jour du deuxième mois de l'an II de la république dans le registre 3 des délibérations du conseil général de la commune de Marseille, 1793-1794, fol 120 verso, aux archives de la ville. — Voyez aussi la séance du 15 brumaire de l'an II, dans le registre 4 de la même assemblée, fol. 118 recto, aux mêmes archives.

[2] C'est l'hôtel actuel de la préfecture et c'était la maison d'habitation du célèbre négociant armateur, Georges de Roux, marquis de Brue, plus connu sous le nom de Roux de Corse, qui mourut dans son château de Brue, le 13 mars 1792, à l'âge de plus de 90 ans.

[3] Séance du 5 germinal an II dans le registre 5 des délibérations de la municipalité de Marseille, fol. 79 verso. — Séance du 13 germinal an II, même registre, fol. 87 recto aux mêmes archives.

[4] Séance du 6 brumaire an III, dans le registre 7, fol. 89 recto, aux mêmes archives.

léges et créa, pour l'enseignement des sciences, des lettres et des arts, des écoles centrales sur la base proportionnelle d'une école par trois cent mille habitants. A cette époque d'enfantement politique et social, il était plus facile de faire des décrets que d'en assurer l'exécution. La municipalité marseillaise mit à l'étude l'établissement des écoles primaires [1] et la création de l'école centrale [2]. Mais tous ces projets se perdirent dans le bruit des agitations que domina la voix de muses forcenées. Il fallut des temps plus tranquilles pour reconstituer dans des conditions convenables l'enseignement public au sein d'une société nouvelle qui, après avoir brisé tant de fausses idoles et rejeté loin d'elle tant de préjugés corrupteurs, s'assit enfin dans la modération et dans l'ordre. Appréciant alors à leur juste valeur tous les bienfaits d'une éducation libérale, heureuse du régime que lui firent nos lois, et plus encore nos mœurs, elle ne s'inclina que devant la supériorité de l'intelligence et de la vertu.

---

[1] Séance du 6 fructidor de l'an II dans le registre 6 des délibérations de la municipalité de Marseille, du 15 thermidor an II à la quatrième Sans-Culotide de ladite année, fol. 18 recto, aux archives de la ville.

[2] Séance du 23 floréal an III, dans le registre 8 des délibérations du corps municipal de Marseille, fol. 112 recto, aux mêmes archives.

FIN.

# TABLE.

Rue Fontaine-Sainte-Anne.......................... 27.
Rue des Aufiers................................... 33.
Rue Coutellerie................................... 37.
Rue du Juge-du-Palais............................. 39.
Rue du Chevalier-Rose............................. 44.
Rue des Quatre-Tours.............................. 46.
Rue Saint-Victoret................................ 56.
Rue des Consuls................................... 58.
Rue de la Croix-d'Or.............................. 68.
Rue de la Salle................................... 62.
Rue de la Mure.................................... 66.
Rue de l'Aumône................................... 69.
Rue Siam.......................................... 75.
Rue de la Tasse-d'Argent.......................... 84.
Rue Négrel........................................ 87.
Rue Castillon..................................... 91.
Rue d'Ambouquier et Rue des Soleillets............ 94.
Rue de la Belle-Table............................. 100.
Rue Foie-de-Bœuf.................................. 115.
Rue Ingarienne.................................... 120.
Rue des Grands-Carmes............................. 128.
Place et Rue de Lorette........................... 133.

| | |
|---|---|
| Rue Sainte-Claire．．．．．．．．．．．．．．．．．．．．．．．．．．．．．．． | 146. |
| Rue des Gavotes．．．．．．．．．．．．．．．．．．．．．．．．．．．．．．．． | 149. |
| Rue de l'Éperon, du Cheval-Blanc et de la Campane．．．．． | 151. |
| Rue de la Piquette．．．．．．．．．．．．．．．．．．．．．．．．．．．．．． | 154. |
| Rue des Carmelins．．．．．．．．．．．．．．．．．．．．．．．．．．．．．． | 158. |
| Rue Trou-de-Moustier．．．．．．．．．．．．．．．．．．．．．．．．．．． | 160. |
| Rue de la Grande-Horloge．．．．．．．．．．．．．．．．．．．．．．．． | 163. |
| Rue Fontaine-de-la-Samaritaine．．．．．．．．．．．．．．．．．．．． | 165. |
| Rue Saint-Antoine．．．．．．．．．．．．．．．．．．．．．．．．．．．．．．． | 166. |
| Rue Grande-Roquebarbe, Rue des Icardins, Rue du Clavier. | 169. |
| Rue Montbrion et Rue des Phocéens．．．．．．．．．．．．．．．． | 171. |
| Rue des Belles-Écuelles．．．．．．．．．．．．．．．．．．．．．．．．．． | 173. |
| Rue de la Calandre, Rue Étroite, Rue de la Treille et Rue du Point-du-Jour．．．．．．．．．．．．．．．．．．．．．．． | 175. |
| Rue de la Chaîne．．．．．．．．．．．．．．．．．．．．．．．．．．．．．．． | 177. |
| Rue de la Fonderie-Neuve, Rue de la Couronne, et Rue des Festons-Rouges．．．．．．．．．．．．．．．．．．．．．．．．．． | 179. |
| Rue de la Roquette．．．．．．．．．．．．．．．．．．．．．．．．．．．．．． | 184. |
| Rue de la Rosière．．．．．．．．．．．．．．．．．．．．．．．．．．．．．．． | 187. |
| Rue des Trompeurs．．．．．．．．．．．．．．．．．．．．．．．．．．．．．． | 188. |
| Rue de la Fontaine Saint-Claude, Rue des Isnards et Rue de la Fontaine-Neuve．．．．．．．．．．．．．．．．．．．．．．．．． | 190. |
| Rue de la Belle-Marinière．．．．．．．．．．．．．．．．．．．．．．．．． | 194. |
| Place des Prêcheurs．．．．．．．．．．．．．．．．．．．．．．．．．．．．．． | 197. |
| Rue Duprat．．．．．．．．．．．．．．．．．．．．．．．．．．．．．．．．．．．．． | 222. |
| Rue Sainte-Marthe．．．．．．．．．．．．．．．．．．．．．．．．．．．．．．． | 224. |
| Maison et Collége de l'Oratoire．— I．．．．．．．．．．．．．．．．． | 229. |
| Collége de l'Oratoire．— II．．．．．．．．．．．．．．．．．．．．．．．．． | 257. |
| Rue Saint-Jaume, Rue du Pont, Rue Belsunce et Collége de ce nom．．．．．．．．．．．．．．．．．．．．．．．．．．．．．．．．． | 285. |
| TABLE．．．．．．．．．．．．．．．．．．．．．．．．．．．．．．．．．．．．．．．．． | 311. |

www.ingramcontent.com/pod-product-compliance
Lightning Source LLC
Chambersburg PA
CBHW071522160426

43196CB00010B/1625